Alain Bourdin, Frank Eckardt, Andrew Wood

Die ortlose Stadt

Urban Studies

Alain Bourdin ist Professor für Stadtplanung an der Universität 8 in Paris und war langjähriger Direktor des Institut Français d'Urbanisme.
Frank Eckardt ist Professor für Stadtsoziologie an der Bauhaus-Universität Weimar und leitete das EU-Forschungsprojekt »Mediacity«.
Andrew Wood ist Professor für Medienwissenschaft an der San José State University in San Francisco und wurde für seine Arbeiten im Jahr 2009 mit dem Jane Jacobs Urban Communication Award ausgezeichnet.

Alain Bourdin, Frank Eckardt, Andrew Wood

Die ortlose Stadt

Über die Virtualisierung des Urbanen

[transcript]

Diese Publikation ist durch die freundliche Unterstützung der Fakultät Architektur und Urbanistik der Bauhaus-Universität Weimar ermöglicht worden.

Bibliografische Information der Deutschen Nationalbibliothek
Die Deutsche Nationalbibliothek verzeichnet diese Publikation in der Deutschen Nationalbibliografie; detaillierte bibliografische Daten sind im Internet über http://dnb.d-nb.de abrufbar.

Umschlaggestaltung: Kordula Röckenhaus, Bielefeld
Druck: CPI – Clausen & Bosse, Leck
Print-ISBN 978-3-8376-2746-6
PDF-ISBN 978-3-8394-2746-0

Gedruckt auf alterungsbeständigem Papier mit chlorfrei gebleichtem Zellstoff.
Besuchen Sie uns im Internet: *http://www.transcript-verlag.de*
Bitte fordern Sie unser Gesamtverzeichnis und andere Broschüren an unter: *info@transcript-verlag.de*

Inhalt

Die ortlose Stadt

Einleitung

Raum und Zeit sind die Dimensionen menschlicher Existenz, die wir nicht hinterfragen können. Unser Leben hat einen Anfang und ein ungewisses Ende und es wird irgendwo gelebt. So augenscheinlich dies auch sein mag, so wenig hilft dies bei der Frage, wie wir unser Leben leben sollen. In dem seit Menschenbeginn andauernden Gespräch darüber, welche Bedeutung die Zeitlichkeit des Lebens und das an die Erde Gebundensein für jeden hat, kann man dazu unterschiedliche Auffassungen vertreten. Ungeachtet dieser Meinungsvielfalt ist aber zu beobachten, dass je nach religiösem oder weltanschaulichem Standpunkt es immer darum geht, die Totalität von Raum und Zeit zu bändigen, sie beherrschbar zu machen und nach eigenem Sinne zu nutzen. Diese Prozesse stellen den Kern der Lebensgestaltung oder Raumaneignung dar. Niemals geht es dabei um die ganze Zeit oder den ganzen Raum. Mit unterschiedlichen Begriffen und in verschiedenen Terminologien übersetzt sich auf diese Art eine ontologische Voraussetzung unserer Existenz in eine menschliche. Wir können dabei beobachten, dass ungeachtet der jeweiligen Raumaneignungen die Räumlichkeit des Menschen an sich nicht beeinflusst werden kann. Die Handlungen des Menschen sind nicht auf einen Raum außerhalb seiner Existenz bezogen, sondern dienen vielmehr der Zuschreibung von Bedeutungen im Raum.

Wenn von Raumaneignungen die Rede ist, so impliziert dieser Begriff eine Vorstellung, wonach wir individuell und in voller Freiheit vorgehen. In Wirklichkeit sind viele Bedeutungen schon von anderen vor unserer Zeit oder auch in unserer Anwesenheit von anderen festgelegt worden. Aus dem Raum des Menschen sind durch seine permanente Arbeit und Orientierung

Orte geworden. Dieser Prozess verläuft zumeist unbewusst und unter Ausblendung der Tatsache, dass wir nicht der Herr der Dinge sind, für die wir uns oftmals halten. Die Ortsbezogenheit des Menschen erscheint uns selbstverständlich und natürlich. Orte sind Bedeutungsträger, sie bevölkern unsere Vorstellungswelt, ermöglichen die Orientierung und wenn wir sie zu deuten wissen, dann können bestimmte Orte in unserem Leben eine wichtige Rolle spielen. Orte sind in erster Linie konkret, real, physisch, materiell und geographisch anweisbar. Orte existieren.

Auf der einen Seite sind Orte etwas sehr reales, auf der anderen Seite gebe es sie nicht ohne die Vorstellungskraft des Menschen. Orte sind deshalb immer auch fiktional, aber ohne diese Fiktionalität könnten wir nicht leben. Im Laufe der Geschichte hat es unterschiedliche Fiktionen über die Örtlichkeit des Menschen gegeben. Die Fiktion von der Stadt ist die bislang mächtigste und nach wie vor bedeutsamste. Ohne sie hätten wir die Stadt, wie wir sie bis heute kennen, nicht erleben, regieren, planen und bauen können. Grundtenor dieser Fiktion ist die Vorstellung, dass durch Akte der Absprache oder Autorisierung ein Konsens gefunden werden kann, was als Stadt zu gelten hat. Die Stadt ist also eine gemeinschaftlich geteilte Fiktion, die sich an einzelnen Orten konkretisiert. Die Stadt der Orte ist heute aber in vieler Hinsicht zu einer problematischen Vorstellungsfigur geworden, mit denen die Herausforderungen an die Zukunft der Städte nicht mehr begegnet werden kann. Das Bild von der Stadt, die aus einer Vielzahl aneinandergereihter Orte bestehend gedacht wird, wird von vielen Menschen nicht mehr geteilt. Die Stadt als Ensemble von Orten, deren Bedeutung auf einem gesellschaftlichen Konsenses beruht, scheint nicht mehr zukunftsfähig zu sein. Die weltweite Krisen der letzten Jahre und die Diskussion um die globalen Probleme der Energieversorgung, dem Klimawandel und der Nachhaltigkeit haben vielerorts zu einer neuen Thematisierung des Verständnisses des Lokalen und des Ortes geführt. Die Stadt ist zum Gegenstand von Kontroversen über ihre eigentliche Bedeutung geworden. Orte werden – wie vor allem die internationalen Beispiele Tahir und Taksim-Platz zeigen – zu umkämpften Feldern der Deutungshoheit. Hinter der symbolischen Aufladung dieser speziellen Orte verlaufen viel grundsätzlichere Veränderungen, die die das Gerüst, in denen die Bedeutungskonstruktionen der Orte eingerahmt sind, betreffen.

DIE RISKANTE STADT

Die Ortlosigkeit, die wir heute erleben, wird vor allem durch die Informations- und Kommunikationsmöglichkeiten, sinnbildlich. Sie wird nicht durch diese hergestellt oder ist dafür die eigentliche Ursache. Sicherlich befeuern die Innovationen in diesen Branchen die Entortung der Stadt, aber sie werden nur im Kontext anderer gesellschaftlicher Veränderungen verständlich. In der Stadt selbst vollzieht sich der Bedeutungswandel der Orte in einer atemberaubenden Geschwindigkeit – und zwar per Fußabstimmung. Die Mobilisierung der Gesellschaft ist auf einem Niveau angelangt, das als historisch einmalig zu gelten hat. Nie zuvor gehörte die Alltagsmobilität so sehr zur Selbstverständlichkeit einer Kultur wie der heutigen. Während mit der Geschichte der modernen Mobilität eine neue Phase der Urbanität und Stadtentwicklung begonnen hat, hinkt das allgemeine Verständnis davon hinterher. Das bedeutet, dass nach wie vor von „Städten" die Rede ist, so als ob wir es immer noch mit einer begrenzten Anzahl von Orten und darauf bezogene Menschen zu tun haben. Städte werden immer noch in einem modernen Sinn gebaut, damit Menschen in ihnen ankommen und sich dort einen Verbleib vorstellen können. In dieser modernen Stadt ist die „Stadt" ein Zielort. Folgerichtig enden die Eisenbahnlinien in Paris und London nach wie vor am Rande der Innenstadt. Die moderne Logik der Stadtentwicklung ist tief durchdrungen von der Fantasie und dem Versprechen des Ankommens, des Aufenthalts und des Austausches, der Begegnung und des Aushandelns.

Doch heute ist in diese moderne Logik für die Entwicklung von Städten nicht mehr relevant. Es ist nicht so, dass Städte diese Funktionalität nicht mehr bereitstellen oder es keine Bedürftigkeit nach einer solchen urbanen Lebensweise gibt, in der das Integrieren von Menschen und deren Miteinanderauskommen einen Ort benötigten. Diese Seite des urbanen Lebens steht vielmehr in Konkurrenz mit einer anderen Logik des Urbanen: mit dem Ephemeren, dem Flüchtlingen, der Kurzweiligkeit, dem Mobilen und dem Virtuellen. Beide Modi des Urbanen stehen nicht nur in Konkurrenz zueinander, sie sind teilweise auch nicht miteinander kompatibel. Sie streiten um die Definition der Stadt, seinen Präferenzen in der Planung, der symbolische Sprache der Architektur und um Ressourcen. Bot die moderne Stadt Orte für den Rückzug ins Private und konnten durch die Permanenz der Bewohner und Akteure, durch eine gewisse Dauer der Anwesenheit, soziale Gegensätze ausgehandelt werden, ist dies in der ortlosen Stadt fast unmöglich geworden. Rückzugsmöglichkeiten kann es nicht mehr geben, da Ansprüche an die Stadt durch Nutzung, Nachfrage und Anwesenheit immer wieder behauptet und begründet werden müssen. Nur die ressourcenreichen Nutzer der Stadt – die nicht unbedingt (auf Dauer) deren Bewohner sind – können sich heute noch einen solchen Rückzug erlauben. Der Kampf um die Bedeutungen von Orten ist vor allem ein aufgeladen symbolischer, der die Stadt wiederum als Bühne benötigt, auf der dramenhaft die Frage nach der städtischen Identität verhandelt wird. Das Leben in der ortlosen Stadt ist riskanter geworden für alle, die sich an dieser Dramatisierung des öffentlichen Lebens nicht beteiligen können.

Was sich mancherorts als soziale Bewegung gegen Gentrifizierung oder als Forderung nach dem „Recht auf Stadt" artikuliert, deutet diese Konflikte an. Die ortlose Stadt ist deshalb keineswegs als eine Apologie der schönen neuen Welt des Internets miss zu verstehen. Vielmehr mehr muss mit der sich durchsetzenden Ortlosigkeit die Frage nach der sozialen Kohäsion der Stadt neu gestellt werden. Allerdings ist dabei der Straßenkampf gegen die Gentrifizierung nicht das eigentliche soziale Thema in der ortlosen Stadt. Um es auf den Punkt zu bringen, kann man vielleicht formulieren, dass noch nie zuvor die Imagination über die Stadt das eigentliche Feld der Auseinandersetzung geworden ist, in der sich die Zukunftsfähigkeit der Stadt erweisen muss und dies insbesondere mit Bezug auf die Frage, wer die Vorstellungswelten über das urbane Zusammenleben mitgestalten darf, wer zu ihnen Zugang hat und wer oder welche Institution noch die Verantwortlichkeit für das Gesamtbild einnimmt.

DIE VIRTUALISIERUNG DES URBANEN

Die Virtualisierung des Urbanen bedeutet nicht, dass mit den neuen Informations- und Kommunikationstechnologien eine vollkommen neue Stadt und eine andersartige Urbanität das bisherige städtische Leben ablösen wird und – wie man vielleicht noch vor zehn Jahren vermeintlich optimistisch gedacht hat, als es Mode war, über das Leben im Internet zu reden – der Raum unwichtig wird und Orte sozusagen einfach verschwinden. Wenn hier von der „Virtualisierung des Urbanen" gesprochen wird, dann liegt die Betonung auf der Endsilbe „-ung", mit der der Prozess betont wird, der durch die Wissens- und Informationsrevolution eingeleitet worden ist und der zu einer Omnipräsenz aller Orten zu jeder Zeit und überall geführt hat. Schon vor dem Aufkommen von Jetzt-Zeit-Technologien, in denen die Vermittlung von Bildern, Personen und Räumen ohne den Zeitverlust durch die mediale Repräsentation geleistet wird, hat es eine nicht-virtuelle Stadt gegeben. Städte haben immer schon unsere Vorstellungswelt durchzogen und tiefgehend unsere Wünsche, Ideen, Fantasien und in der Folge unser Handeln beeinflusst. Gerade weil es kein genaues Bild von einzelnen Orten und Städten gab, hatte die Fantasie hierbei eine zentrale Rolle zu spielen. Die Reproduktionen der imaginierten Städte erscheinen uns heute zuweilen als ärmlich und kitschig, jedoch wurde damit die Virtualisierung des Ortes – als Beschleunigung der Ortsfantasien – eingeleitet, so dass die gegenwärtige Konstruktion von Orten über Webcams oder ähnlichem erst als wirklich erscheinen kann. Schneller, distanzlos, zu allen Zeiten und für jede(n) zugänglich erscheint die Welt heute als eine, auf der es keinen Ort mehr gibt, der noch ein Versprechen zu bergen scheint, das sich einer solchen „realen" Fantasie-Urbanität zu entziehen vermag. Die von Pädagogen noch vor zwanzig Jahren eingeforderte Medienkompetenz meinte, einen kritischen Blick für die Manipulierbarkeit der Bilder zu entwickeln und Bild und Realität auseinander halten zu können. Augenscheinlich kann davon nicht mehr die Rede sein. Die Virtualisierung des Urbanen bedeutet die weitgehende Akzeptanz eines Oberflächenrealismus, in der die städtische Wirklichkeit mit dem Visuellen zusammenfällt. Paradoxerweise ist sie deshalb wenig fantasievoll und imaginär. Die Verhältnisse von Außen und Innen werden nicht mehr durch Orte abgebildet. Das private Verhalten der Stadtbewohner hat konsequenterweise jede öffentliche Konvention in Frage gestellt. Doch dies hat nicht zu Regellosigkeit geführt. Ganz im Gegenteil: die ortlose Stadt funktioniert nach neuen Normen und Regeln, sie ist hochgradig kontrolliert und „sauber".

Vorstellungen von Heterogenität, wie sie in der modernen Stadt bis dato hochgehalten worden sind, spielen in der ortlosen Stadt eine andere Rolle. Die Fragmentierung der Stadt war eine geographische gewesen. Es gab ärmere Stadtteile und Reichenviertel, gemischte Wohngegenden und viele soziale Wohnformen dazwischen. In allen Nachbarschaften wurden Konflikte ausgetragen, was „hier" erlaubt ist und was nicht. Wo es heute noch herkömmliche Nachbarschaften gibt, werden nach wie vor solche Aushandlungen verbal oder auch mit Gewalt durchlebt. Die Bilder der brennenden

Vorstädte in Frankreich bevölkern die Albträume besorgter Sozialpolitiker und der Akteure der „Sozialen Stadt". Die daraus resultierenden Politiken können auf viele Erfolge verweisen, jedoch gehen sie an der realen Bedrohung vorbei. Prägender für das Bild der heutigen Stadt ist, dass es eine neue Trennlinie zwischen den Stadtbewohnern und jenen gibt, für die die Stadt nicht mehr ein Wohn-Ort ist, sondern vielmehr nur noch eine Kulisse und Bühne für ein mobiles, extrem fragil-virtuelles urbanes Leben, in der die „Stadt" nur noch selektiv wahrgenommen, genutzt und erfahren wird. Die urbane Erfahrung bedeutet eine Anerkennung von unterschiedlichsten Lebensstilen, die nebeneinander leben und ko-existieren können, insofern das visuelle Erscheinungsbild nicht durch eine einzige, ausschließliche Form der Ort-Interpretation geprägt wird. Die ortlose Stadt ist deshalb potentiell ein kulturell reaktionärer Raum, in dem es nicht zur Aufhebung oder Angleichung von Differenzen kommen soll.

FRAGMENTIERTE BEOBACHTUNGEN

Gegen diese Beschreibung der heutigen Stadtentwicklung lassen sich viele Einwände formulieren. Immer wieder wird beispielsweise angeführt, die neuen Kommunikationstechnologien würden nichts grundsätzlich ändern und ökonomisch stellten sie nur eine Branche dar, die nicht einmal die global bedeutendste sei. Auch die soziale Frage sei nicht anders als früher, da es immer exkludierte Menschen gegeben habe. Für diese beiden Auffassungen können in der Tat viele Belege angeführt werden. Das Problem ist aber, dass der hier vertretenden Sichtweise auch entsprechende Beobachtungen unterlegt sind, die ebenfalls plausibel erscheinen. Und genau diese Widersprüchlichkeit ist nicht nur Ausdruck unterschiedlicher Weltsichten oder Ideologien, wie dies in der Moderne klassischerweise zu beobachten war, weil mit einer Auseinandersetzung um die ganze Stadt notgedrungen auch eine Verallgemeinerung individueller Erfahrungen und Beobachtungen einhergehen mussten. Die heutige Situation kennzeichnet sich vielmehr durch das ganz offensichtlich unmögliche Beschreiben der aktuellen Stadtentwicklung durch die vorhandenen Vokabeln und Narrative. Diese lösen sich in stets schnellerer Reihenfolge ab und lassen sich immer mehr als Aufmerksamkeitsbegriffe verstehen, mit dem einzelne Aspekte städtischer Entwicklungen in die Eliten-Diskurse der Architektur, Wirtschaftsförderung, Stadtplanung und Lokalpolitik, aus denen sie dann manchmal auch in andere Öffentlichkeiten gelangen, betont werden. Dies betrifft die „virtuelle Stadt", an die sich schon kaum mehr jemand erinnert, und dann die „kreative Stadt" oder nun die „Smart City". Mit dem hier vorgelegten Buch soll eine solche Kommunikationsstrategie vermieden werden. Die ortlose Stadt möchte anhand einer übergreifenden Fragestellung ein Diskursangebot machen, in dem die These von der Ent-Örtlichung der Stadt nicht als etwas plötzlich auftauchendes, vollkommen Neues in der Geschichte der modernen Stadt gesehen werden soll. Es geht nicht um die Fokussierung auf eine weitere fragmentierte Stadtbeobachtung, die dann marketingträchtig als letzter Schrei in der Stadtforschung zwei-drei Jahre lang reüssieren kann. Auf den folgenden Seiten soll vielmehr der Versuch unternommen werden, zwischen den angedeuteten Veränderungen in der aktuellen Stadt und den sich aus der Moderne ergebenden Dynamiken der Ortskonstruktion Entwicklungslinien aufzuzeigen. Hierbei verfolgen die Autoren die Grundannahme, dass die Frage nach der veränderten Ortsproduktion durch eine Stadttheorie zu unterlegen ist, die Stadtentwicklung vor allem als einen generativen Prozess behandelt. Eine solche Perspektive erlaubt es, die fragmentierten und widersprüchlichen Beobachtungen vom Ansatz her zusammenzudenken, indem individuelles Verhalten in der Stadt und im virtuellen Raum der Kommunikation, die Mobilität des Einzelnen und die verbleibende Ortsbedürftigkeit die Räume des Urbanen konstruieren und diese Raumproduktion in unterschiedliche gesellschaftliche Kontexte eingebettet ist, die peu à peu die massenhaft veränderten Handlungsweisen der Individuen aufnehmen, neu regeln und konzipieren. Dies geschieht durch Institutionen wie den Behörden, den politischen Instanzen, den Berufsverbänden und durch die zwischen ihnen stattfindenden Diskurse. Diese Diskurse sind geprägt durch Vorstellungen über die Stadt, die nicht mit der generativen Stadtproduktion durch die Individuen übereinstimmt. Zumindest nicht heute. Nach unserer besorgten Beobachtung verhalten sich Institutionen gerade im Bereich der Stadtplanung und der Lokalpolitik sehr konzeptionskonservativ und allenfalls wie das Chamäleon, das die Farbe wechselt, wenn es gerade auf ein anderes Blatt gesetzt wird. Diese Mimikry-Strategie hilft allerdings nichts, denn die einst nährenden Blätter haben gefährliche Stacheln bekommen. Die Stadtplanung kann nicht mehr so funktionieren, dass sie jedem das Seine versucht einzuräumen. Ohne es zu merken, droht sie selbst substanzlos zu werden, wenn die wichtigsten Entscheidungen über das Ach und Weh der Stadt jenseits der administrativen Geltungsräume getroffen werden. Schlimmer noch: es sind keine Entscheidungen bestimmter Akteure – die kommen zum Schluss –, sondern emotionale Bewertungen in einem unkontrollierbaren Raum der Emotionen, Adresse unbekannt.

STADTPOLITIK

Die Motivation für dieses Buch ist deshalb eine politische. Die Autoren sind der Meinung, dass die vorgefasste Stadtplanung und die vorhandene „Stadtpolitik" weitgehend wie orientierungslose Lotsen im dichten Nebel umherirren. Ab und zu stößt das Boot gegen Themen, die im jeweils lokalen Diskurs auftauchen. In den Leitbild-Prozessen der neunziger Jahre hatten viele Städte mit den Bürgern Pläne entworfen, in denen es um eine langfristige Entwicklungsperspektive ging. Davon ist nichts übrig geblieben. Stattdessen sind Identitätspolitiken („Stadt der Wissenschaften" oder „Roswitha-Stadt Bad Gandersheim" etc.) getreten, in denen das Lokale globalisiert, medialisiert und selektiv reproduziert wird. Das bedeutet entweder die klammheimliche Aufgabe einer holistischen Stadtrepräsentation oder aber tatsächlich einer selektiven Interessens- und Ressourcenpolitik auch noch einen offiziellen Rahmen zu bieten. In dieser Verknappung oder Aufgabe der Stadt-Repräsentation spiegelt sich ein neues Wissensregime wider, das in gesellschaftspolitischer Hinsicht der urbanen Fragmentierung eine politische hinzufügt und sie damit gleichzeitig antreibt.

Die Institutionen der professionellen Stadt-Planung und -Forschung haben oftmals durch ihre übergroße Nähe zur Praxis nicht den Raum, um diese Entwicklung zur post-demokratischen Stadt kritisch zu reflektieren. Gleiches gilt für die Medien und öffentlichen Institutionen der öffentlichen Reflexion, womit vor allem die Universitäten gemeint sind. Es fehlt eine Meta-Ebene der Reflektion über die Ent-Ortung der Stadt. Damit verdoppelt sich die Krise der modernen Urbanität, weil die notwendige historisch-gesellschaftliche und raumtheoretische Reflektion ausbleibt. Die Stadt hat sich historisch immer durch Stadtkritik weiterentwickelt, in der lokales Wissen nicht nur potentiell allen zugänglich war, sondern auch eine Relevanz beanspruchen konnte. Die Kritik heute hingegen ist wie die Stadt ortlos geworden. Von der informierten Debatte im Rathaus zum facebookinitiierten Flashmob, so könnte man diesen Prozess überspitzt auf den Punkt bringen.

Die aktuellen Beispiele, in denen das Internet für mehr Bürgerbeteiligung und neue Formen der direkten Demokratie genutzt werden, zeigen aber auch, dass hier nicht einfach ein Lamento über den Verlust der Stadt und eine Art Nostalgie für die Zeiten des einfachen Planens für die Nachbarschaft und das Bearbeiten des Bau-Antrags folgen darf. Die ortlose Stadt ist anders, sie ist auch anders politisch. Und wenn wir ehrlich sind, weiß niemand so genau, wie sie ist und welche neuen Spielregeln sie für die Demokratie erfordern und welche sie hervorbringen wird. Das wenige systematische Wissen, das über diese Formen der Bürgerbeteiligung und der neuen Öffentlichkeiten vorhanden ist, ist ebenfalls umstritten und erlaubt kaum eine dauerhafte Planung und nachhaltige Politik. Die Effekte dieser Politisierungen sind ebenfalls nicht absehbar, aber sie können als Tsunami auftauchen und die etablierten Vorstellungen über die Stadt in kürzester Zeit in Frage stellen und erodisieren.

Ein Buch zur „ortlosen Stadt" ist in dieser Hinsicht ein Risiko, wenn es sich auf die Einschätzung singulärer Phänomene einlässt. Weder die empirischen Befunde noch die analytischen Interpretationsrahmen sind vorhanden, um sich anhand von Fallstudien ein Bild von der zukünftigen Stadtpolitik machen zu können. Vielmehr vertreten wir die Ansicht, dass in eben diesem unsicheren Wissen die eigentliche Thematik der neuen Ortlosigkeit begründet liegt und dass nur die Anerkennung der erheblichen Verunsicherung des bestehenden Wissens ein Sensorium schaffen kann, mit dem aus dem jetzigen Blindflug, bei dem beispielsweise jahrelang Großprojekte, die die städtische Geographie im erheblichen Maße transformieren, unsicher bleiben und von daher als nicht mehr planbar gelten, zwar kein kompassgetreuer Kurs entspringt, aber mit dem die riskanten Dynamiken in den Städten deutlich werden können. Mit diesem Buch soll deshalb das Ziel verfolgt werden, einerseits einen theoretisch begründeten Rückblick auf die Entwicklung von ortlosen Städten zu werfen, wie andererseits bereits konzeptionelle Ansätze wie den der der Métapolis von François Ascher und aktuelle Beobachtungen aus Omnitopia, wie Andrew Wood (2009) die ortlose Stadt nennt, eingeführt werden sollen. Als Zeitgenossen, omnitopische Teilnehmer und verortete und mobile Stadtbewohner reden wir quasi über uns selbst, denn eine Aussichtsplattform auf diese Prozesse hat niemand errichtet und sie kann es wohl schon angesichts der Geschwindigkeit der

Veränderungen nicht geben. Die hier zusammengetragenen Beobachtungen stellen von daher auch Reflektionen über die intellektuelle Verarbeitung dieser Stadt-Transformationen dar und beziehen sich auf die neuen Fiktionen, Narrationen und ansatzweise als Theorien zu bezeichnenden Diskurse. Die „ortlose Stadt“ will in dieser Hinsicht keine neue Erzählung über die Stadt konstruieren, sondern die vorhandenen Imaginationen und Vorstellungen gegeneinander aufstellen und rekonstruieren. Dies alles aus dem Bewusstsein, dass die Rolle des Stadttheoretikers nicht nur die eines expost argumentierenden Analytikers sein kann, sondern die eines Teilnehmers, der angesichts der Herausforderungen an die soziale Kohäsion, den Schutz der Lebensgrundlagen und der kulturellen Vielfalt ein, wenn auch verunsichertes, Wissen kommuniziert.

Narrative Urbanistik

Nichts scheint einfacher zu sein, als eine Stadt zu erkunden. Alle reden über die Stadt, handeln und bewegen sich in ihr und haben einen persönlichen Eindruck von ihr. Jede und jeder hat zudem „ihre“ und „seine“ Stadt, die man noch besser kennt als andere oder zumindest diejenigen, die später dort angekommen sind. Die „Stadt“ mag als ein Objekt der Forschung schwer zu beschreiben sein – wo fängt sie an, wo hört sie auf, wer gehört dazu, was ist „typisch“ für sie und was verallgemeinerbar von den einzelnen Städten, mit denen wir es im Leben zu tun haben –, dennoch fühlen sich Stadtbewohner und -beobachter in einer Hinsicht relativ sicher: Sie haben Zugang zur Wirklichkeit der Stadt.

Dieser Wirklichkeitsbezug fällt in den verschiedenen Professionen oder Disziplinen unterschiedlich aus. Klassischerweise wird die Stadtforschung, wenn man darunter keine institutionalisierte Wissenschaft sondern eine kakophone Thematisierung des vermeintlichen Gegenstandes „Stadt“ versteht, durch Abgrenzungskonflikte geprägt, die jeweils einen unterschiedlichen Akzent in der Stadtbetrachtung betonen. Vereinfacht gesagt, die Architektur insistiert auf das sichtbare Physisch-Materielle, die Soziologie auf die unsichtbaren gesellschaftlichen Strukturen der Stadt. Beide Disziplinen würden aber für sich in Anspruch nehmen, dass es ihnen um die Realität des Städtischen geht und kann die Rivalität zwischen architekturgerichteter und sozialwissenschaftlicher Herangehensweise an die Stadt als ein Wettbewerb um die bessere, angemessenere Sichtweise auf die „Stadt“ verstanden werden. Diese Abgrenzungsdiskurse haben in den vergangenen Jahrzehnten zu manchen Stilblüten, Dominanzbestrebungen und leider eher selten zu gegenseitigen Befruchtungen geführt (vgl. Schäfers, 2012).

Der Preis für das Beharren auf eine privilegierte Weltsicht hat immer zur Konsequenz, dass man mit der Zeit schlichtweg verdummt. So geschieht es auch in der Stadtforschung, die sich gegen die Irritationen des eigenen Wissens hinter hohe Mauern der ausdifferenzierten Zuständigkeiten in der modernen Wissenschaftsgesellschaft verschanzt hat und die Grundlagen der eigenen Wissensproduktion nicht mehr in Frage stellt. Hinzu kommt, dass eine auf Exzellenzwissen – Wissensproduktion um der Rankings und der Marktverwertung willen – ausgerichtete Wissenslandschaft auf Anschluss und Fortschreibung von Methoden, Erkenntnisstrategien und Wissenstraditionen ausgerichtet ist, in der der riskante Gedanke, die ketzerische Frage, das wilde Denken, Irritationen und Provokationen und die Ironie stigmatisiert werden. Im Ergebnis hat dies zu der paradoxen Situation geführt, dass zu einem geschichtlichen Zeitpunkt, an dem die Urbanisierung die Welt vollkommen prägt, es keine transdisziplinäre Stadtforschung gibt, die der Gesellschaft über diesen Prozess eine Reflektionsebene in der Lage wäre anzubieten.

Das Realitätsproblem der Stadt

Transdisziplinarität würde bedeuten, die künstliche Differenz zwischen den „Raumwissenschaften" und den Sozialwissenschaften aufzuheben. Im Forschungsalltag wird hingegen maximal eine interdisziplinäre Aufgabenkoordination erreicht. Auf diese Weise wird aber die Meta-Ebene der Reflektion über die Erkenntnismöglichkeit der Stadt als solcher systematisch ausgeblendet. Auch dies hat wiederum einen Preis, der sich gesamtgesellschaftlich als Revolution der Nebeneffekte so auswirkt, dass die Zielstellungen, etwa von Großprojekten, durch angeblich zu vernachlässigende Effekte am Ende pervertiert werden. Interdisziplinarität ist ein hierarchisches Wissensverfahren, das einen Wissensraum vorab festlegt, in denen spezialisierte Wissenschaften angeordnet werden. Normative und konzeptionelle Entscheidungen hingegen finden in einem narrativen Vorraum statt, der im Erkenntnisprozess nur noch referentiell auftaucht und nicht mehr in Frage gestellt werden kann. Zum Stadtforscher wird, wer zu einem solchen in diesem Vorraum dazu deklariert wird. Die Selbst-Reflektion des Forschers wird damit weitgehend aufgehoben. Die Krise der heutigen Universitäten im Zeitalter der Informations- und Kommunikationsrevolution beruht nicht so sehr darauf, dass sie keine Wissensmonopole mehr behaupten. Vielmehr werden sie gesellschaftlich abgewertet, weil sie die Selbstreflektion der Gesellschaft nicht mehr leisten. Der universitäre Gelehrte verdiente einst die Achtung der Gesellschaft, weil er ihr quasi repräsentativ vorführte, wie in der Gesellschaft vorhandene Annahmen über sich selbst „zu Ende" gedacht werden. Die Gesellschaft der „virtuellen Stadt" kann wiederum nicht darauf zählen, dass es in den universitären Forschungseinrichtungen eine solche Möglichkeit für Selbstreflektion über ihre Widersprüche, Wirrungen und sozialen Innovationen für das Leben in der Stadt der Zukunft gibt.

Universitäten oder andere Einrichtungen – und die virtualisierte Stadt schafft sich diese bereits mit Blogs, Homepages, Apps, sozialen Netzwerken en masse selbst – könnten eine solche gesellschaftliche Bedeutung wiedergewinnen, wenn sie sich vollständig als transdisziplinäre Orte verstehen würden. Dies würde einen kommunikativen Umbau bedeuten, der explizit die Diskurse der urbanen Gesellschaften von heute aufgreifen und als Ausgangspunkt für ihre Forschungen und Selbstreflektionen begreifen würde. Das ergibt sich nicht nur aus einer vordergründigen ethischen Dimension der Wissenschaft. Es ist die Logik der Wissenschaft selbst, die eine solche Kehrtwende in der Stadtforschung erzwingt. Eine transdisziplinäre Stadtforschung müsste die disziplinären Grabenkämpfe mit der Einsicht überwinden, dass man über die Realität der Stadt nichts aussagen kann.

Die Stadtforschung müsste sich dazu aus einer Anwendungs- und Handlungsorientierung lösen, damit eine Reflektion der eigenen Narrativ-Produktion möglich werden kann. Eine Betrachtung dessen, was Menschen in der Lage sind zu tun, wird uns schnell zu der, vielleicht auch ernüchternden Einsicht führen, dass das sogenannte „Handeln" auch auf der Produktion von Symbolen beruht. Die Unterteilung zwischen Denken, Sprechen und Handeln führt dabei in die Irre und versperrt den Blick darauf, dass keine Form des menschlichen Handelns einen höheren Wirklichkeitsbezug aufweist als die andere. Die eingeübte Denktradition in Architektur und Stadtplanung zwischen Theorie und Praxis zu trennen ist eben nichts anderes als – eine Denktradition. Sie ermöglicht nicht die Schaffung einer Realität außerhalb des Denkens, so wie es keine Gedanken außerhalb der menschlichen Lebenspraxis gibt. Die fatalen Konsequenzen der Theorie-Praxis-Denkfalle sind, dass die Illusion der Erkundung einer Realität außerhalb unserer symbolischen Welt nicht aufgehoben wird. Es ist dabei nicht wirklich überzeugend, wenn einige disziplinäre Zugänge angeblich mehr die Stadt abbilden oder erklären können sollen als andere. Gegen eine solche Annahme spricht, dass es keinen außerhalb des Symbolischen liegenden Maßstab gibt, an dem dies abgemessen werden könnte. Allenfalls lässt sich, wie dies die radikalen Konstruktivisten tun, behaupten, dass in bestimmten Situationen einzelne Annahmen eher „passen“ oder erfolgreicher angewandt werden können als andere. Das bedeutet, dass wir es nur noch mit lokalem und subjektivem Wissen zu tun haben. Diese Subjektivierung und Lokalisierung der Stadtforschung würde allerdings nicht bedeuten, dass als logische Konsequenz erkenntnistheoretische Willkür folgen müsste. Im Gegenteil, es wird der Komplexität der städtischen Wirklichkeiten gerechter, weil diese nicht ohne im weitesten Sinne handelnde Menschen auskommt. Wenn man nicht zu hohe Maßstäbe anlegt, dann kann man unterstellen, dass der Mensch mit seinem Handeln einen Sinn verfolgt und in seiner existentiellen Gesamtheit, also auch und vor allem in seiner Körperlichkeit, durch Bedeutungsproduktion geprägt ist. Der Stadtforscher und der Stadtbewohner sprechen, denken, handeln, verkörpern, verorten, verzeitlichen und vergesellschaften und sind dabei in Bedeutungskonstruktionen eingebettet, die sich nicht nach Körper und Geist, Raum und Ort, Sprechen und Handeln grundsätzlich unterscheiden lassen.

DIE NARRATION DES URBANEN

Dennoch muss wahrscheinlich der Sprache die entscheidende Funktion in der Bedeutungskonstruktion der Stadt zugesprochen werden. Die Frage der Interpretation der Stadt wird damit entscheidend. Interpretationen sind sprachliche Akte, die eine bewusste oder unbewusste Form der Bedeutungskonstruktion darrstellen, die an weitergehende anthropologische und psychologische Bedürfnisse geknüpft ist. Für die Psychologie hat dies Jerome Bruner wie folgt formuliert: „A life is led is inseperable from a life as told […] not „how it was“ but how it is interpreted and reinterpreted, told and retold.“ (1987, 3) Für Linguisten, Biografie-Forscher und Oral History-Historiker ist dies schon fast ein Allgemeinplatz. Für die Soziologie gilt seit den ersten Tagen der Chicago School das sogenannte Thomas-Theorem, wonach die Interpretation einer Situation in der Wahrnehmung der Handelnden immer Konsequenzen hat, ungeachtet der Frage, ob diese Wahrnehmung falsch oder richtig ist. Der Symbolische Interaktionismus lässt sich als Fortsetzung dieses Grundgedanken verstehen.

Mit einem „narrativen Turn“ in der Stadtforschung wird die zentrale Bedeutung der Interpretation der Stadt anerkannt. Gemeint ist damit nicht, dass die Stadt wie ein Text oder eine Erzählung, also mithin eine neue Metapher als Beschreibungsversuch für die städtische Wirklichkeit, sei. Vielmehr bedeutet die Anerkennung der narrativen Struktur des Urbanen, jenes Terrain der Selbst-Reflektion über die Stadt zurückzugewinnen, indem auf die unterschiedlichsten, vorhandenen Bedeutungskonstruktionen, die sich explizit als städtische definieren, eingegangen wird. Inwieweit manche Narrative näher an der städtischen Wirklichkeit dran sind als andere, spielt in diesem Sinne keine Rolle. Keineswegs muss vorab schon geklärt werden, ob es generell Narrative gibt, die wirklicher sind als andere. Logischerweise sind sie für die Eine oder den Anderen, an diesem oder jenem Ort, für jenen Körper oder in jener Biographie wirklicher als andere. Darüber zu urteilen ist nicht außerhalb der Subjekte der Narrative möglich, wie schon Weber den Soziologen ins Stammbuch geschrieben hat, dass das Handeln von Menschen nicht ohne deren Sinnzuschreibung verstanden werden kann.

Das Narrative des Urbanen ist dementsprechend keine deduktiv anwendbare Forschungsfrage. In Abgrenzung zu den vielen anderen Narrativen, die sozial und individuell konstruiert werden, werden nur diejenigen urban, in denen eine solche Selbstverortung als eine städtische tatsächlich und somit in der Regel explizit betrieben wird. Die Frage, was denn eigentlich eine Stadt ist, erledigt sich erst, wenn niemand außerhalb der selbstreferentiellen Zirkel der Stadtforschung mit urbanistischen Vokabular Bedeutungen herzustellen versucht. Bis dahin kann unter den unterschiedlichsten Gesichtspunkten immer wieder von neuem beobachtet werden, wie Narrative des Urbanen geschaffen werden. Die Aufgabe der Stadtforschung ist es zu untersuchen, welche Ordnung, die sich aus deren auffälligen Gemeinsamkeiten und Selbstverständlichkeiten ergibt. W.J.T. Mitchell (1981) beschrieb die Wissensgenerierung durch das Erforschen von Narrativen wie folgt:

> „The idea of narrative seems […] to be a mode of knowledge emerging from action, a knowledge which is embedded not just in stories we tell our children or to while away our leisure but in the orders by which we live our lives.“ (ix-x)

Die Kontextualisierung der singulären Narrative in gesellschaftliche Zusammenhänge und die historische Entwicklungen zeigt dabei auf, in welcher Weise diese Bedeutungskonstruktionen von den Einflüssen des sozialen Feldes abhängig sind. Mit anderen Worten, es wird auf diese Weise verdeutlicht, wie die gesellschaftliche Position des Sprechers Form und Inhalt dieser städtischen Narrationen beeinflusst. Wie mit Hinblick auf Foucaults Arbeiten deutlich wird, kehrt damit vor allem die Frage nach der Beeinflussung durch Machtstrukturen in den Vordergrund einer narrativen Stadtforschung. Mit Bourdieus Metapher vom sozialen Feld lassen sich entsprechende individuelle Narrationen als Teil des Habitus verstehen, der sich als Verlagerung der Distanzen des Feldes in die Weltsicht des Einzelnen einschreibt. Damit dürften die beiden grundlegenden Forschungsrichtungen angedeutet werden, die sich aus einer Kontextualisierung der urbanen Narrative ergibt: Die Frage nach den historischen Machtverhältnissen und den Aktualisierungen in den verinnerlichten gesellschaftlichen Positionierungen und städtischen Konflikten. Methodisch wird diese Forschungsperspektive durch den Gegenstand der Forschung, die Narration, motiviert. Das bedeutet, dass Narrationen in ihrer Eigenschaft als „temporal frame“ (Finnegan, 1998, 18) in der Stadtforschung wirkungsmächtig sind. Gemeint ist, dass gerade in der Stadtforschung, wie Ruth Finnegan (a.a.O.) zeigte, narrative Formen der Wissenskonstruktion vorherrschen, weil Narrative auf einer Sequentialisierung von Ereignissen (vorher-nachher) aufbauen. Stadttheorien scheinen intrinsisch auf eine Plot-Orientierung abzuzielen, in denen es binäre Oppositionen und assoziierte Romantisierungen (optimistisch-pessimistisch) gibt. Entsprechend werden Forschungen auch nach den Konventionen der Narration erzählt, beurteilt und vorweggenommen. Es handelt sich um ein offenes Genre, bei dem derjenige als innovativ gilt, der ein neues Abstraktum („Gentrifizierung“, „Zwischenstadt“, „Megacity“ usw.) einführt. Diese Begriffe dienen dazu, eine über die konkrete beschriebene Stadt hinausgehende, größere Geschichte von der Stadt zu erzählen, die aber nicht ausgeführt, sondern in der Regel nur angedeutet wird. Die Narration von der „Stadt“ bleibt damit nebulös und zugleich für alle sichtbar. Diese urbane Narration reproduziert den mystischen Erzähler, der konkrete Ereignisse allgemein deutet:

„Unpacking the narrative features of urban theories and classifying them as stories may seem irreverent, even anti-intellectual! […] We can apply narrative analysis to the abstract theoretical tales told by academics in just the same way that we can – and do – to those by other tellers. This can illuminate both their conventional form and their hold on us, revealing how the play on accepted plots and themes [...] It in fact brings out the profound influence of long-enduring plots and imagery in formulating our thinking and actions." (23)

WAS IST LONDON?

Als Beispiel für eine narrativ orientierte Herangehensweise mag das von John Eade im Jahr 2001 veröffentlichte Buch „Placing London: From Imperial Capital to Global City" dienen. London ist Drehort, Projektsfläche und „Stoff" für die unterschiedlichsten Erzählungen und Genren. Als einstige Kapitale des British Empire und größte Metropole Europas über Jahrhunderte gab es in der Stadt immer wieder konkurrierende Narrative, die die Essenz Londons zum Ausdruck bringen wollten. Die historische Kontroverse, wie sie sich anhand der Diskussion um das koloniale „Erbe" teilweise nachvollziehen läßt, verweist darauf, dass diese Erzählungen einerseits sehr viel mit der Diversität der Lebenserfahrungen der Einzelnen zu tun haben, in denen sich die unterschiedlichen Vorstellungen von und Erfahrungen mit der Stadt synkretisieren, und andererseits, dass die gesellschaftlichen Machtverhältnisse in der Stadt die Hierarchisierung der Narrative hervorgerufen haben, durch die bestimmte Narrative gar nicht oder nur subaltern erscheinen und andere Stadt und Gesellschaft dominant prägen. Ungleichheiten und Ausschlüsse bewegen sich in dem Netzwerk der imperialen und nationalen Ordnung, in der die Frage nach der Identität einer Stadt keine abzuschließende war und die aktualisierte Debatte um die „Global City" London ist in diesem Sinne nur ein neuer Aufguss dessen mit anderen Akteuren, anderen Menschen. Für Eade bedeutet dies deshalb, dass London in seine Geschichte „platziert" werden muss: „In the context of London we can ask then: a) how is London understood as a changing, multicultural place? and b) how do we explain the contemporary, global city in the context of changes, which link us to empire?" (3)

Wie Eade anhand von einflussreichen Büchern über die Geschichte und die Entwicklung Londons demonstriert, wird durch die Frage nach der Essenz der Stadt eine solche Fragestellung über „power, resistance, and group dynamics" (5) aber nicht mehr gestellt und sind Haltungen, die einer Stadt wie einer Person bestimmte Eigenschaften zuschreiben wollen, nachvollziehbar, aber sie produzieren in diesem Sinne gefährliche Fiktionen, die es nicht mehr ermöglichen, diese Fragen zu stellen. Zudem generieren sie die Vorstellung, dass London etwas sei, was maßgeblich durch interne Prozesse der Stadt beeinflusst wird:

„We enter a world of contigency where the identities of places and peoples are not unique creations of some internal life. London and Londoners are produced – and continue to be produced – not just by what goes on within a particular place but by relations with an external world […] The identity of London and Londoners is not simply fixed and determined by certain essential traditions but is also, open to different, and frequently competing understandings, which involve diverse groups far beyond the boundaries of the metropolis. Places and people are defined not by singularity and coherence but by multiplicity and ambiguity.“ (6)

Die lokalistische Falle der Stadtforschung beruht darin, sowohl die Ambiguität der lokalen Identitäten von Orte wie Menschen ausblenden zu wollen, als auch nicht zu konzeptionalisieren, dass kein Mensch und keine Stadt nur lokal sind und dass teilweise andere Identitätskonzepte geltungsmächtiger sind. Dies ist sicherlich für den Nationalstaat und die Globalisierung zutreffend, die beide in vieler Hinsicht mehr Einfluss auf das (Selbst-) Verständnis der Stadt und die Städter haben dürften als die irgendwie noch originär zu verortenden lokalen Besonderheiten. Eade verdeutlicht in seinem Buch über das „Placing London“, dass die imperialen und nationalen Narrative mit Essentialisierungen arbeiten und somit Bewertungsschemata fortschreiben, die weiterhin die sozialen Ungleichheiten rechtfertigen, verniedlichen oder ausblenden. Jenseits dieser Narrative entdeckt er „more disturbing realities“ (6). Seine Erkundung der London-Narrative schließt sich an die Cultural Turn-Forschungen seit den achtziger Jahren an und deckt die Kontinuität von übergeordneten Erzählungen, die mit Foucault wohl als Diskurse bezeichnet werden könnten, auf, in denen der Einfluss rassistischer Auffassungen und Praktiken des Ausschlusses von asiatischen oder schwarzen Minderheiten durch den Diskurs über das Nationale gerechtfertigt wird. Dabei weiß Eade aus seiner jahrzehntelangen Forschung über das Londoner East End, dass es auch hier Narrative gibt, die sich gegen den britischen Nationalitätsdiskurs abgrenzen und eigene nationale oder kulturelle Identitätsnarrative produzieren. Aus der zweiten oder dritten Generation der

Einwanderer stammen Narrative, in denen die Hybridität der kulturellen Identitätsnarrative möglich wird, die über die nationalen und kulturellen Grenzen hinweg konstruiert wird. Zugleich sind diese hybriden Narrative aber nicht unumkämpft und unbestritten. Einerseits existieren sie in einer „ethnischen Diversität" nebeneinander, andererseits bilden sich neue Ethnizitäten heraus, in denen wiederum kulturelle Identitäten fixiert werden (vgl. Eade und Eckardt, 2011).

Wie Eade hervorhebt, sind viele Narrative dem Inhalt nach neu und erzählen eine neue Geschichte. Wie insbesondere an der Persistenz der sozialen Ungleichheiten von Personengruppen und Stadtteilen (East versus West End) aber deutlich wird, hat sich dennoch an den Machtverteilungen als solcher nicht viel geändert. Die Funktion des Immer-Wieder-Neu-Erzählen dient von daher in gewisser Weise der Ablenkung. Dies trifft auch auf die Erzählung von der „Global City" und über Globalisierung insgesamt insofern zu, als dass es mit Blick auf die gesellschaftlichen Beziehungsstrukturen keine radikalen Veränderungen, weder in London noch sonstwo, gibt, und dass die Kontinuität des einst imperialen und nun globalen London dies mehr als alles andere zum Ausdruck bringt. Insbesondere der Tourismus erfordert, so Eade, dass heute Bilder von London verkauft werden können, die eine bestimmte Erzählung vermitteln, in der es um „exciting authenticity" (179) geht. In der globalisierten Welt werden die weltweiten Machtverhältnisse nicht mehr durch nationale Narrative hergestellt, sondern sind diese auf globalisierte Erzählungen des Lokalen für die vorherrschende Dienstleistungs- und Kulturwirtschaft, der „economies of signs and spaces" (Lash und Urry, 1994), und entsprechende Bild- und Sinnkonstruktionen angewiesen. London ist dabei nur noch ein Zentrum unter vielen, die britische Nation nur noch eine Narration in Konkurrenz zur globalen, europäischen und den vielen anderen nationalen-kulturellen. Das alles passiert nicht im machtfreien Raum, sondern ist Teil politischer Strategien:

> „When we look at how community activitsts, political representatives, and state officials interpreted locality, we see a similar process of essentialisation and reification at work. They usually justify their strategies and procedures in terms of local community. They claim to represent the interests, the needs, and the state institutions. They appeal to certain traditions as the basis of their authority, even though they are engaged in the process of constructing those very tradtions." (Eade, a.a.O., 183)

NARRATIVE IDENTITÄTSPOLITIK

Während viele Städte wie London als „erfolgreich" in ihren Bemühungen um den Verkauf ihres Selbstbildes gelten können, haben andere Städte es nicht geschafft, sich in einer Weise global zu repräsentieren, in der sie im Rennen um das global zirkulierende kulturelle Kapital Aufmerksamkeit und damit verbunden ökonomische Wertschöpfung erreichen konnten. In diesem Wettbewerb um lokale Essentialismen, die global verwertbar sind, gibt es mehr Verlierer als Gewinner. Doch diese Bilanz taucht nur im zweiten Teil der Erzählung von der „Global City" auf und wird von den Policy Makern gelegentlich überschlagen. Für die Verlierer-Städte gibt es die Erzählung von den „Comeback Cities" oder der „Stadterneuerung", wenn eine positive Geschichte benötigt wird, um letzte Reserven für das Mitspielen im globalen Wettbewerb zu mobilisieren. „Schrumpfung", „decay" oder andere Schreckensmärchen stehen für solche Städte parat, von denen die Eliten nicht mehr erwarten, dass diese noch irgendein verwertbares symbolisches Kapital produzieren. Robert Beauregard (1993), der seit den achtziger Jahren den „Verfall" der amerikanischen Industriestädte im sogenannten Rust-Belt beobachtet, schildert den Effekt dieser Narrative:

„The ideological narrative on urban decline draws from the material workings of the political economy to present a series of strategic representations meant to suggest appropriate actions. In this way, the narrative frames choices and constitutes an ideology of possibilities. By talking about urban decline and how they and others should respond, urban commentators identify the choices and come to appreciate the freedom to reject and modify those choices. Yet, it becomes equally obvious that the narrow range of choices operates as a structural constrant on one's behavior." (197)

Gegen diese Ideologie der Möglichkeiten entwickelt Beauregard das Konzept der „Merging of Meanings", mit dem der reflektierende Theoretiker eine positive Idee entwickeln kann, die sich nicht nur an der Schein-Objektivität der angeblich sofort verständlichen Problematik einer Stadt in der Krise abarbeitet. Anders gesagt, es muss die rhetorische Einbettung der Stadt kritisch aufgegriffen und in Frage gestellt werden. Die Offensichtlichkeit der vorhandenen Einschätzungen muss in Frage gestellt werden. Dies geschieht durch die Multiplikation der Repräsentationen einer Stadt. Warum wird auf fehlendes Wirtschaftswachstum oder auf fehlende Investitionen fokussiert? Warum werden demographische Daten herangezogen? Es gibt viele Wege, eine Stadt zu repräsentieren: „The city cannot be understood in just one way." (200). Nachdem die selektive Wahrnehmung aufgezeigt wurde, kann man die Diskrepanz zwischen der komplexen Problemsituation und den diese wenig bearbeitenden Aktionen der Planung oder Politik verdeutlichen. Schließlich verbleibt eine Anerkennung der persönlichen Involviertheit des Stadtforschers in die urbanen Narrative:

> „The obligations of urban theorists are to demistify urban decline by „unpacking" its many meanings, to point to the complex array of narratives that create these meanings, and to expose the material construction of the ideology of decline." (200)

Den unterschiedlichen Narrativen dann einen Ort zu geben, sie zu einer gemeinsamen Erzählung verschmelzen zu lassen, würde es ermöglichen, eine ergebnisoffene aber problemorientierte Form der Urbanistik zu betreiben, in der durch eine Vielzahl symbolischer Handlungen neue Bedeutungskonstruktionen angestrebt werden.

Die Ent-Ortung des Urbanen

Die Ent-Ortung des Urbanen hat eine Geschichte, die fortdauert und potentiell unabgeschlossen ist. Anders als wir dies im Alltag beobachten, ist sie nicht nur das Ergebnis einer sich rapide vollziehenden Innovation der Kommunikations- und Informationstechnologien, sondern als Prozess einer hochgradig voraussetzungsvollen Modernisierung des Stadtlebens zu verstehen. Die Wissensrevolution verdeutlicht darüber hinaus, dass es bislang keine angemessene Betrachtung der modernen Stadt gibt. Ungeachtet der Diskurse und Planungsansätze einer sich um Namen wie Le Corbusier, der Charta von Athen oder auch dem Bauhaus rankende Historie der „modernen Architektur", hat eine weitergehende gesellschaftspolitische Debatte über das Wesen der modernen Stadt nicht stattgefunden. Es überwiegen vielmehr Auffassungen, die die Besonderheiten der modernen Urbanität eher verwischen wollen. Hierzu ließen sich viele Beispiele anführen, die in den Narrationen der Architektur, Stadtplanung und Stadtpolitik im weitesten Sinne geltungsmächtig geworden sind. Historisch gesehen ist auch die Stadtkritik von jeher eine ambivalente Basis dieses Diskursdefizits gewesen. Die Angst vor dem Untergang des Abendlandes und der intellektuellen Abwehr gegenüber den realen Städten, wie sie vor allem Nietzsche formuliert hat, unterscheiden sich zwar grundlegend von reformatorischen Ansätzen, die seit dem 19. Jahrhundert auf die Missstände in den Städten reagierten, dennoch hat auch in solchen Reformpolitiken, denen ebenfalls die Entstehung der heutigen Stadtplanung zu verdanken ist, keine positive Anerkennung der modernen Stadt stattgefunden. Als Grundgedanke hat sich konzeptionell die planungsbedürfte und planbare Stadt in einer Weise diskursiv und professionell durchgesetzt, die eine sich selbstordnende Stadt und ein Vertrauen auf die Selbstorganisation der Stadtbewohner als vollkommen undenkbar erscheinen ließen. Sicherlich kann man die Sicht auf die Stadt als ein zu ordnendes Territorium in den historischen Kontext der preußischen Staatsbildung einordnen und auch mit dem Scheitern liberaler und demokratischer Reformen nach der Revolution von 1848 erklären. Dennoch handelt es sich hierbei nicht nur um ein deutsches Phänomen und lässt sich auch in amerikanischen Sichtweisen eine diskursive Schwierigkeit im Umgang mit der modernen Stadt auffinden. In den USA wären hierfür andere Umstände anzuweisen. Auffallend ist allerdings, dass es auf beiden Seiten des Atlantiks kaum wirkliche intellektuelle Auseinandersetzungen über die „moderne Stadt" gegeben hat, die heute noch als Referenzquellen dienen könnten, um die jetzigen Veränderungen des urbanen Lebens zu ermessen. Es ist bezeichnend, dass die mächtigsten Strömungen der intellektuellen Moderne sich gerade nicht mit dem beschäftigt haben, was sie eigentlich direkt vor ihren Augen geschehen sahen. Wien und Berlin veränderten sich rapide und bildeten eine Urbanität aus, die – so würde man zumindest heute denken – doch die großen Denker jener Zeit in ihren Gedanken und Analysen hätte beeinflussen müssen. Dies betrifft insbesondere die marxistische oder linken Gesellschaftskritik, die keine kritische Referenzlektüre hinterlassen hat, als Deutschland sich gleichzeitig wirtschaftlich modernisierte und die Urbanisierung sich massiv durchsetzte. Sieht man von dem Essay „Zur Lage der englischen Arbeiterklasse" von Friedrich Engels ab, der in erster Linie auf eigene Beobachtungen aus seiner Manchester-Zeit beruht (vgl. Whitfeild, 1988), kann man feststellen, dass die radikalsten Gesellschaftskritiker die Situation ausgerechnet der im größten Elend lebenden Menschen nicht explizit behandeln und eher analytisch und moralisch aufgreifen. Karl Marx saß in seiner Londoner Bibliothek und seine Kinder verhungerten im Großstadtslum, aber mit der Stadt der Moderne setzte er sich nicht grundlegend auseinander.

STADT ALS PROZESS

Eine explorative und auf Theorie ausgerichtete Beschäftigung mit der Großstadt blieb aus und dies wirft bis heute weite Schatten. Nach wie vor tut sich die Gesellschaft mit einem kritischen Verständnis der modernen Stadt schwer. Nur wenige Diskurse, wie die seit Kurzem wiederentdeckten Schriften Henri Lefebvres, der sich um eine solche Perspektive im Ansatz bemüht hatte (s. vor allem Lefebvre, 1975), können nicht darüber hinweg täuschen, dass es im Grunde keine intellektuelle Anerkennung der besonderen Situation der modernen Stadt im kritischen Denken des 19. und 20. Jahrhunderts gegeben hat. Dies bedeutet auch, dass eine Reflektion der lokalen Politik, die insbesondere die Sozialdemokratie im Kaiserreich aufzuwerten hoffte, und der Stadtplanung ohne einen gesellschaftspolitischen Diskurs auskommen müssen, in dem lokale, nationale und globale Themen miteinander verknüpft gedacht werden können.

Die fehlende Reflexion über die moderne Stadt, von einem gesellschaftspolitischen Ansatz aus, hatte intellektuell und politisch erhebliche Konsequenzen. Zum einen wurde teilweise der Diskurs den antiurbanistischen (und später Blut-und-Boden-)Ideologien überlassen, zum anderen reagierten führende Intellektuelle wie Max Weber oder in den USA Lewis Mumford mit einer fast schon nostalgischen Beschäftigung mit der mittelalterlichen Stadt (vgl. Eckardt, 2009, 141-150). Die Abgrenzung der modernen Architektur gegenüber der Tradition der schönen Künste kann man hingegen als einen Versuch betrachten, der sich um eine Kontextualisierung der Architektur im Zeitalter der Moderne bemüht. In dieser Hinsicht haben sich viele der CIAM-Architekten und andere als radikale Erneuerer gesehen und werden diese auch nach wie vor zu Recht in einen Zusammenhang mit der Entwicklung der heutigen Großstadtarchitektur gestellt, die eine angemessene bauliche Lösung der Probleme der modernen Stadt anstrebt. In diesem Kontext vollzieht die bauende moderne Architektur ein implizites Wissen über die Vordringlichkeit urbaner Lösungen und ist sie Teil des nicht-abschließbaren Prozesses des An-der-Stadt-Bauens.

Erstaunlich ist hingegen, dass diese Architekturpraxis im Grunde nicht im Architekturdiskurs über die moderne Stadt reflektiert wird. Wenn die reale Praxis der baulichen Konstruktion und Rekonstruktion, der permanenten Modernisierung und Weiterentwicklung der Stadt in den Diskursen der Architektur thematisiert wird, dann im Sinne einer Besonderheit oder eines Spezialdiskurses. Dies trifft etwa zu, wenn man vom „Bauen im Bestand" redet, so als ob es sich hierbei nicht um die Regeltätigkeit der Architektur handelt und es sozusagen eigentlich eher normal ist, vollkommen unbebaute und neue Orte zu gestalten. Doch die architekturdiskursive Blindheit geht vor allem an dem Fakt vorbei, dass das Bauen der modernen Stadt ein Prozess ist, der nicht genuin ein architektonischer ist. Das gebaute Gebäude ist ebenso wenig lediglich ein Produkt wie die Stadt der Moderne insgesamt eher ein Prozess als ein Ort ist.

Architektur, Stadt und Raum als Prozess zu sehen, gestalten und planen zu können, erfordert zunächst ein anderes Verstehen sehr grundsätzlicher Begriffe und Sichtweisen, mit denen wir nach wie vor operieren und die zu den Selbstverständlichkeiten der professionellen Beschäftigung mit den Themen der Stadt gehören. Aufgabe einer kritischen Reflektion über die moderne Stadt wäre es insbesondere, über die Wahrnehmungsweisen und deren sprachlichen und methodischen Instrumente Irritationen herzustellen. Solche Irritationen fehlen in der heutigen Beschäftigung mit der Stadt. Dies hat einerseits mit der fehlenden kritischen Diskursivität zu tun, die sich historisch nicht nachhaltig mit den gesellschaftspolitisch relevanten Problemstellungen verbinden konnte, wie andererseits dies auch als Ausdruck der fortschreitenden Moderne der Gesellschaft an sich zu verstehen ist, in der die Ausdifferenzierung der verschiedenen Sphären der Moderne zu einer kommunikativen Fragmentierung führt und die übergreifende Klammer des gemeinsamen Ortes durch Techniken der Ortsüberwindung relativiert und unkenntlich wird. Die Moderne ist als solche nicht raumfeindlich. Im Gegenteil kann man behaupten, dass erst die moderne Gesellschaft de facto Räume produziert hat – wenn man den Begriff des Ortes dem des Raumes gegenüberstellt. Der Ort als der unmittelbar vorfindbare, direkt erfahrbare Raum hingegen ist nicht das Gegenteil von der modernen Ortsflucht, sondern der Ort ist quasi der siamesische Zwilling des Raums der Moderne. Um die Ambivalenz und Doppeldeutigkeit des Raumes in der Moderne erkennen zu können, ist eine Dekonstruktion der Prozesse nötig, die sowohl den „Ort" als auch den „Raum" hervorbringen. Beides wird erst durch einen komplexen Vorgang auf unterschiedlichen individuellen und gesellschaftlichen Ebenen vollzogen werden können, der sich als grundlegender Wandel der menschlichen Zivilisation darstellt. Einen solchen Wandel hat es nicht in einer schematisch beschreibbaren Dynamik gegeben, die modernisierungstheoretisch sich in eher simplifizierten Gegenüberstellungen von Tradition und Moderne charakterisieren ließe. Im Geiste der europäischen Aufklärung stellt sich die Moderne, wie dies Jürgen Habermas (1985) gegenüber der Diagnose postmoderner Theoretiker hervorgehoben hat, als ein nicht-vollendetes gesellschaftsgeschichtliches Projekt dar, das implizit eine Rationalitätsentwicklung – mithin eine Durchsetzung von Vernunft – beinhaltet. Die Moderne soll dementsprechend eine gesellschaftliche Umsetzung der Aufklärung sein, die von einer sich vollziehenden Emanzipation gespeist wird und die Gesellschaft in eine freiheitlichere Richtung bewegt. Sie steht im Kontrast zu den Unfreiheiten der geschichtlichen Wirklichkeit und will diese durch Vernunft überwinden. Eine solche kritische Perspektive auf die Moderne steht im Gegensatz zu deskriptiv-affirmativen Sichtweisen, die das Entstehen der (westlichen) Moderne in ihrer geschichtlichen Entwicklung mit den Prozessen der Urbanisierung und Industrialisierung gleichsetzt.

DIE ORTSKONSTRUKTION DER MODERNE

Mit der Stadt der Moderne wird ein Wissensfeld beschrieben, das sich zeitgeschichtlich aus den Erfahrungen der industrialisierten und urbanisierten Gesellschaft des 18. und 19. Jahrhunderts ergibt, die jedoch in ihrer (früh-) neuzeitlichen Ursprünglichkeit darüber hinaus geht und in ihrer emanzipatorischen Wirkung gegenüber den Traditionen und Überlieferungen nicht realisiert wurde. Diese Diskrepanz wird nur in einem Raum sichtbar, der sich als zugänglich und öffentlich darstellt und dessen Verschwinden Habermas besorgt als Refeudalisierung bezeichnete. Während sich mit Habermas eine instrumentalistische Verständigung auf Stadtplanung und moderne Stadtgestaltung hinterfragen lässt, bleiben in diesem Ansatz weitergehende Reflexionen über die Grundvoraussetzungen der modernen Stadt noch außen vor. Hierzu zählt insbesondere auch eine selbstkritische Reflexion des Moderne-Begriffs, denn erst eine solche verstetigte Reflexionsleistung würde die intrinsische Logik der Moderne als permanenten Fortschritt auch tatsächlich umsetzen. An dieser Stelle ist vor allem darauf zu verweisen, dass es sich um kontextuell spezifische Verständnisse von – westlicher – Moderne handelt, in denen Traditionen als dualistischer Gegensatz zur Moderne aufgefasst werden. Wichtiger jedoch ist der Einwand, dass die Urbanisierung der Moderne nicht als historischer Kontext der Organisation des Wissens und ihrer Reflexionsbegriffe berücksichtigt wird. In Habermas' berühmter geschichtlichen Analyse geraten die Treffen von Journalisten zu Beginn des englischen Parlamentarismus oder die Kaffeehaus-Kultur als Räume und Organisationsformen der Moderne in den Gesichtskreis. Öffentlichkeit ist demnach eher eine öffentliche Sphäre als ein Ort, beziehungsweise die Öffentlichkeit sucht sich ihre speziellen Orte. Die moderne

Stadt, in dieser Habermasschen Perspektive, ist von einer solchen Ortskonstruktion abhängig, aber keinesfalls mit ihr identisch.

Grundvoraussetzung einer solchen modernen Ortskonstruktion ist eine tradierte Beziehung, also nicht durch Reflexionsleistung erreicht, die eine überwindbare lokale Situation bedeutet. Mögen die Themen dieser Öffentlichkeiten auch globaler Natur sein, so ist die Konstruktion der Kommunikation auf eine Anwesenheit physischer Art ausgerichtet. Der Beginn der modernen Ortskonstruktion unterscheidet sich daher idealiter von einer traditionellen Örtlichkeit, die lediglich gefunden, aufgesucht, bewohnt, besucht, ausgestattet, bekleidet, gestaltet oder in ähnlicher Weise als unvermittelt oder direkt zugänglich vorhanden – „tradiert" – wird. Orte, die es in dieser Weise „gibt", sind in Wirklichkeit das Ergebnis eines komplexen Narratives, in dem die moderne Stadt selbst schon als Tradition erscheint. Mit der Ortskonstruktion der Moderne geht ein Diskurs einher, in dem die Vergangenheit nur noch gezähmt und diszipliniert aufblitzen darf und die usurpatorische Kraft des Verdrängten, Nicht-Erledigten, des Verschütteten und des Abgewerteten auf eine Referenz reduziert wird. Die Vergangenheit kann sich in der modernen Stadt, wie Walter Benjamin als aufmerksamer Beobachter im Berlin zu Beginn des 20. Jahrhunderts feststellte, nur noch schockweise bemerkbar machen. Das Rationale der modernen Stadt erledigt nicht das Nicht-Rationale, die Rationalisierung als Kern der Moderne kann das Unkontrollierbare, den Schmutz, die Widrigkeit, das Unrecht und die menschliche Tragik nicht auflösen sondern vielleicht nur beherrschbar machen, auch wenn die maximalistischen Ansprüche an Gesellschaftspolitik und Stadtplanung ihre Herrschaft mit einem solchen Versprechen legitimieren. In der Begrifflichkeit Habermas' bedeutet dies die Kolonialisierung der Lebenswelt, die Refugien von Widerstand und Ursprünglichkeit aufbewahrt.

Der Wunsch und die Sehnsucht nach Orten ist eine der grundlegendsten Dynamiken der Moderne und ihr Raum, die moderne Stadt, beherbergt in sich den Widerspruch, dass sie diese Sehnsucht produziert und zu befriedigen sucht. Die Geschichte der modernen Architektur lässt sich als von dieser Raum-Ort-Logik geprägt neu schreiben. In einer Zeit der rapide wachsenden Städte, mit ihrer erschreckenden Pauperisierung und den vielen Folgen der weitverbreiteten sozialen Ungleichheiten haben sich zwar moderne Architekten über ihre eigene architketurstilistische Tradition reflexiv auseinandergesetzt, wie dies hochsymbolisch etwa im Diskurs über das Ornament zum Tragen kam, ihnen fehlte aber weitgehend der Raum, um sich auch über ihre veränderte Rolle in der modernen Stadt verständigen zu können. Die Rollenkonstruktion des Architekten war noch nicht selbstverständlich geworden, sondern bedurfte der Selbstversicherung, wie dies in den Mainfesten und Kolloquien etwas des Staatlichen Bauhaus zum Ausdruck kommt. Keineswegs wurden dabei Rollenangebote aus der modernen Gesellschaft übernommen. Die Suche führte eher zu Neubelebungen von Traditionen wie etwa in der Debatte, ob man sich nicht als „Bauhütte" (statt Bauhaus) bezeichnen wolle, weil damit eine ursprünglichere Beziehung zum Bauen erreicht werden könnte. Wesentlicher allerdings ist die sich auf gemeinschaftliche Lebens- und Arbeitsformen beziehende Idee der Siedlung, die in der modernen Architektur in prominenter Weise formuliert wurde. Mit der Konzeption der „Siedlung" sollte ein sozialen Ansprüchen entsprechender Städtebau eine Antwort auf die als anomisch wahrgenommene Gesellschaft geben. Gemeinschaftliches Wohnen wurde als eine Art der modernen Stadtplanung von der Idee der Stadt abstrahiert, die im Kontext sozialistischer Staatlichkeit weiter gehenden Anforderungen an die „klassenlose Gesellschaft" entsprechen sollte. Obwohl in unterschiedlichen gesellschaftspolitischen Kontexten eingebettet, ist der Gedanke, dass durch gemeinschaftliche Ortsnutzung die gesellschaftliche Differenzierung zumindest partiell aufgehoben oder kompensiert werden könnte, in beiden ansonsten sehr disparaten Architekturdiskursen in Ost und West ähnlich auffindbar (vgl. Eckardt, 2006). Die grundlegende Denkfigur in diesem trotz Systemgrenzen erstaunlich internationalen Diskurs liegt in der misstrauten Fähigkeit der Stadtbewohner, sich selbst zu organisieren und durch Anerkennungskämpfe einen Konsens zu finden, der nicht gesteuert und geplant ist. Die moderne Stadtplanung ist in dieser paternalistischen Weise paradoxerweise zu einem der letzten Refugien der traditionellen Gesellschaft geworden, in der sich der Architekt konsequenterweise als Pädagoge begreift und sich der intersubjektiven Reflexion seiner Kompetenzen und Rolle insgesamt zu entfliehen sucht. Die Modernisierung des tradierten Genius beschränkt sich auf die Rollenausrichtung, das Volk als Auftraggeber löst den feudalen Bauherrn ab.

Die Siedlungsorientierung als Kern der modernen Architekturreflektion ist eine von Beginn an zum Scheitern verurteilte Überschätzung des inthronisierten Stadtarchitekten, wie dies schon bei Ernst May in der Weimarer Republik zu beobachten war (Eckardt, 2011). Nach dem Zweiten Weltkrieg war scheinbar der Zeitpunkt gekommen, um die unreflektierten Erfahrungen aus den zwanziger Jahren als prinzipielle städtebauliche Antwort für eine zukünftige „moderne“ Stadt wieder aufzugreifen. Angeleitet von einer Versorgungsmöglichkeit mit Elektrizität und familiengerechter Ausstattung wurde der soziale Wohnungsbau als eine Ortskonstruktion betrieben, in der die physische Nähe und Konzentration der Bewohner als unausgesprochen positive Vorstellung realisiert wurde. Fünfzig Jahre später hat sich diese Architekturimagination als kritisch erwiesen und in vielen Fällen als Desaster. Aufstände in den Banlieues Frankreichs, ethnische Segregation in der Amsterdamer Bijlmermeer, multiple Problemverstärkung in den deutschen Hochhaussiedlungen, verlassene ostdeutsche Plattenbausiedlungen und unregierbare Ghettos in den USA – schlimmer kann eigentlich das Ergebnis einer Idee in der Wirklichkeit kaum ausfallen. Die Antwort überall lautet Abriss und damit auch eine Wiederholung des Reflexionsstopps, der diese sozialräumlichen Katastrophen hervorgebracht hat.

URBANE REFEUDALISIERUNGEN

Die gescheiterte Konstruktion des Sozialen bedeutet nicht, dass durch Architektur keine sozialen Intentionen verfolgt werden können. Diese zumeist ideologische Lesart versperrt wiederum den Blick auf die Tiefenstruktur der geplanten Stadt. Das Scheitern der Großsiedlungen eignet sich auch nicht als Vorwand für die Dekonstruktion von Stadtplanung insgesamt. Entscheidender ist es, den gesellschaftlichen Raum zu untersuchen, in dem eine Ortskonstruktion als Antwort auf die gesellschaftliche Differenzierung nach sozialen Kategorien stattfindet. Die Friktion zwischen Stadtplanung und ausdifferenzierter Gesellschaft, die sich im Scheitern der Siedlungsidee manifestiert, ergibt sich vielmehr aus einem Verharren von Teilen der Gesellschaft in tradierten Positionen, die sich einer Reflektion ihrer Imaginationen verweigern und somit eine (re-)feudalisierte Rolle im öffentliche Diskurs über die gesellschaftliche Selbstbestimmung betreiben. Die dadurch gewonnenen Privilegien und der kolonialistische Blick auf die Lebenswelt der modernen Stadt haben zu einem massiven Glaubwürdigkeitsproblem geführt, der die Selbstmarginalisierung, Selbstbezüglichkeit und den Ästhetizismus der heutigen Architekturreflektion begründen. Damit wird die Stadtplanung aber zugleich schutzlos gegenüber anderen stärkeren

Kräften im sozialen Feld, weil sie vor allem gegen die Immobilienbranche keine Argumente und keine anderen gesellschaftlichen Verbündete wird finden können.

Die moderne Stadt geht mit solchen unerreichbaren Traditionsbeständen, wie sie die autoritative Stadtplanung darstellt, durch Kommunikationseinschränkung oder -abbruch um. Damit verliert die Stadtplanung ihre Möglichkeiten, um in den gesellschaftlichen Räumen sichtbar zu sein und im Sinne eines moderierenden Akteurs für das Gemeinwohl zu agieren. Es verbleiben die „harten" Steuerungsmöglichkeiten des Rechts, die sich mit Bezug auf die Innovation der Gesellschaft als kontraproduktiv erweisen. Die Imagination dieser Form der Stadtplanung hemmt den Impetus, den eine zumindest partiell sich reformatorische Stadtplanung einst vorstellen konnte und von dem aus sich, historisch etwa durch den „Verein für Socialpolitik" oder des englischen Munizipalismus nachvollziehbar, die anomischen Kräfte der modernen Stadt gegensteuern ließen. Entscheidend ist hierbei die Vorstellung, dass die Rolle der Stadtplanung und auch der Architektur in einen imaginierten urbanen Kontext gestellt wird, der sich in der Wahrnehmung nicht mehr mit den Beziehungsgeflechten vereinbaren lässt, die die ausdifferenzierte Moderne vorsieht. Verinnerlicht wird dabei der Widerspruch, dass Stadtplanung einerseits lediglich eine Rolle, die auch fast minutiös festgelegt ist, in der Weiterentwicklung der modernen Stadt innehat, während sie aber andererseits mit ihren Ortsfantasien auf komplexe Konstruktionsprozesse ausgerichtet ist, die die Grenzen der einzelnen Teilsysteme der Stadt (Wohnen, Verkehr, Freizeit, Kultur, Ökologie etc.) immer überschreiten. In diesem Sinne kommen Prozesse der Ortskonstruktion nicht ohne eine grenzüberschreitende Vorstellungswelt aus. Der Konflikt zwischen moderner Stadtgesellschaft und Stadtplanung ist also systemisch und nicht lösbar. Der Ansatz einer autoritativen Planung, die diese Konflikthaftigkeit durch Machtaneignung über Teile der urbanen Gesellschaft tatsächlich lösen will, kann dies nur durch die Kolonisierung von Lebenswelten betreiben. Hierfür stehen die Beispiele der Haussmanisierung des 19. Jahrhunderts und der Slum-Abrisse heute Pate.

Ein solches Rollenverständnis von Stadtplanung ist jedoch keineswegs modern, vielmehr gehört es zu den Restanten einer traditionellen Gesellschaft, die die weitere Modernisierung der Stadt blockieren. Der Unterschied zwischen traditioneller und moderner Stadtgesellschaft beruht wesentlich auf der Art und Weise, wie sich die Akteure der Stadt und deren

Bewohner ihr Zusammenleben vorstellen. Hierbei geht es allerdings nicht um die semantische Vorstellungskraft, etwa der Frage nach den jeweiligen Leitbildern oder Planungskonzepten. Die virtuelle Dimension des Stadtlebens unterscheidet sich vielmehr in der Tradition und in der Moderne durch die jeweiligen Kommunikationsweisen. Die Kommunikation in der traditionellen Stadt ist eine genuin auf Anwesenheit bezogene und definiert sowohl den Kommunikationsgegenstand als auch den Kreis der Kommunikationsteilnehmer durch eine Vorabverständigung über den Ort. Sinnbildlich hierfür sind die Furt, die Brücke, der Marktplatz, die Kirche, das Rathaus und vor allem die Stadtmauer. Letztere wurden erst lange nachdem sie durch die militärtechnischen Entwicklungen nutzlos geworden sind, teilweise erst im 19. Jahrhundert, geschliffen, weil die Städte nun im Kontext der Nationalstaaten in ein neues Territorium integriert wurden, in der die Kommunikation nicht mehr eingegrenzt werden sollte, da man befürchten musste, den Anschluss an die Nation zu verlieren. In der traditionellen Urbanität fand die Kommunikation nach vorgegebenen Rollenverständnissen statt, die in den kommunikativen Handlungen nicht zur Disposition standen. Damit waren Erwartungen transparent und auch Personen eindeutig nach dem Erfüllen der Rollenerwartungen zu beurteilen. Vorstellungen über Rollen und Orte waren gleichermaßen nicht auf die Bearbeitung durch Kommunikation angewiesen, vielmehr war es gerade der Sinn dieser tradierten Verhältnisse, dass sie nicht individuell veränderbar waren. Die tradierte Stadt hatte durchaus eine virtuelle Komponente, in der Vorstellungen über das Zusammenleben und die Gestaltung von Orten aufgehoben waren. Der Unterschied zur modernen Stadt liegt deshalb nicht darin begründet, dass es keine Vorstellungen über die Stadt als solcher gab, sondern dass diese nicht ausdifferenziert, lokalisiert, kontextualisiert und reflexiv bearbeitet werden konnten. Dies hat zur Entwicklung von Ritualen und Stilen geführt, die ihre eigenen Regelvoraussetzungen und Bildersprachen hatten, deren jeweils besonderen Vorstellungen über das Verhältnis von Individuum und Stadt allerdings nicht vom Betrachter und dem Gestalter neu definiert werden konnten. Der Unterschied zur modernen Stadt liegt hier begründet. Die Kommunikationssituation in der Moderne erfordert eine Mobilisierung der Kommunikation, d.h. es entsteht ein permanentes Chargieren zwischen An- und Abwesenheit. Die Frage der Anwesenheit selbst steht im Zentrum der Kommunikation. Sie überschreitet den für die traditionelle Stadt so typischen Horizont der aufgrund zumeist familiärer Konstellationen Anwesenden und erfordert eine Einbeziehung von nur teilweise Anwesenden und damit abstrakten und repräsentierten Anderen. Die Konstruktion des Urbanen in der Moderne sprengt damit die autochthonen Grenzen des gegebenen Gemeinschaftlichen. Es entlarvt zugleich dieses „Gemeinsame" als etwas nicht primordial Gegebene sondern als Ergebnis eines nicht-reflektierten Ortsverständnisses und den damit einhergehenden Machtsansprüche der Anwesenden. Die Modernisierung der Stadt bedeutete insbesondere die Repräsentation der tradierten Kommunikation in Frage zu stellen. Der Kampf gegen das Ornament hat dies sicherlich als Essenz so beinhaltet.

Wenn man das Bauen als einen komplexen Handlungsprozess versteht, dann ist die Modernisierung der Stadt nicht durch deren langsamen Umbau entstanden, auch nicht durch den Zuzug von großen Menschenmassen im 19. Jahrhundert. Begonnen hat die moderne Stadt mit einem Versprechen, dass sich aus vielen unterschiedlichen Bildern und Vorstellungen gespeist hat, die nicht in den vorgegebenen Vorstellungswelten der Traditionen einen Platz hatten. Die überlieferten tradierten Bilder von der Stadt enthielten nicht, was die Landflüchtlinge über ihre neue Heimat nach Hause berichteten. Die Warnung vor der Stadt verfing nicht mehr, die Not auf dem Lande ließ hingegen die Fantasie blühen. Die Kommunikation von wenigen über und mit vielen außerhalb der Stadt wurde entscheidender für die Entwicklung der Stadt als die Stadtplanung, die mit Zuzugssperren und anderen Mitteln vergeblich versuchte, die Dynamik dieser Kommunikation und Mobilität zu beherrschen und das Bild von einer vermeintlich „geordneten" Stadt zu verteidigen. Die moderne Stadt beruht auf der Verselbständigung der Vorstellung über die Stadt und der Veränderung der Kommunikationsordnung, in der nun die „Ansässigen" kein Vorstellungsmonopol mehr über die Stadt und ihre einzelnen Orte durchsetzen können.

Kommunikation über und in der Stadt muss in der Moderne hergestellt werden und benötigt dafür eine anfängliche Ortsvorstellung. Diese Urbanität beruht nicht auf eine Erfahrung der „Anderen", sondern auf der Erwartung dieser Erfahrung und kann dementsprechend sehr unterschiedlich als Angst oder Sehnsucht ausfallen. Es ist also ein hochgradig emotionaler Prozess mit der Urbanisierung verbunden, der teilweise mit rationalen Überlegungen korrespondiert, teilweise diese aber auch übersteigt oder zumindest relativiert. Ausschlaggebend ist, dass es sich hierbei um veränderliche und vom Einzelnen beeinflussbare Prozesse handelt, die ihn aus der automatischen Rollenzuteilung ausbrechen lassen und die nun neu zu verhandeln wäre. Das Grundthema der modernen Stadt ist paradoxerweise das Gefühl. Jedoch führt die Rationalisierung der Gesellschaft dazu, dass aus den „großen Gefühlen" verhandelte und kommunizierte Emotionen werden. Der tiefe Haß, den viele großen Geister gegen die Stadt immer wieder kennenließen, deutet auf die Unwilligkeit vieler Privilegierter hin, die sich einer solchen Popularisierung der Gefühle widersetzen wollen. Die moderne Stadt erfasst die gesamte Person und unterwirft sie der Reflexion, insbesondere der Selbstwahrnehmung und des Selbst(wert)-Gefühls. Wer erfolgreich kommunizieren will, wird sich seine neue personelle Identität nur im Spiegelbild der Wahrnehmungen der Anderen immer wieder neu zusammenschustern müssen. Dafür bedarf es der Entwicklung einer neuen emotionalen Kompetenz: Empathie. Darunter versteht man in den klassischen Theorien über das Wesen der Moderne folgendes:

> „Traditional society is nonparticipant – it deploys people by kinship into communities isolated from each other and from a center; without an urban-rural division of labor, it develops few needs requiring economic interdependence; lacking the bonds of interdependence, people's horizons are limited by locale and their decisions involve only other known people in known situations. Hence, there is no need for a transpersonal common doctrine formulated in terms of shared secondary symbols – a national „ideology" which enables persons unknown to each other to engage in political controversy or achieve „consensus" by comparing their opinions." (Lerner, 1958, 50)

Wenn hier von Ideologie und Doktrin die Rede ist, dann deutet dies auf eine unbestimmbare Form eines Diskurses hin, der nicht per se als ein rationaler gemeint sein kann, sondern eher eine Rationalisierung von einer bestimmten Auffassung, die sich als emotional im Ansatz analysieren ließe. Kontroverse und Konsens sind die möglichen Ergebnisse der Kommunikation in der modernen Stadt. Lerners Verweis auf die „secondary symbols" erlaubt uns dies auch weitergehend für die Architektur zu interpretieren. Das bedeutet, dass die Bedeutung des Gebauten als Sekundärsymbol – sekundär zum primären Akt der gemeinsamen Kommunikation (Raumkonstruktion) – eine Ortskonstruktion vollzieht, die Ausdruck einer speziellen „doctrine" (Virtualität) wäre.

DIE EMOTIONALE STADT

Die geringe Beachtung, die die emotionale und virtuelle Seite der Moderne in vielen Diskursen erhalten hat, führt bis heute zu einem schematischen Verständnis der modernen Stadt, das zwei folgenreiche Auswirkungen nach sich zieht: Zum einen wird von einem beinahe deterministischen Übergang von Tradition zu Moderne ausgegangen und dieser Prozess wird als ein linearer aufgefasst, der wie auch immer von A nach B verläuft. Die Terminologie der Stadtentwicklung ist deren mächtiger Diskurs, der sich nur durch eine Ideologie des dauerhaften Wandels, bei dem das Neue das Bessere ist, aufrechterhalten lässt. Die Figur der zu entwickelnden Stadt schafft automatisch die Gegenfigur des Bewahrens und Erhaltens. Als duale Argumentationsmuster implizieren sie Abriss, Umbau, Weiterbau, Gebäudeschutz, Denkmalpflege und ähnliches. Diese schematische Modernisierungsperspektive arbeitet mit einem Set von Bewertungen und bestätigt das traditionelle Rollenverständnis des Stadtplaners, der eben derjenige ist, der bewerten darf oder das zumindest gerne dürfen möchte. Wenn die moderne Stadt nicht als das sich unendlich weiterverknüpfende Gewebe gesehen wird, das sich nur durch die permanente Suche nach Anknüpfungspunkte und Empathie nicht zerreißen lässt, dann wird der antagonistische Umgang mit Vergangenheit und Zukunft nur zum Kampf um Definitionsmacht.

Keine andere Stadt wie New York mag dies besser verdeutlichen. Als Le Corbusier in den 1930iger Jahren die Stadt besuchte, war dieser sehr von den Wolkenkratzern beeindruckt (Bacon, 2001). Er ging davon aus, dass sich hier die Zukunft der modernen Stadt abzeichnet, die er als eine Stadt der Hochhäuser vor sich sah. Wahrscheinlich schwebte ihm eine Zukunft der modernen Stadt vor, die sich heute geradezu klischeehaft in China mit seinen schier endlos aneinandergereihten Hochhäusern abspielt. Le Corbusier war auch vom Central Park begeistert, der ebenfalls eine große planerische Leistung – und natürlich eine Errungenschaft bis heute – darstellt. Womit er allerdings Schwierigkeiten hatte, waren jene Stadtteile zu Fuße der Skyscraper, die er als unordentlich und störend für die weitere Entwicklung der modernen Stadt sah. Manhattan sollte nur noch aus Chrysler und Empire State Buildings bestehen und Soho, Tribeca oder das Village waren für ihn Anachronismen, die es in seiner Logik der schematischen Moderne nicht mehr geben dürfte. Le Corbusier's Blick auf Manhattan ist durch und durch traditionell, nämlich Top-Down; der geniale Stadtarchitekt ist nur dem wohlwollenden, aber abstrakten Souverän verpflichtet. Diese Retraditionalisierung der modernen Architektur hält an und hat viele unterschiedliche Gewänder angelegt. Die Virtualisierung von Manhattan ist aber nach wie vor geltungsmächtig. Das prominenteste Beispiel hierfür ist sicherlich Rem Koolhaas, der sich mit „Delirious New York" zunächst in einer Weise beschäftigt hat, die sehr stark als eine Annäherung an einen konkreten Ort mit wirklichen Menschen ausgerichtet erscheinen mag. Doch die Einbeziehung des Subjektiven war nur eine Stilfrage und entspringt eher einem autobiographischen Bedürfnis, das wiederum die Manifest-Tradition fortschrieb, mit der der Architekt die Stadt erklärt und auch weiß, was zu geschehen hat. Das Narrativ ist modernistisch (aber eben nicht modern): Die Stadt als Maschine, die auf Verdichtung zuläuft. Diese Haltung schlägt im schlimmsten Fall in einen zynischen Hubschrauber-Urbanismus um, bei dem Bewohner zur reinen Verdichtungsmasse degradiert werden, wie Koolhaas dies für die Megacity Lagos durchzuexerzieren vorschlägt (Hecker, 2010).

New York damals wie heute könnte uns eine andere Sichtweise auf die moderne Stadt bieten. Die Mischung von Alt und Neu, von kleinen wie mittleren Unternehmen, von unterschiedlichen Größen in der Architektur und die intensiven stadtgesellschaftlichen Debatten über die Skyline und das Leben zwischen den Wolkenkratzern, das wären Perspektiven, die die Widersprüchlichkeit, Ambivalenz und die permanente Reflexion über die eigene Identität von New York aufzeigen könnten. Zu erzählen wäre keine Geschichte der Entwicklung der Stadt, sondern über die Bedrohung der modernen Reflexivität durch immer wieder sich formierende Kräfte der Traditionalisierung, der Erstarrung in dem Erreichten und der Abschottung gegenüber dem Neuen und den Neu-Ankommenden. Die moderne Stadt droht permanent fixiert zu werden und genau das zu verlieren, was sie eigentlich ausmacht. Für New York hat dies der Schriftsteller Colson Whitehead in seinem Essay über den „Koloss von New York" (2013) anschaulich beschrieben:

„Vielleicht werden wir an dem Tag New Yorker, an dem wir uns klarmachen, dass New York auch ohne uns weiterbestehen wird. Um das Unvermeidliche hinauszuschieben, versuchen wir, die Stadt an Ort und Stelle zu fixieren, sie in Erinnerung zu behalten, wie sie war, und tun ihr damit etwas an, was wir uns selbst nie gefallen ließen. Der Jugendliche im Zug Nr. 1 in Uptown, der Neuankömmling, der aus

Grand Central tritt, der Trottel an der Kreuzung, der Osten und Westen nicht unterscheiden kann: diese Leute gibt es nicht mehr, sie haben ein paar Wohnungen zuvor zu existieren aufgehört, und anders wollen wir es auch gar nicht haben. New York City hält uns unsere früheren Persönlichkeiten nicht vor. Vielleicht können wir ja ebenso entgegenkommend sein." (15)

Die Stadt ist für Whitehead ein permanenter Prozess der Konstruktion, Rekonstruktion, des Aufbaus und des Abrisses. Er fügt der üblichen Sprache vom „Aneignen", „Bespielen", „Bewohnen" und „Gestalten" die notwendigen Ergänzungen hinzu, die sich nach und nach ergeben, weil eine Stadt in Wirklichkeit nie still steht. Die Konstruktion von Orten in der modernen Stadt zielt dabei in vielen Richtungen und ist vor allem ein Prozess der Imagination. Modern heißt in diesem Sinne plural und gleichberechtigt:

„Es gibt in dieser nackten Stadt acht Millionen nackte Städte – sie widerstreiten und widersprechen einander. Das New York, in dem Sie leben, ist nicht mein New York; wie könnte es auch anders sein? Die Stadt vermehrt sich, wenn man gerade nicht hinsieht. Wir ziehen hierhin, wir ziehen dahin. Im Laufe eines Lebens kommen so eine ganze Menge Viertel zusammen, das kunterbunte Baumaterial ihrer zusammengestoppelten Metropole." (a.a.O., S. 10) Vergangenheit und Gegenwart sind von daher im permanenten Gespräch miteinander, vor allem in den Erinnerungen des Einzelnen und seinen eigenen Erinnerungswelten. Doch die moderne Stadt bleibt immer unvollständig und ohne Ende in der imaginativen Produktion des Ortes verhaftet. Dies ist erstaunlicherweise besonders dort auffallend, wo die Annahme einer rationalen Planung am stringentesten gedacht wurde. Hierfür ist das schematisch angelegte Straßenraster (grid) paradigmatisch. Als ein koloniales Vorhaben angelegt, mit der die Landschaft des nördlichen Manhattan unterworfen werden sollte, hat es nicht die angenommene Monotonie und Einförmigkeit der Stadt hervorgebracht, die ein solcher Schematismus nahelegt. Die Erfahrung mit dem Bauen in diesem Raster hat von Anfang an dazu geführt, dass die agilen und widerstreitenden Wünsche, Erwartungen, Vorstellungen und Aktivitäten der unterschiedlichen Akteure der Stadt eine solche Uniformität immer verhindert haben. Der Fortzug Richtung Norden nach der Festlegung des Rasterplans von 1811 war vor allem durch den Wunsch der Mittelklasse entstanden, die sich durch ihre Flucht aus Midtown bessere Wohn- und Lebensverhältnisse erhofft hatte. Das Raster hat in der Tat bewirkt, dass es eine Entdichtung der Stadt gegeben hat, die weitgehenden sozialen Transformationen zufolge hatte. Durch das Raster wurde die suburbane Ortsproduktion eingeleitet, die für die heutige Struktur der modernen Stadt so bezeichnend zu sein scheint. Doch die Geschichte von New York hat sich in den letzten zwei Jahrhunderten keineswegs nur als eine sich permanent weiterentwickelnde Entdichtung vollzogen, ganz im Gegenteil. Manhattan blieb das Zentrum für Wirtschaft und Handel, Kultur und auch Wohnen. Gegen die Logik der Suburbanisierung wirkt die Anziehungskraft des Zentrums und die Macht der Imagination und Innovation. Bei weitem ist Manhattan nicht lediglich zu einem Geschäftszentrum geworden, das zu einem toten Central Business District verkommen ist.

Abbildung 1: Brownstone-Häuser. Vom bürgerlichen Raum zum Slum und wieder zurück.

Foto: Frank Eckardt

Von Beginn an hat es gegen die suburbane Ausdifferenzierung der Stadt eine Rückbewegung zu bestimmten Orten in der Mitte gegeben, die in neuen Ortskonstruktionen resultierte. Schon Mitte des 19. Jahrhunderts entstanden Inseln des bürgerlichen Rückzugs wie dem Washington Square, von dem aus Charles Dickens seine Streifzüge durch Five Points und anderen Stadtteilen der Armen – die die kulturelle Sterilisierung durch die „Central Business District“-Konzeptualisierung der Innenstadt aufbrechen – begann. Das Produkt dieser Rückbewegung waren die neuen Orte der Wohn-Werk-Häuser (sweat shops), die Einwandererviertel und die bürgerlichen Brownstone-Häuser. New York zeigt in seiner kontinuierlichen Weiterentwicklung als moderne Großstadt, dass die vermeintlich starre Bebauung der Stadt nur dann existiert, wenn in der Moment-Aufnahme die komplexe städtische Wirklichkeit ausgeblendet wird und in der Vorstellungswelt des Betrachters die Feedback-Effekte mit der Pluralität der sozialen Imagination unterdrückt werden. Dies wird bis heute interessengeleitet unternommen und bedroht gerade die urbane Innovation der Mitte und den globalen Austausch. Der Historiker Thomas Bender (2002) kommt deshalb zu dem Fazit:

> „The Story of Washington Square reminds us that development and city-making are not the same. Too often that is forgotten in New York. The logic of contemporary development fails to recognize that metropolitan modernity is not monolithic, nor is the making of the modern a wholly linear process. Diversities, complexities, and alternatives are woven into modern city culture. To find the soul of a city is to explore the relations among the different spaces and cultures that urban complexity nourishes, that is what distinguishes the city from the monocultural suburbs and the so-called New Urbanism.“ (14)

Das Auseinanderfallen von Raum und Ort ist kein statisches Element der Moderne, sondern die Triebfeder für eine sich fortsetzende, nicht abreißende Ortsproduktion, die sich je nach Kräfteverhältnissen und gesellschaftlichen Dynamiken unterschiedlich ausformt. Wie Suleiman Osman (2011) anhand einer Nachbarschaft in Brooklyn zeigt, sind diese Ortsproduktionen das Ergebnis von langfristigen und vielschichtigen Prozessen gewesen. Osman stellte weitergehende Forschungen in seinem Heimatort Park Slope an, die sich insbesondere mit der städtebauliche Architektur und Semantik der „Brownstone“ beschäftigen. Dabei handelt es sich um Häuser mit zumeist vier Stockwerken und einer eher spartanischen Ästhetik, bei der der unbemalte braune Stein die Fassadengestaltung bestimmt. Obwohl unterschiedlich bewohnt und anfangs wohl auch eher von bürgerlichen Schichten, zumindest in Manhattan, wurden sie alsbald zur Standartarchitektur für die Arbeitersiedlungen in der Nähe der Brooklyner Industrie. Mit dem bescheidenen Wohlstand der Nachkriegsjahre war es vielen Bewohnern gelungen, sich ein Auto und ein Eigenheim in entfernteren Lagen zu ersparen. Dies führt wiederum zu Leerstand und nach und nach zu großer Verwahrlosung, weshalb die Brownstone-Häuser und ihre Nachbarschaften in den sechziger Jahren einen schlechten Ruf bekamen, zu Orten der sozialen Deprivation wurden und baulich rapide verfielen. In der Nachkriegsära beschlossen Stadtplaner und Politiker, die Brownstone-Häuser abzureißen und neue moderne Wohnhochhäuser bauen zu lassen.

In der relativ kurzen Zeit ihres Bestehens waren die Brownstones bis dahin schon dreimal einer vollkommen neuen Ortsimagination unterworfen gewesen: von der protestantisch anmutenden, reformatorischen Städtebau-Idee, die noch sehr der englischen Architektur gleicht, zur Vorstellung eines Ortes für die Arbeiterklasse und schließlich als Fantasieproduktion für die „undeserving poor", dem Lumpenrpoletariat des 20. Jahrhunderts. Doch die gesellschaftlichen Räume New Yorks änderten sich weiter, die Karten wurden gesellschaftspolitisch neu gemischt. Zu den Zeiten der Bürgerrechtsbewegung der sechziger Jahre entdeckten Teile der (weißen) Mittelschicht „die" Stadt wieder für sich. Bekanntestes Beispiel ist Jane Jacobs und ihr Kampf gegen den Stadtplaner Robert Moses (Flint, 2009).

Jacobs' hochgradig symbolische Kämpfe für einzelne Orte und Ikonen der modernen Architekturgeschichte wie etwa Penn Station oder Grand Central haben nachhaltig einen Effekt auf die Planungskonzeption der Stadt gehabt und sie partizipativer und für kleinteilige Ansätze sensibilisiert. Jedoch kann auch nicht darüber hinweggesehen werden, dass erstens diese Form der Urbanität eine gewisse Statik in die Stadtentwicklung eingeführt hat, die gerade denen nutzt, die in diesem Augenblick in jenen kleinteiligen Arrangements sich „ihre" Stadt gemacht haben und eben nicht, wie Colson Whitehead, in die nächste Wohnung ziehen wollen. Es ist also eine Form der Konservierung und Abbremsung, die einer modernen Stadt im Prinzip zuwiderläuft. Der Kampf zwischen Jacobs und Moses war deshalb also eine Form des Streits zwischen zwei Eliten, die beide die Ortsproduktion aufhalten wollten und ein für alle Mal festlegen wollten, wie bestimmte Orte aussehen und wem sie nützen sollen. Zweitens repräsentiert dieser Streit aber durchaus eine veränderte gesellschaftliche Situation, in der ein neuer gesellschaftspolitischer Raum entstanden ist. Es handelt sich um denjenigen Raum, der aus den „Neuen Sozialen Bewegungen" in den USA erwuchs, die sich aufgrund der nationalen Übermacht der Beharrungskräfte im kulturellen Selbstverständnis Amerikas nicht abstrakt verallgemeinern konnten und sich deshalb konkrete Orte schaffen mussten, an denen nach eigenen Normen und Werten gelebt werden konnte. Diese reformatorischen Bewegungen besetzten nach und nach die Brownstone-Häuser und setzten sich im symbolischen Raum der Öffentlichkeit für ihren Erhalt ein. Wie Osman beschreibt, handelt es sich hierbei nicht nur um einen praktischen und rationalen Vorgang des Häuserbesetzens oder gar der baulichen Aufwertung, sondern wurde ein ganzes Ensemble von Orten in diesem neuen gesellschaftlichen Raum geschaffen, der sich als ein Prozess der dauerhaften Ortskonstruktion vollzog, den Osman entsprechend „Brownstoning" bezeichnet und der sich als eine Raumsuche für eine „cultural revolt against sameness, conformity, and bureaucracy" (A.a.O.,5) beschreiben lässt. Die Brownstoner produzierten mit ihren Aktionen einen neuen öffentlichen Raum und führten das Konzept der „community" durch nachbarschaftlichen Organisationen ein, die sich alle wiederum ver-orteten.

URBANITÄT OHNE ENDE

Diese neuen Orte haben paradoxerweise zu einer weiteren gesellschaftlichen Veränderung beigetragen und den lokalen Raum produziert, der sich ab den 1980iger Jahren in den USA und nach der Erschöpfung der sozialen Bewegungen wie der Civil Rights Movement, dem Feminismus, der Gay und Anti-Vietnam-Bewegung ausbreitete. New York war in einer tiefen Krise. Gerade der Zahlungsunfähigkeit entronnen, hatte die De-Industrialisierung die wirtschaftliche Krise der Nachkriegsökonomie massiv Menschen arbeits- und obdachlos gemacht. Kriminalität, Gewalt, die AIDS-Krise und der Drogenhandel hatten die Brownstoners zutiefst verunsichert und das Entstehen des neuen Republikanismus und die Unterstützung der Reagonomics lassen sich ebenfalls auf die zuvor noch differenzoffenen Orte zurückführen. Im wörtlichen Sinne schlossen sich die Tore, die Raumproduktion der Gated communities und überwachten Condos, der Neighborhood Watch und von „Zero Tolerance" griff auf die einst reformatorisch angelegten Brownstone-Strukturen zurück. Heute ist das Entsetzen darüber teilweise groß, dass New York in dieser Weise zu einem Spielball der neoliberalen Ökonomie und zur Vorherrschaft für die Interessen der Reichen geworden ist (Angotti, 2008). Gentrifizierung überall. Der Ursprung dessen ist aber eine Imagination von der Stadt, die wiederum nicht sehr modern und urban im eigentlichen Sinne war und ist, sondern die mit einer kleinstädtischen Vorstellung von Gemeinschaft und Nachbarschaft zunächst einmal sympathisch gegenüber einer rationalistischen Top-Down-Stadtplanung ein menschlicheres Maß einfordert. Fatal daran ist allerdings, dass sich eben diese Gefühlslage nicht der weiteren Kommunikation mit den anwesenden und den kommenden und gehenden Stadtbewohner stellen will und kann. Der nostalgische Nachbarschafts- und Straßenzug-Urbanismus der Brownstones fixiert die Stadtbewohner und will weitere Ortskonstruktionen verhindern. Das Brownstone-Gefühl erträgt keine Sozialwohnungen, Obdachlosenheime, schmuddelige Parks und unordentliche Shops – zumindest nicht in nächster Nähe.

Diese neue Etappe in der unendlichen Fortschreibung der modernen Stadt gilt es einerseits in ihrem konkreten gesellschaftlichen Entstehungskontext zu analysieren, andererseits ist sie als Ausdruck eben jener Modernisierungslogik zu verstehen, die nicht zu einem Ende kommt und die nicht als eine lineare Weiterentwicklung der Stadtgesellschaft und in Abfolge von Ortsproduktionen lediglich als Vorher-Nachher-Dualität funktioniert. Die „Brownstoners“ von damals haben wahrscheinlich nicht viel mit den Gentrifiern von heute zu tun, die Boutiquen- und Second-Hand-Ladenbesitzer aus Greenwich Village ähneln kaum den exzentrischen Gallerienbesitzern, auch wenn sie die Adresse von jenen übernommen haben. Und so scheint vor allem sicher zu sein, dass Gentrification ebenfalls nicht das letzte Wort sein wird, wenn New York eine moderne Stadt bleibt und die Moderne nicht ins Stocken gerät und sich selbst traditionalisiert, was sie ab und an tut, wenn die gesellschaftlichen Räume stark umkämpft sind. New York ist wahrscheinlich deshalb die Ikone der modernen Stadt, weil diese Traditionalisierungen hier durch den unaufhaltsamen Strom der Besucher, Beobachter und Einwanderer am wenigsten Bestand haben. Für andere moderne Städte gilt dies wesentlich weniger. Urbanes Leben zeichnet daher ein andauerndes Chargieren zwischen Tradition und weiterer Modernisierung aus. Die Konstitution des gesellschaftlichen Raums der modernen Stadt etabliert sich und wird dabei immer wieder neu verhandelt bzw. erkämpft in der Konstruktion von Orten. Ortslosigkeit und Ortskonstruktion sind die beiden Seiten der gleichen Medaille:

„We often think of modernity as being revealed in a singular or unified logic. New York, which has for most of this century been regarded as a symbol of the modern and modern life, disrupts this notion of what modernity is, what it looks like. New York offers a richer and more complicated experience of modernity: progress (or newness) seems to be associated with archaicism (or older ways). I want to argue that this combination is essential to the city's modernity. Modernity is a conversation with a past, and that past must be present. That is one reason why the modernity of metropolitan New York must always be unfinished." (Bender, a.a.O., xv)

Wie Bender in seinem Buch über das unvollendete New York verdeutlicht, wird diese Modernität des Urbanen immer wieder von Kräften bedroht, die einseitige Ortsdefinitionen im Diskurs über die Stadt und in der Planung und dem Bauen der Stadt durchsetzen wollen. Entscheidend ist dabei für ihn die Frage, ob der Dialog zwischen Vergangenheit und Gegenwart aufrechterhalten werden kann oder ob dieser bei der Neugestaltung der Stadt abbricht. Als Anzeichen und Grundlage eines solchen Dialogs fungiert die Repräsentation von Differenz, von dem in jeder Hinsicht „Anderen". Privatisierung, Kommerzialisierung, Segregation und individuelle Isolation sind Ergebnis der Modernisierung des Urbanen und zugleich ihre größten Feinde. Zu untersuchen ist deshalb, ob sich durch die heutigen Medien der Kommunikation die Ambivalenz der modernen Stadt auflöst und die permanente Ortskommunikation und Ortskonstruktion durch eine urbane Ortslosigkeit abgelöst wird. Der neue Times Square in New York hat radikal die Erinnerung einer vorherigen Urbanität ausgelöscht und durch eine Flut von Screens ersetzt. New York ist damit erneut schneller und weiter auf dem Weg als andere Metropolen. Was aber wird es bedeuten, in einer digitalen Stadt zu leben?

Die digitale Stadt

Wenn die Entwicklung der modernen Stadt durch die widerstrebenden Kräfte der Mobilität und der Territorialität, durch den permanenten Prozess von Fixierung und physischer Entkoppelung geprägt ist, dann werden die Rahmen, in denen dieser Prozess abläuft, entscheidend. Die moderne Stadt ist nicht ohne die Entstehung der Massengesellschaft, die Festigung nationaler Territorien und einen technologisch-wissenschaftlichen Fortschritt zu denken, der im Dreiklang von Gesellschaft-Politik-Technologie als Großstadt oder Metropole mit fortgeschrittenen Mobilitätstechnologien und neuen sozialen Institutionen einen besonderen Raum produziert hat, in dem den Orten unterschiedliche Bedeutungen neu zugeschrieben wurden.

An dieser grundlegenden Logik von Stadtentwicklung hat sich in vieler Hinsicht einiges geändert. Zeitgleich verschnellt sich das Innovationstempo der Informations- und Kommunikationstechnologien, setzt sich der freie Waren-, Finanz- und Dienstleistungsmarkt seit den 1970iger Jahren durch, haben sich politische Institutionen entnationalisiert und sich globale Ansprüche an ihre Funktionsweisen gegenüber lokalen Denkweisen etabliert. Sichtbar und für viele Beobachter zu Beginn des 21. Jahrhunderts ausschlaggebend waren hierfür die Höhenflüge der Dotcom-Ökonomie. Dies hat zu einer weitgehend technodeterministischen Sichtweise auf die aktuelle Stadtentwicklung geführt, die dann aber auch wieder flugs aufgegeben wurde, als die Dotcom-Blase platzte und die sogenannte „Realökonomie" wesentlich wichtiger und beständiger erschien. Das urbanistische Interesse schien deshalb erschöpft und die Titulierungsversuche, um der aktuellen Stadtentwicklung mit Begriffen wie „e-city" oder „Telepolis" gerecht zu werden, wirkten als Euphemismen einer kurzfristigen Mode.

Die „digitale Stadt“ ist in dieser Hinsicht nicht als ein dickköpfiges Beharren auf eine längst zu den Akten gelegte Debatte über das Internet zu verstehen, sondern vielmehr als eine analytische Wiederannäherung. Mit der Digitalisierung des Urbanen, so lautet die Hypothese, wird ein neuer Modus der Dialektik von Raum und Ort definiert. Das Digitale ist dabei das Anschauliche, das für jede(n) Leser(in) nachzuvollziehende Neue, das sich in Abgrenzung zu der modernen Stadt, in der analoge Technologien und die Elektrifizierung die prägenden Faktoren der Produktion von Orten waren, am ehesten erschließt. Der Raum der neuen Stadt ist aber nicht als ein bloß technologisch innovierter zu begreifen. Er ist vielmehr durch eine veränderte ökonomische, gesellschaftliche und politische Definition zu ergründen, in der Orte neu angeordnet, neu bewertet und in neuen Hierarchien miteinander in Beziehung gesetzt werden. Auf den Punkt gebracht ist die Verortung in der Stadt der Moderne durch die Flüsse von Waren, Gütern, Zeichen und Menschen in den Städten geprägt, die Ent-Ortung des 21. Jahrhunderts hingegen funktioniert in erster Linie durch die digitalisierte Bedeutungskonstruktion jenseits der physischen Stadt. Sie ist aufgehoben in der Bedeutungskonstruktion außerhalb der singulären Städte, im Raum einer virtualisierten Geographie des Ökonomischen, Politischen und Gesellschaftlichen.

Die digitale Stadt ist in diesem Sinne nicht „virtuell“, da sie nicht lediglich fiktiv ist, sondern sie ist das Medium eines permanenten Beurteilungsprozesses von konkreten Örtlichkeiten. Interpretationen aus dem lokalen Kontext sind damit verwoben, aber nicht mehr bestimmend. Diese Medialität macht die heutige Logik der Stadtentwicklung wesentlich mehr aus als dies für die moderne Stadt der Fall war. Auch dort war die Kommunikation über den Ort die Stelle, an der über dessen Bedeutung entschieden wurde. Jedoch hat sich in der Moderne dieser Kommunikationsakt als ein Prozess vollzogen, der sich im erheblichen Maße beeinflussen, gestalten, kontrollieren und überschauen ließ. Dies hatte sich durch die moderne Form der Entfernungsüberwindung als ein weitgehend nationaler und lokaler Verortungsprozess entwickelt, in dem vor allem Aushandlungsprozesse zwischen Kapital und Arbeit ausschlaggebend waren.

Mit der digitalen Stadt ist eine neue Form der Medialisierung des Urbanen eingetreten, in der es aber nunmehr weniger um die Fixierung der Flüsse zwischen den einzelnen Städten geht, sondern stattdessen die Verflüssigung und Ent-Ortung in den Vordergrund rückt. Die neue Geographie der globalisierten Mobilität von Zeichensystemen, Dingen und Lebenswesen beruht auf Netzwerke, die nicht unbedingt noch eine lokale Verankerung benötigen bzw. für die die Verortung keine zwangsläufige Voraussetzung ist, die zu einem Mehrwert führen würde. Beruhte die moderne Ökonomie auf ein Zusammenführen der klassischen Produktionsfaktoren Kapital, Arbeit und Territorium, so kann heute die weitgehende Abwertung – wegen schier unbegrenztem Vorhandensein – der Faktoren Arbeit und Territorium und damit letztlich auch des Kapitals beobachtet werden.

STADT DER FLÜSSE

Die neue Logik der digitalen Stadt beruht von daher weniger auf „harte" Faktoren der Bewertung realer ökonomischer Prozesse im Sinne einer modernen Produktivität. Es ist der „Raum der Flüsse", wie ihn Manuel Castells (1996) bezeichnet hat, in dem es vor allem um die Bedeutungen und Präsentationen der Orte geht, denen imaginär oder mit sehr verkürzten Interpretationsschemata, Werte zugesprochen werden. Dabei geht es nicht so sehr um bereits vorhandene nachweisbare Outputs. Die digitale Stadt ist vielmehr ein Konstrukt der großen Versprechen. Sie ist Ausdruck einer ökonomischen Fantasie, die sich aus dem technologischen Fortschritt zu ergeben scheint, und sie spiegelt eine politische Ohnmacht gegen diese Verheißungen wider, die sich der entortenden Effekte der Digitalisierung entweder kaum bewusst ist oder diese nicht konstruktiv zu bearbeiten weiß.

Stattdessen liefert die Politik eine technodeterministische Sichtweise der Digitalisierung des Urbanen, der zufolge die moderne Stadt lediglich neu interpretiert werden müßte. Die Melange von politischen Ideen, die sich als eine Wettbewerbsorientierung durch Förderung der Wissensgesellschaft auf den Punkt bringen lässt, ist Credo der meisten grundlegenden politischen Programme, insbesondere auf der Ebene der Europäischen Union und hierbei vor allem in der Deklaration von Lissabon, die bekanntlich das Ziel „E-Europe for all" anstrebt. Für die Städte ist die sogenannte „Neue Charter von Athen" sicherlich das emblematische Beispiel dieser verkürzten Sichtweise. Mit diesem Dokument aus dem Jahr 2003 hat das European Council of Town Planners (ECTP) eine Vision der Stadtentwicklung entworfen, in der die fehlende Vernetzung der Städte als das wichtigste Problem beschrieben wird. Diese Problembeschreibung macht den Unterschied zur originären Charta von Athen paradigmatisch deutlich: Die alte Charta widmete sich der Probleme in der Stadt, die neue thematisiert die Probleme zwischen den Städten. Die Situationsbeschreibung der europäischen Stadtplaner stellt dabei das Entstehen der neuen Systeme (ICT), in denen Informationen und Kommunikationstechnologien vereinigt werden, als die wesentliche Innovation dar, die einen solchen Schwenk in der Problem- und Aufgabendefinition der Stadtplanung begründen soll (vgl. Fernandez-Maldonado, 2012). Dabei wird hauptsächlich unterstellt, dass die wirtschaftliche Entwicklung der Städte von einer stärkeren Vernetzung abhängig sei und das Vorhandensein von Netzwerken das Alltagsleben immer starker verändere. Die Charter ist dennoch nicht nur als eine Antwort auf das Entstehen der Wissensgesellschaft zu interpretieren, sondern behandelt in seinen fünf Kapiteln unterschiedliche Aspekte der Stadtplanung. Die ICT werden durchgängig angeführt und das gesamte zweite Kapitel ist den Auswirkungen dieser Technologien gewidmet. Wichtig erscheint auch, dass die Vision der zukünftigen Stadt durch die Idee des omnipräsenten Zugangs („ubiquitous computing") bestimmt und diese Perspektive positiv beurteilt wird, weil auch soziale und ökologische Zielstellungen mit dieser neuen Form der Stadtplanung erreicht werden könnten. Deshalb ruft schon der Slogan der neuen Charta „The Connected City" als solches eine positive Assoziation hervor. In der Lesart der europäischen Stadtplaner bedeutet diese Vernetzung in erster Linie Zeitgewinn und Entfernungsüberbrückung. Dabei wird dies für die städtische Geographie als eine klassische Stadt-Umland-Problematik übersetzt, die sich der teilweise nationale Grenzen überschreitenden Regionalisierung bewusst ist. Dies wiederum ist der Ausgangspunkt für eine vage Hoffnung auf mehr Nachhaltigkeit. Die vernetzte Stadt ist von der Form her eine polyzentrische. Das Denkbild, das die europäischen Stadtplaner hier in Worte fassen, besteht also aus einer abstrakten Idee der nicht-physischen Vernetzung durch ICT und einer morphologischen Raumtypologie, die die Suburbanisierung durch vermehrten Auto-Gebrauch als nicht nachhaltig problematisiert und der sie durch bessere, d.h. vernetzte Mobilität entgegen wirken will.

Auf diese Weise wird ICT lediglich zu einer Methode oder einem Handwerkzeug, das eine effizientere Stadtplanung ermöglichen soll, wobei das Ziel der Nachhaltigkeit normativ festgelegt wird, ohne dass die Implikationen der ICT ins Auge gefasst werden: „The spatial organisation of the connected city will include a full integration of transportation and town planning policies. They will be complemented by more imaginative urban design and easier access to information, thus minimizing the need for unnecessary travel.“ (Part A, Section 2). Mit der Raumorganisation der „connective city“ soll Europa wettbewerbsfähig werden und sollen sich auch die regionalen Unterschiede durch eine Verteilung und Stärkung der ökonomischen Aktivitäten in Europa verbessern (Part A, Section 3). Im Gegensatz zu den frühen Aposteln der Dotcom-Gesellschaft, die eine vollkommen veränderte Gesellschaft und Stadt – zumeist eher in rosa gefärbt – erwarteten, scheint aus der Sprache dieser Stadtplanervereinigung der nüchterne und dennoch normativ besorgte Ton der Praxis zu sprechen. ICT bedeutet für die neue Charta von Athen keine Revolution, sondern eine zusätzliche Möglichkeit, die bekannten Problemlagen der Stadtentwicklung zu bearbeiten. Wenn man auch diese Charta für nicht repräsentativ und durch die Anfangsbegeisterung der ICT-Innovationen geprägt betrachten kann, so mag sie doch nach wie vor die bestehende Mainstream-Philosophie in der Stadtplanung in Europa wiedergeben, die die neuen ICTs in erster Linie als komplementäre Techniken sieht, die nur zweckdienlich die vorgegebene politische Agenda umsetzen helfen sollen und vielleicht die Chance bieten, die Nachhaltigkeitsthemen stärker in den Vordergrund zu stellen.

Diese minimalistische Interpretation der „digitalen Stadt“ kann heute in vieler Hinsicht als naiv und als Unterschätzung der Effekte der Wissens- und Kommunikationsrevolution gelten. Naiv ist sie vor allem deshalb, weil es keine kritische Diskussion darüber gibt, in welcher Weise tatsächlich mit der erhöhten Kommunikationsdichte eine nachhaltigere Stadtentwicklung erreicht werden kann. Werden durch die verbesserte Vernetzung der Stadt wirklich weniger Aktivitäten unternommen werden und wird sich damit die Umweltbelastung und der Energieverbrauch quasi automatisch senken lassen? Die grundlegende Annahme beruht auf dem doppelten Gedankengang, dass eine Verdichtung der Stadt prinzipiell ressourcenschonender ist und dass außerdem die ICTs dazu erheblich beitragen werden. Die weitergehenden Schlussfolgerungen aus der frühen Debatte über den Effekt der ICTs lauteten daher, dass es zu einem Ende der Geographie kommen werde und hiermit verbunden eine Dezentralisierung der politischen und ökonomischen Raumordnungen, weil es sozusagen nur noch eine Million Orte gibt, aber keine Hierarchien mehr, die sich durch Distanzen zueinander definieren (vgl. Graham, 1998). Dieser sogenannten Dezentralisierungsthese stehen allerdings Forschungen gegenüber, die seit den neunziger Jahren genau das Gegenteil behaupten. Durch die ungleiche Verteilung der wirtschaftlichen und politischen Macht in den globalen Netzwerken komme es zu einer „Neuen Zentralität", in der bestimmte Städte, die schon in der Zeit der nationalstaatlichen und kolonialistischen Weltordnung führende Positionen innehatten, ihre Vormachtstellungen heute über den nationalen Rahmen hinaus zu einer globalen Rolle in der Steuerung der weltweiten Flüsse des Austausches ausbauen können. Dies hat wiederum zweierlei zur Folge: Einerseits zentralisieren sich die Städte auch in ihrer räumlichen Aufteilung und kommt es zu neuen Konzentrationen bzw. ein polarisierten Sozialgeographie („Have" and „Have nots"), andererseits führt die neue Zentralität der Städte im Weltsystem zu einer allumfassenden interurbanen Konkurrenz, die die lokale Planung und Politik ablöst. Anhand von Ansiedlungsmustern von international tätigen Firmen und anderen Akteuren bildet sich eine neue Geographie heraus, die Forscher des „Global and World City Research Network" seit fast zwei Jahrzehnten untersucht (vgl. Taylor et al., 2011). Gemäß einer Vielzahl von Indikatoren wird dabei eine Einteilung der Städte nach ihrer Bedeutung in den globalen Netzwerke erkennbar, wobei zwecks Übersichtlichkeit die Städte als alpha-, beta- oder gamma-Weltstädte kategorisiert werden.

Selbst wenn die Annahme einer quasi gleicheren Verteilung ökonomischer Aktivitäten aufgrund des Bedeutungsverlusts der Distanzen durch die ICTs zutreffen sollte, stellt sich nach wie vor die Frage, ob das erhöhte Mass an Vernetzung tatsächlich eine nachhaltigere Stadtentwicklung einleiten würde. Diese Frage ist umso mehr berechtigt, da Städte viel Aufwand betreiben, um eine verbesserte informationelle Zugänglichkeit, insbesondere zur Mobilitätsinfrastruktur, zu gewährleisten. Simplifizierte Annahmen, etwa dass durch e-commerce Stadtbewohner/innen das Auto weniger benutzen und somit die Innenstädte entlastet würden, haben sich relativ schnell als zu wenig differenziert dargestellt und die komplexen Handlungsprogramme der Städter außer Acht gelassen (vgl. Tegeder, 2004.)

SOZIALE FRAGMENTIERUNGEN

Eine realistischere Auffassung über die Frage der zentralisierenden oder dezentralisierenden Effekte haben Stephan Graham und Simon Marvin in ihrem vielbeachteten Buch „Splintering Urbanism: Networked Infrastructures, Technological Mobilities and the Urban Condition" (2001) ausgearbeitet. Sie vertreten dabei die Auffassung, dass sich die Städte durch die Vernetzung im zunehmenden Maße durch eine losere Koppelung von urbanem Leben und räumlichen Bezügen auszeichnen, weshalb es nicht mehr die eine „reale" Urbanität gibt, sondern sich viele urbane Welten auftun und es zu einer „Zersplitterung" des Urbanen kommt. Diese Entwicklung hat unterschiedliche und teilweise gegensätzliche Effekte zur Folge, die sich in der Summe – nachhaltig oder nicht? – kaum noch gegen das Bild der hergebrachten modernen Stadt setzen lässt, die im Ergebnis in jedem Fall die von der „Neuen Charta von Athen" quasi blind erfolgende ICT-Propagierung nicht rechtfertigt. Nach Graham und Marvin wird die „digitale Stadt" eine Konzentration von neuen ICTs, die sich vornehmlich in städtischen Kontexten entwickeln, dort zuerst und am meisten benutzt werden und somit die Städte in ihrem Status als technologische Vorreiter gegenüber anderen räumlichen Strukturen weiter bestätigen. Das hat nicht wenig damit zu tun, dass – und dies wird bei dem Thema in der Regel vollkommen vergessen – diese ICTs eine erhebliche lokale Infrastruktur benötigen, die durchaus kostenintensiv ist und sich nicht nur auf die technische Ausstattung begrenzt, sondern vielmehr auch die notwendige kulturelle, soziale und gebaute Einbettung voraussetzt. Die Bereitstellung dieser lokalen Infrastrukturen ist in der Regel nur in Großstädten möglich, was wiederum Synergie- und Konzentrationseffekte zufolge hat. Es kommt dabei im Grunde nicht vor, dass Städte einfach auf ein höheres Entwicklungsniveau von ICTs springen können, wenn sie nicht bereits industrielle Produktionsstätten auf hohem Niveau besitzen. Städte, die in ICT-Infrastruktur investieren, können den Anschluss halten, aber den Entwicklungsvorsprung der führenden Metropolen der Moderne nicht einholen. Dies rührt daher, dass diese Metropolen nach wie vor Steuerungsfunktionen in der Weltwirtschaft innehaben, die diese als neue Kommandozentralen des globalen Freihandels überführen. Da es keine geographisch gleiche Verteilung von ökonomischen Aktivitäten gibt, wirkt der Zugang durch soziale Ausschlussmechanismen verstärkt exklusiv. Die digitale Stadt, so lautet die Schlussfolgerung aus der beobachtbaren Konzentration von ICTs in jenen Schaltzentralen des globalen Kapitalismus, führt in den am meisten digitalisierten Städten zu den schärfsten sozialen Gegensätzen. Ausgehend von New York haben amerikanische Stadtsoziologen (Mollenkopf, 1992) deshalb früh die Befürchtung geäußert, dass die Mittelschicht als Träger der modernen, zwischen Kapital und Arbeit ausgehandelten Urbanität abnimmt und sich die neue Dienstleistungsökonomie der ICT sozial als Polarisierung zwischen Arm und Reich manifestieren wird. Die ökonomische Restrukturierung führt zur „dual city". Obwohl die Grundannahme einer sich verschärfenden sozialen Polarisierung von den meisten Stadtforschern für begründet gehalten wird, ist aber wohl die Befürchtung einer sich vollkommen in Hochlohn- und Niedriglohn-Ökonomie aufteilende Sozialstruktur auch in jenen globalisierten Städten nicht in der Weise nachweisbar, so dass der dramatisierte Begriff der Dualisierung nicht sehr aufschlussreich ist (vgl. Reichl, 2007), um die vielfältigen Fragmentierungen und Grenzlinien in der digitalen Stadt beschreiben zu können.

Die sozialen Ungleichheiten werden in keinem Fall durch die ICT-Revolution einfach aufgehoben. Es sind zunächst neue Ungleichheiten zu konstatieren, die sich durch die Ungleichverteilung von Ressourcen zum Erwerb, der Nutzung und der infrastrukturellen Unterhaltung der ICT ergeben. Die Diskussion auf der Ebene von Politik und Stadtplanung richtet sich auf die Frage der Zugänglichkeit, wobei der „digital divide" als eine zumeist technische Problematik verstanden wird. Erhebliche Aufwendungen werden unternommen, um bereits in der Grundschule und bis ins Seniorenheim ICT-nahe Kompetenzen zu vermitteln und entsprechende Apparatur bereitzustellen. Die unausgesprochene Annahme dabei ist, dass die virtuelle Kommunikation in jedem Fall und für alle Vorteile bedeutet. Dies kann in vieler Hinsicht bezweifelt werden, denn im Gegensatz zur allgemeinen Annahme, dass es im Internet quasi alles gibt, ist das tatsächliche Nutzen des Internets von der unterschiedlichen Relevanz der virtuellen Kommunikation für den gepflegten Lebensstil abhängig (Eckardt, 2011). Der individuelle Lebensstil kann daher auf einer Skala von ortsgebunden zu ortsungebunden gedacht werden, bei dem dementsprechend an einem Ende der Skala die ICT lediglich informativ, komplementär und effizient die Ortsgebundenheit noch verstärken. Das ändert sich bei Lebensstilen, die eine berufliche oder private Mobilität beinhalten. Auch dies kann wiederum lediglich bedeuten, dass beispielsweise nur der Ferien-Flug über das Internet günstiger gebucht wird. Jedoch kann hierbei schon eine Vergrößerung der Handlungs- und Vorstellungsräume vorausgesetzt und eine Dynamik der weiteren Virtualisierung vermutet werden. In einer weiteren Ent-Ortung des Lebensstils werden diese virtuellen Räume nicht nur zu potentiellen Chancen für eine Verbesserung, Verschnellung oder Verfeinerung des persönlichen Lebens genutzt, vielmehr ergeben sich dadurch neue berufliche und private Lebenschancen. Beispielsweise kann das bedeuten, dass sich neue Arbeitsformen entwickeln, die eine höhere Mobilität erfordern oder eben auch ermöglichen und somit sich neue Berufswege ergeben oder Arbeit und Privatleben sich neu gestalten lassen. Schließlich wird die Virtualisierung am äußersten Pol zu einem ortslosen Lebensstil, wenn das „Leben im Netz" maßgeblich die räumliche Mobilität bestimmt, weil in den wichtigen Lebensfragen wie Familie/Beziehung, Religion, Kultur und vor allem Arbeit die Kommunikation im „virtuellen Raum" der ICT maßgeblich geworden ist. In der Konsequenz heißt das, dass die Dynamik der Ent-Örtlichung in dieser Phase der Digitalisierung des Lebens von dort ausgeht und das räumliche Orientieren, Empfinden und Handeln als nachgelagert eingeordnet wird.

Die Euphorie der ICT-Propheten ging davon aus, dass sich unser Leben quasi von selbst von einem Pol zum anderen auf der Skala der Virtualität und Ent-Ortung bewegen würde. So lassen sich vor allem die Bücher von William J. Mitchell (1996, 2009) lesen, die die Stadt nur noch als eine Art von gebauter Metapher beschreiben und in der es quasi nicht mehr um historisch gewachsene, politisch gesteuerte und geplante Orte geht. Seine „digitale Stadt" ist zunächst eine selektive Rezeption dessen, was er unter „urban" und „Architektur" versteht. Wenn man einmal von dem sehr subjekten Schreibstil absieht, der wohl die Internet-Gründer-Unternehmer-Persönlichkeit repräsentieren und somit eine avantgardistische Mentalität zum Ausdruck bringen möchte, dann ist diese Sichtweise eventuell noch als ein Produkt des modernen Urbanität zu interpretieren, der klassischerweise Fortschritt, Technologie, Innovation und ein quasi messianisches Versprechen miteinander in Beziehung setzt. Paradoxerweise sind diese frühen Konzepte der „digitalen Stadt" in diesem Sinne sehr traditionell und sind die referentiellen Anleihen auch wenig konstruktivistisch, anti-human, post-modern oder selbstreflexiv. Mitchell ist deshalb keineswegs inkompatibel mit modernen Stadtvorstellungen. Im Gegenteil, seine Vision der digitalen Stadt reiht sich in eine moderne Planungssicht auf die Stadt ein, die vom Subjekt ausgehend den Blick auf das zu ordnende Chaos nachvollzieht.

UNPLANBAR DIGITAL

Aus diesem Grund waren Mitchells Bücher auch weltweit in Stadtplanungsdiskursen prominent vorhanden und prägten sie das Zukunftsbild der digitalisierten Urbanität. Wie sehr es sich hierbei um eine an Leitbildern orientierten Sichtweise auf die Stadt handelt, die sich in die stadtplanerische Philosophie des Masterplans und der großen Maßstäbe einpasste, belegen die schnellen Adaptionsversuche von Amsterdam und Helsinki, die das Konzept der „digitalen Stadt" in die Tat umzusetzen versuchten. Die Aufmerksamkeit für die ICT-Innovationen ging mit einer veränderten Design-Praxis in der Architektur und in der Stadtplanung einher, die durch Computer Assisted Architectural Design (CAAD) inzwischen zur handwerklichen Kompetenz in der Architekturausbildung gehört. Die Verbindung von Informationen, Computering und Design war zunächst eine innovative Zusammenführung bis dahin sich separat entwickelter Sphären und der „digitalen Stadt", die vor allem von Alessandro Aurigi (2005) in Richtung auf Machbarkeit weitergedacht wurde und die sich als eine integrativ-kreative Leistung der Stadtplanung und Architektur interpretieren lässt. Erst langsam wurde in den Digitalisierungspolitiken der Städte deutlich, dass auch eine inhaltliche Dimension des Urbanen von diesen Technologien betroffen ist. Die semantische Ebene der virtuellen Zeichenproduktion entwickelte sich vielfältiger und komplexer als dies mit der grobschlächtigen Kategorie des „Digitalen" zu konzipieren und zu managen wäre.

Die Idee der vernetzten Stadt ist in den letzten zwei Jahrzehnten stadtplanerisch, aber noch mehr wirtschafts- und kommunalpolitisch einflussreich und teilweise maßgeblich geworden. Dies betrifft insbesondere die Prioritätensetzung von Wirtschaftsförderung und Infrastruktur. Während das Fördern von Unternehmensansiedlungen zur klassischen Wirtschaftsplanung einer jeden Stadt gehört, ist diese daran gescheitert, sich auf die Entwicklungslogik der digitalen Stadt einzulassen und deren generative Dynamik zu verstehen. Als Ansiedlungs- und Standortpolitik diskutiert vollzieht sich an dieser Stelle nach wie vor eine Fortsetzung der modernen Stadtbetrachtung, wonach die funktionale Ausdifferenzierung durch die Anweisung von bestimmten Orten für spezielle Funktionen der Stadt (Wirtschaft, Wohnen, Freizeit, Verkehr) weiter aufrecht erhalten werden kann und es die Rolle der Planung und Politik ist, diese auch dementsprechend bereit zu halten. Zweifelsohne gibt es in der digitalen Stadt bestimmte Cluster einzelner Branchen, die sich auch in wenigen Städten konzentrieren. Diese Cluster stellen aber auch wiederum eine Fiktion dar, da sie nur teilweise als Teil einer anweis-, plan- und überhaupt beschreibbaren globalen Ökonomie zu beobachten sind (vgl. Asheim, Cooke und Martin, 2006), deren Flüchtigkeit und Mobilität in der deutschen Debatte um „Standortsicherung" ja gerade Angst macht. Forschungstheoretisch ist deshalb der Ansatz der Global City-Geographen nur kritisch zu würdigen, da eben jene globalen Unternehmen und ihre Mitarbeiter zwar irgendwo Büros haben und Treffen „face to face" organisieren, ihre Einpassung in den lokalen Kontext (vgl. Meier 2009) aber nicht schlichtweg auf einer Stadtkarte markiert werden kann, so als handele es sich um den Bäcker, der für die Nachbarschaft produziert, und wird nur ein Teil der neuen Wirklichkeit der vernetzten Städte abgebildet und eben nur jener Aspekt, der sich auf das Fixierbare und örtlich Anweisbare fokussiert.

Die grundlegende Dynamik von Ent-Örtlichung-Mobilität-Reterritorialisierung bleibt dabei außen vor. Andere politisch-planerische Ansätze haben sich auf die Materialität des Immateriellen, die verbliebenen und neuen Räume des Flüchtigen und Beweglichen konzentriert. Es rückten vor allem Flughäfen und Terminals in den Mittelpunkt des Interesses. In der Tat wird mit den Flughäfen, Bahnhöfen, U- und S-Bahnstationen, den Autostraßen und der Diskussion um neue Mobilitäten erheblich mehr von dem erkennbar, wie sich die digitale Stadt permanent neu erschafft, die urbane Grammatik sich weiterentwickelt. Dies hat zu Forschungen und Anwendungen geführt, die als „space syntax" berühmt geworden sind und nun Eingang in vielfältige Planungsverfahren gefunden haben. Hierbei ist nicht nur auffallend, dass es in dieser Sichtweise auf die Stadt bedeutsame Inkonsistenzen gibt (Ratti, 2004), sondern dass mit der space-syntax-Betrachtung der aktuellen Stadtentwicklung Beobachtungen über die Raumwahrnehmung und das Verhalten von Stadtbewohnern in der Stadt zunächst einfach nur fortgeschrieben und digitalisiert werden. Die eigentliche Interaktion zwischen der „digitalen Stadt" und dem „Individuum" wird so nur vom Ergebnis her sichtbar. Damit wäre zunächst ein Perspektivenwechsel in der Stadtplanung möglich, denn die Planung nimmt quasi auf das reale und lokal erforschte Handeln, vor allen der Mobilitätsströme, der Einzelnen Rücksicht und hat somit ihre erzieherische Rolle abgelegt, in der die Menschen lediglich als Objekt der Planung auftauchen. Jedoch ist diese Form der Planung der fließenden Urbanität nicht als ein radikaldemokratisches

Projekt zu begreifen, da es einen objektiv beobachtenden Planer voraussetzt, der sich anhand des Verhaltens der Stadtbewohner orientiert. Diese Orientierung spart quasi die virtuelle Welt aus und damit eben jene innovative Dimension der digitalen Stadt, die die Triebfeder des Verhaltens ist, das der Planer der space syntax beobachtet. Die Planungen der space syntax schreiben dieses Verhalten fort, sie extrapolieren die Bewegungen im mobilen Raum und folgen dabei dem modernen Prinzip der Effizienz und Geschwindigkeit. So reduzieren schließlich die Beobachtungen, die durch das anspruchsvolle digitale Medium der Space Syntax möglich werden zu einer handwerklich effizienteren Form der rationalen Planung, in der die potentiell größte Fehlerquelle in der Black Box liegt, aus der dieses Tool gekommen ist, die virtuelle Welt der Stadt. Diese Virtualisierung wird nicht zur Infragestellung der etablierten und institutionalisierten Formen der Stadterkundung, -planung und -gestaltung genutzt, sondern die mächtige Irritation, die von der Ent-Örtlichung ausgeht, soll durch ein gesteigertes Maß an Mobilität, Effizienz und Zugänglichkeit gezähmt und kontrolliert werden. Von der Semantik des Netzes, den teilweise bunten und bizarren Träumen der Virtualität bleibt nur ein veränderter und gesteigerter Ästhetisierungsanspruch über, der in der Form, Farbgestaltung und Atmosphäre wie eine Mimikry die Erfahrung des virtuellen Raums repräsentieren soll und die lokale Örtlichkeit mit ihrer hergebrachten Symbolik als Gegensatz dazu dient.

Die Prädominanz des technologischen Verständnisses der digitalen Stadt wird vor allem durch die europäische Politik der Wettbewerbsfähigkeit befördert. Investitionen in die infrastrukturelle Ausstattung der Städte in der Europäischen Union gelten als unhinterfragte Garantien der Förderung von Kompetetivität und Innovation. Dies berücksichtigt die Europäische Kommission in ihrer eigenen Budgetpolitik, die etwa in der Forschungsförderung eine eindeutige Priorität setzt. Entscheidender aber dürfte das von der Europäischen Union diskursiv hergestellte Vornehmen sein, mit „E-Europe: an information society for all" auf dem Weltmarkt wieder Anschluss an die innovativen Wirtschaftsregionen der Welt zu suchen. Ohne Zweifel handelt es sich hierbei um eine Perspektive, die weitgehend von der Wirtschaft übernommen wird, die die Wettbewerbsfähigkeit von Europa als maßgeblich vom Grad der Vernetzung abhängig sieht. In einer Umfrage unter den 500 führenden Unternehmen in Europa wurde die Verfügbarkeit von Hochleistungskommunikations- und Informationstechnologien als general purpose technology wie dem Datenhighway oder den Internet backbones als drittwichtigstes – wichtiger als Verkehrsanbindung – Kriterium genannt (vgl. Cushman & Wakefield, 2011).

Der Anschluss an die digitale Infrastruktur kann sich vordergründig als nicht so entscheidend darstellen, weil der Endnutzer bei schlechter Anbindung nur wenig davon bemerken wird, denn es mag sich um verspätete Übermittelungen handeln, die sich nur als Millisekunden messen lassen. Doch die Bewertung der Internetanbindung scheint davon erheblich abzuhängen, obwohl diese höchstwahrscheinlich für die wirkliche Anbindung einer Stadt an die Netzwerke als zu vernachlässigen einzustufen sein wird. Wirtschaftspsychologisch spielt der Eindruck einer nicht-optimalen Anbindung und der damit potentiell gefährdeten Einbindung in die globale Realtime-Ökonomie dennoch eine nachweisbare Rolle (Grubesic und Murray, 2004). Dies hat zu der Frage nach der Gleichverteilung der „internet backbone“-Infrastruktur geführt, die die lokalen Netzwerke (LANs) miteinander verbindet und somit erst dem Nutzer das Internet als ein weltweites Netz öffnet. Die Backbone-Adressen können mit den Points of Presence (POP), den physischen Adressen der IPs und den e-commerce-Adaptionen dafür genutzt werden, um tatsächlich so etwas wie eine „Geographie des Internets“ (Dodge, 2001) nachzuzeichnen. Obwohl es in Europa ein vielschichtiges und breites Angebot von cyber-Infrastruktur gibt, sind die Zugänge und die Nutzungen nicht gleichmäßig über den Kontinent verteilt, sondern aggregieren sich in den großen metropolitanen Räumen. Hierbei ist auffällig, dass dies hochgradig mobile Räume sind, in der bereits die Transport- und Verkehrsinfrastruktur umfassend ausgebaut ist, wobei es sich insbesondere auch um Großstädte mit internationalen Flughäfen handelt (Tranos und Gillespie, 2009). Zusammenfassend kann man die Auswirkungen dieser ICT-Infrastrukturen auf die jeweiligen Städte als einen Prozess beschreiben, in dem es zur Schaffung neuer Örtlichkeiten kommt. Das virtuelle Cyberspace wird durch die infrastrukturelle Verankerung lokal. Es wird zum „cyberplace“, der sich als „impact of the infrastructure of the cyberspace on the infrastructure of the traditional place“ (Batty, 1997, 340) ergibt. Damit vollzieht die infrastrukturelle Seite der digitalen Stadt den gleichen Verortungsprozess, wie dies durch die alltägliche generative Produktion des Raumes von jeder und jedem betrieben wird, wenn sich der Lebensstil zunächst verstärkt virtualisiert und ent-ortet, um dann in einem zweiten Schritt sich wieder um Ortsproduktion bemüht und dabei „traditionelle“ Orte verändert.

RAUMBILDER DES DIGITALEN

Die digitale Stadt wird durch die Verwandlung menschlicher Kommunikation in eine aus der lokalen Situation herausgenommene Form des entörtlichten Flusses gekennzeichnet. Dieser Prozess der Digitalisierung der Kommunikation ist kein absoluter und sich automatisch entwickelnder Prozess, selbst wenn dafür die Technologien bereitgestellt werden. Der Begriff der „digitalen Stadt“ ist deshalb ein analytischer, der ein Maß an Digitalisierung beschreiben soll, in der die digitale Kommunikation in den entscheidenden Sphären des urbanen Zusammenlebens wie der Beteiligung an Entscheidungsprozessen, Möglichkeiten der ökonomischen Wertsteigerungen, der sozialen und kulturellen Beteiligung am Leben und der alltäglichen Lebensgestaltung und Mobilität die situative und konkrete Interaktion zwischen den Stadtbewohnern überlagert, teilweise auch verdrängt und innoviert. Die fortschreitende Digitalisierung der Kommunikation in den unterschiedlichen Sphären der Stadt wirkt dabei nicht nur jeweils getrennt, vielmehr befeuern diese sich auch gegenseitig. Dabei ist entscheidend, dass die Begriffe „Raum“ und „Information“ nicht mehr als Gegensätze funktionieren. Information besteht nur, wenn sie als solche an einen Ort ankommt, verarbeitet, verwertet wird. Leere Information gibt es daher so wenig wie es Raumlosigkeit gibt. Wenn also vom „Raum der Flüsse“, wie Castells und andere dies tun, gesprochen wird, die sich in Städten konzentriere, Städte damit zu „Knotenpunkte“ oder ähnliches werden, dann sind das falsche Metaphern für die Prozesse, die heute die Städte prägen. Diese Flüsse fließen über Steine, ohne diese zu berühren und zu verändern. Der Knoten verbindet lose hängende Enden miteinander. Die digitale Stadt hingegen wird dadurch gekennzeichnet, dass sich eine neue soziotechnologische Logik der Raumproduktion in ihr ausbreitet, die nicht vorbeifließt, sondern von ihr selbst generiert wird, von ihren Bewohnern imaginiert, hergestellt und immer wieder reproduziert wird und aus der sich neue Perspektiven und Perzeptionen des „traditionellen“ Raumes und seiner statischen Orte ergeben.

Die Konstruktion neuer Orte in der digitalen Stadt kommt ohne die Analyse der semantischen Seite der Kommunikation nicht aus. Die infrastrukturelle Betrachtung, die bei diesem Thema zumeist vorherrscht, unterstellt ein „Anything goes", das angeblich durch das Internet und anderen neuen Formen der Kommunikation ermöglicht wird. Die Diskussion um cyber-Kriminalität scheint dabei die Machtlosigkeit zu demonstrieren, auch allgemein ungewünschte Aktivitäten und Kommunikationsabsichten zu verhindern. Eine inhaltsbezogene Analyse der digitalen Stadt und der Entwurf einer empirischen Überprüfung erscheinen deshalb schwierig. Zunächst kann man feststellen, dass die Digitalisierung auch auf der semantischen Ebene sehr ortsaffin ist. Dies ist vor allem dadurch zu erklären, dass die Kommunikation von der sensitiven Abkoppelung vom konkreten Ort zu einer visuellen Repräsentation von Sender- und Empfängerposition fortgeschritten ist. Die technologisierte Form der Kommunikation durch das Telefon hat zu einer Renaissance der Verschriftlichung (E-Mail, SMS, tabloid) und des Visuellen geführt, die zwangsläufig eine Reproduktion oder aber Neuschaffung von Orten in symbolischer oder realer Form (skype etc.) bedeutet. Mit der Visualisierung der Kommunikation wird eine Ortsbezogenheit wiedereingeführt, die die neuen ICTs als wesentlich realer erscheinen lässt, als dies noch in der computerbasierten Trennung zwischen Information und Kommunikation der Fall war.

Die Inhaltsseite der digitalen Kommunikation ist genuin ortsabhängig und aus diesem Grunde ist sie von Bildern über Orte (google earth) abhängig. Diese Ortsabhängigkeit bedeutet wiederum nicht, dass jeder Ort die Chance hat gleichviel zu bedeuten. Die Bildlichkeit der digitalen Stadt ergibt sich aus der Logik der Suchmaschinen, in denen die am meisten genutzten Bilder diejenigen sind, die am meisten nachgefragt werden, wodurch sich der selbstbestätigende Effekt ergibt, dass die bekanntesten Bilder sich weiter in der Nutzung und Vorstellungswelt der globalen Kommunikation verankern und festsetzen. Diese Endlosschleife bedeutet die Verknappung von Bilderrepertoires und visuellen Repräsentationen. Potentiell kann natürlich das Internet für die unterschiedlichsten Bildsuchen genutzt werden. Die strukturelle Logik von Google bietet aber eine effiziente Ritualisierung an, die sich nur durch bewusste und bereits vorab alternativ informierte Kreativität unterbrechen oder anders nutzen ließe. Der hermeneutische Zirkel, nur das zu sehen, was man schon kennt, wird massiv dadurch unterstützt, dass die Virtualisierung der Orte beginnt, bevor sie durch eigene Erfahrungen abgewogen werden kann. Der touristische Blick (vgl. Urry, 1990) wird somit zum Mainstream und auf quasi alle Bereiche des Urbanen ausgedehnt. Stadtplanerisch wird dies als Aufforderung verstanden, das visuelle Erscheinungsbild einerseits lokalisiert und ortstypisch zu gestalten, andererseits dieses auch in einem Code zu vermitteln, der sich wiederum auf eine digitalisierte Weise ins Netz transportieren lässt. Weitgehend unhinterfragt wird dies als „City Branding" und als Erfolgsrezept für das Positionieren der eigenen Stadt im Konkurrenzkampf um Besucher, Investoren und wohlhabende Neu-Bewohner angepriesen.

Wenn man Städte als miteinander vernetzt betrachtet, bedeutet dies auch, dass die Ausgangspunkte festgelegt werden müssen. Damit wird eine weitere Rückkoppelung der visuellen Konstruktion des Örtlichen vollzogen. Es ist nicht nur so, dass die Bildwirklichkeit der jeweiligen Orte kommunikativ im virtuellen Raum hergestellt wird, sie werden immer auch im Abgleich mit den vorhandenen Ortsvorstellungen des Suchenden konstruiert. Die spannende Frage dabei ist, ob die Ortsbilder, die der Nutzer der ICTs für den anderen Ort sucht, abweichen soll, darf oder gar muss, um eine Vorstellung von der anderen Stadt zu entwickeln. Logischerweise kann es hierbei nicht um die Konstruktion des „ganz anderen" Ortes gehen. Ein Ortsbild, das nicht durch bekannte Zeichen und Referenzen an bekannte Ortsnarrationen hergestellt und wiedererkennbar wäre, kann es nicht geben. Die innovierte Bildlichkeit des fremden und eigenen Ortes hat seine medialen Grenzen, die sich aus den sich ändernden semantischen Bildbeständen ergibt. Die Lesbarkeit des Sender- wie Empfängerortes der virtuellen Kommunikation erfordert dabei eine individuelle Sozialisierung mit den visuellen Ortsnarrativen, die unabgeschlossen bleibt und in der eine Spannung aufgebaut wird, die Bilderkonstruktionen in die eigene Biographie zu integrieren. Der Wiedererkennungswunsch der virtuellen Wahrnehmung kann als einer der stärksten Sehnsüchte bezeichnet werden, die die digitale Stadt ausmachen. Sozialpsychologisch wird diese Sehnsucht durch eine diffuse Verunsicherung und Angst unterfüttert (vgl. Bude und Lantermann, 2006), die durch die Unplanbarkeit, Hyper-Mobilität, Präkarisierung und Flexibilisierung des Lebens in der globalisierten Stadt entsteht. Die Identitätssuche des Einzelnen, die mit Habermas als der Versuch der biographischen Integration unterschiedlicher Rollen des Einzelnen in den verschiedenen Phasen des Lebens zu umschreiben ist, ist nicht mehr in eine diachrone Struktur eingebettet, in der Örtlichkeiten, Arbeitsleben und intime Beziehungen verhältnismäßig kongruent aufeinander bezogen sind. Für die meisten westlichen Länder konntr die Entwicklung der modernen Stadt nach dem Zweiten Weltkrieg noch wie folgt dargestellt werden:

Abbildung 2: Die Stadt der Moderne nach dem Zweiten Weltkrieg.

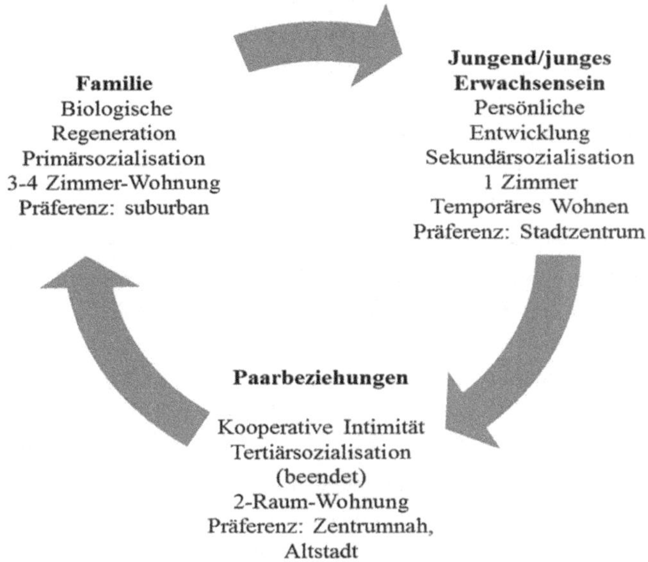

Obwohl modellhaft kann mit dieser Darstellung die grundlegende Logik der Stadtentwicklung bis zur Digitalisierung der Stadt in den letzten zwei Jahrzehnten verdeutlicht werden. Diese Entwicklungslogik hat bestimmte Grundsicherheiten in der Orientierung und im Lebensgefühl der Stadtbewohner herstellen können, deren Wegfall nun die subkutane und allumfassende Verunsicherung speisen. Zu diesen Sicherheiten gehörte eine Überschaubarkeit, die sich sprichwörtlich als „Sage mir, wo Du wohnst und ich sage Dir, wie Du lebst" kurzfassen ließ. Impliziert war eine (soziale) Aufwärtsbewegung, eine verhältnismäßig geringe geographische Mobilität, und hohe soziale Stabilität. Arbeitslosigkeit wurde sozialstaatlich aufgefangen und betraf im Wesentlichen nur eine „Randgruppe". Nach der Berufssozialisation war der Einstieg in eine Arbeitskarriere erwartbar, der die Familiengründung und den Kredit für ein Haus in der Vorstadt als normal und realistisch erscheinen ließ.

Die digitalisierte Lebens- und Arbeitswelt lässt dieses Modell heute schon fast nostalgisch erscheinen. Nach wie vor sind die gängigen gesellschaftlichen Vorstellungen von diesem Modell geprägt und hat es auch Prägekraft für die Konzeption von Stadtplanung und Lokalpolitik. Nach wie vor ist dies auch für große Gruppen in der Gesellschaft das erhoffte Lebenskonzept und halten die meisten Menschen an einer solchen Perspektive für sich und ihre Kinder fest. Doch dieses Modell hat Lücken und sein Dysfunktionieren scheint in rasanter Weise zuzunehmen, von der Geschwindigkeit nur mit den technologischen Innovationen der ICTs vergleichbar. Die Automatik der sozialen Aufwertungsbewegung (Einkommen, Größe/Qualität Wohnraum) ist außer Kraft gesetzt. Dies wird vor allem durch das Phänomen der „Working Poor" (Fields, 2011), insbesondere in der Dienstleistungsökonomie, die im Kontext der ICT-Revolution die sekundären Sektoren der Wirtschaft hinsichtlich der Anzahl der Arbeitsmöglichkeiten abgehängt hat, in drastischer Weise deutlich. Arbeiten allein reicht für eine Planung des privaten Lebens und der Wohnortwahl nicht aus. Die zweite Phase der modernen Stadt wird deshalb zunehmend von weniger Menschen verlassen: Tertiärsozialisationen werden verlängert, „Life long learning" zur allumfassenden Lebens- und Arbeitsphilosophie, in der Wissen und Kompetenzen einer enormen Veralterungsgeschwindigkeit unterworfen sind und kein „Status" erreicht werden kann, der eine längere Periode der Arbeitskarriere ermöglichen würde. Durch diese fehlenden Perspektiven werden zwangsläufig Paarbeziehungen instabiler und an sie neue Ansprüche gestellt. Neokonservative Geschlechterarrangements, in denen die Frauen ökonomische Nachteile in Kauf nahmen, weil es noch ein Versprechen auf Teilhabe an der sozialen und räumlichen Aufwärtsbewegung gab, das glaubwürdig erschien, werden weniger plausibel und für Frauen weniger attraktiv und akzeptabel. Das Internet bietet die Möglichkeit wesentlich genauer hinzuschauen, mit welchem Partner noch Arrangements zu treffen sind, die verstärkt die eigenen Interessen zur Geltung bringen. Patchwork-Familien, Intimbeziehungen unterschiedlichster Präferenzen und gezielte Versuche, die heteronormativen modernen Beziehungen trotzdem wieder herzustellen sind Ausdruck und Ergebnis dieser neuen kommunikativen Aushandlungsprozesse. Entscheidend dabei ist, dass es sich um eine Normalisierung von Fernbeziehungen handelt und diese auf Homophilie ausgerichtet sind, die Intimbeziehungen also die Logik der Partnerähnlichkeit im sozialen und psychologischen Sinne verfolgen. Es sind deshalb nicht nur die gestiegenen Ansprüche des Arbeitsmarkts und des reformierten Wohlfahrtsstaates, die einen Ortswechsel motivieren. In der zweiten Phase des Modells der modernen Stadt ereignet sich insbesondere in der Konstruktion der Paarbeziehungen ein erheblicher Umbruch, der die Städte vollkommen neu formen wird. Dies verschmilzt mit einer demographischen Veränderung, die zur Verspätung oder gar das Ausbleiben von Geburten und somit potentiell vermehrt zu einer familien- und kinderlosen Innenstadt führt, da die kinderlosen Paare dort wohnen bleiben, eher höhere Mieten oder Eigentumswohnungen bezahlen können und folglich auch die zur Minderheit gewordenen verbliebenen zentrumsnahen Familien unter Druck geraten und diese irgendwann dann in periphere Orte ziehen, die nicht mehr dem Traumbild der Suburbia entsprechen und eher wieder den sozialen Wohnungsbau auf den Plan rufen. Frauen sind in dieser Hinsicht wahrscheinlich eher Profiteure dieser Entwicklung, da ihnen nun Freiräume geboten werden, um sich aus einer neokonservativen Geschlechterbeziehung zu lösen (vgl. Alisch, 1993).

Die veränderten Gender-Beziehungen beschränken sich bei weitem nicht nur auf die Frage des Wohnorts. Gestaltungs- und Nutzungsfragen der Stadt erscheinen Veränderungen der Vorstellungen von Geschlechterrollen und -beziehungen zu repräsentieren. Dies betrifft das Verhalten im öffentlichen Raum, in der eine gewisse Feminisierung in der Gestalt kontrasthaft beobachtbar wird, in der das (maskuline) Biertrinken durch das (feminine) Kaffee-Trinken abgelöst wurde. Dieser Wandel stellt nicht nur einen Wechsel der Getränke dar und damit partiell der Cafés. Die „Feminisierung“ der öffentlichen Räume ist Ausdruck, Ergebnis und Notwendigkeit für die Entwicklung der digitalen Stadt. Wenn man mit dem Alkoholgebrauch ein eher unkontrolliertes Verhalten assoziiert, dann sind dies nicht die Orte, an denen man in aller Ruhe seinen Laptop aufklappen und sich geistig in eine andere Welt einloggen kann. Schon in den neunziger Jahren konstatierte die New Yorker Stadtsoziologin Sharon Zukin (1995), dass öffentliche Plätze in Stadtteilen mit einem hohen Maß an Kriminalität und anderem problematischen Verhalten durch eine, eher für Frauen attraktive Nutzung – „domestication by cappuchino“ – als durch andere Maßnahmen befriedet werden können. Diese Befriedung bedeutet jedoch keine Liberalisierung der Handlungs- und Verhaltensräume für den Einzelnen. De facto findet eine Normveränderung statt, die einen weitergehenden Wertewandel zum Ausdruck bringt. Der Verdrängung von Suchtverhalten aus dem öffentlichen

Raum verweist auf eine Entthematisierung von individuellen Ängsten und Problemen und deren Verlagerung in die Privatsphäre (Jayne, Valentine und Holloway, 2011) bzw. in die virtualisierte Hilfe im Internet.

Für die digitale Stadt ist die Renaissance des öffentlichen Raums allerdings in mehrfacher Hinsicht eine wesentliche Voraussetzung, weil nicht nur für die lokalen Internet-Nutzer ein physischer Ort als Zugang zur virtuellen Vernetzung geboten wird. Diese Orte wirken auch als Ortskonstruktionen im virtuellen Raum, auf das andere Ende des Internets. Der WLAN-Anschluss ist nicht der entscheidende Faktor. Die lokale Internet-Geographie muss visuell kompatibel sein mit bestimmten Erwartungen an deren Atmosphäre und Gestaltung. Diese Komptabilität wird hergestellt, wenn es einen Mix von globalen Zeichen und lokalen Semantiken gibt. Diese Semantiken beinhalten normative Setzungen, in denen sich die Frage nach dem Erlaubten mit dem Schönen, Moral und Ästhetik, verbindet. Wie Guido Lauen (2011) in seiner umfassenden Studie darstellt, ist die aktuelle Stadtentwicklung durch einen omnipräsenten und selbstverständlichen Diskurs über Sicherheit und Sauberkeit geprägt. Wie er anhand der veränderten Wahrnehmung bestimmter sozialer Gruppen im Raum zeigt, hat sich die Ausgrenzung von „abweichendem“ Verhalten in deutschen Städten inzwischen als neue Norm durchgesetzt, die durch die unterschiedlichsten Formen der diskursiven Wertung in den kommunikativen Akten der Verwaltung, Politik und öffentlichen Wahrnehmung generiert wird. Dabei handelt es sich teilweise um einen argumentativ-ideologischen Exklusionsprozess, der offensiv etwa Obdachlosigkeit als „Gefahr“ abstempelt; teilweise herrscht einfach auch schon eine unausgesprochene Selbstverständlichkeit in der Normdurchsetzung vor, die von der überwiegenden Mehrheit und auch von den Betroffenen internalisiert wurde. Die Sicherheits- und Sauberkeitsdebatten begannen in den neunziger Jahren. Unterschätzt wurde dabei, dass nicht nur eine Legitimierung der Abschottung der Bewohner der digitalen Stadt vollzogen wurde, sondern dieser Diskurs über Sicherheit unser Wissen über die Stadt insgesamt transformiert hat. Wissenssoziologisch verweist die Analyse dieses dominanten Diskurses und die sich anschließende städtebaulich-planerische Praxis der Ästhetisierung der neuen global-lokalen Orte daraufhin, dass eine solche Perspektive auf die Stadt insgesamt langfristig auf eine mentale Verankerung in unseren Wissens- und Erfahrungsweisen abzielt. Mit der neuen Normativität der digitalen Stadt werden bestimmte Erfahrungen und Emotionen sichtbar, andere sollen aus dem Sichtfeld verschwinden. Die Visualität der Emotionen wird im Inhalt wie in der Form der Repräsentation und ihrer urbanen Funktion transformiert. Hatte Erving Goffman (2009) in seiner vielzitierten Metaphorik von dem Theater gesprochen, das im öffentlichen Raum gespielt wird, so ist diese Theatralik in den ästhetisierten Innenstädten und den Nodes zur digitalen Kommunikation nun herausgenommen. Die Dramen des Alltags, sollten sie unvermeidlich dennoch zu beobachten sein, werden nicht mehr von einem Publikum verfolgt, dass durch Empathie und auf Katharsis hoffend mitlebt, es exotisiert die Differenz. Die Visualisierung des Ortes ist nicht mehr auf Interaktion angelegt, in der sich ein Prozess des selektiven Kennenlernens ergeben könnte – wie es die klassische Idee vom Fremden in der Stadt und der urbanen Heterogenität in den Schriften von Georg Simmel und anderen über die Großstadt der Moderne nahelegt und in der die Fremdheit zumindest partiell aufgehoben wird, in dem Gefühle, Erinnerungen und Meinungen geteilt werden –, die Differenz wird vielmehr festgelegt und einzementiert. Das Handeln in der digitalen Stadt von Akteuren wie der Polizei, in der Architektur oder im Rechtswesen werden von einem Wissen geleitet, das sich aus einem verengten Diskurs speist, in dem nur noch bestimmte und wenig flexible Wahrnehmungsmuster auftauchen. Die digitale Stadt droht deshalb immerzu zu einem neo-feudalen Projekt zu entarten, in der die Grunddifferenz zwischen Außen und Innen nicht mehr zwischen Individuen verhandelt werden kann. Grund dafür ist eine Identifikation des Erlaubten durch die Sichtbarkeit der Person, die sich dadurch in erster Line als Körperlichkeit ergibt, an der sich die normierte Wirklichkeit der digitalen Stadt ablesen lassen muss. Der Körper als Ort der digitalen Stadt ist die logische Konsequenz einer radikalisierten Ent-Ortung, wie sie sich aus der gesteigerten Virtualisierung der Kommunikation ergibt. Einerseits werden dadurch mehr Gefühle und differente sexuelle Präferenzen repräsentiert und mithin potentiell reflexiv, andererseits ergibt sich eine neue städtische Geographie, in der der gesellschaftliche Ausschluss durch visuell-körperliche Differenz erfolgen kann (vgl. (Duncan, 1996). Die Erfahrung des Anderen wird auf die bloße Sichtbarkeit der Körperlichkeit zurückgeführt und führt zur Kommunikationsverweigerung. Die noch vorhandene moderne, heterogene Urbanität droht auf diese Weise in eine postliberale überzugehen.

Willkommen in der Métapolis

Im Jahr 1995 veröffentlichte François Ascher sein Buch Métapolis. Mit der Wahl dieses Titels brachte er sein Anliegen zum Ausdruck, eine Diskussion über ein neues Verständnis von Stadtentwicklung anzuregen. Seine Argumentation zielte auf eine radikale Veränderung unseres Denkens über die Stadt, wobei es ihm um eine Untersuchung unserer intellektuellen Werkzeuge ging und wie wir die gegenwärtigen Theorien über die gegenwärtige Stadt entwickeln. Im Ergebnis lässt sich sagen, dass die Botschaft dieses Buches aus der Besonderheit der intellektuellen Positionierung Aschers glaubwürdig wurde. Das Besondere der Konzeption der Métapolis ergibt sich aus der einzigartigen Fähigkeit von François Ascher, sich in doppelter Weise über die Stadt Gedanken zu machen: Zum einen war er ein Theoretiker, der sich weigerte, sich in seinem Denken nur auf die Theorien der Stadtplanung zu beziehen und sich damit intellektuell zu beschränken. Er wollte vielmehr eine Stadttheorie entwickeln, die sich durch eine Reflexion aktueller Debatten über die Gesellschaft auszeichnet, wobei sich Ascher einerseits stark von den Diskussionen über die reflexive Moderne (Giddens, Beck, Lasch) beeinflussen ließ und andererseits seine marxistische Herkunft nicht verleugnen wollte. Letzteres allerdings in einer Weise, die in der Stadtforschung ähnlich bei Manuel Castells oder Saskia Sassen vorzufinden ist.

Zum anderen hat sich François Ascher immer auch auf der „Seite der Aktion", vielleicht sogar als im deutschen Sinne als „Praktiker" verstanden. Nicht nur kann man sagen, dass sein Ansatz nie aufhörte, sich als ein politischer zu definieren, selbst wenn er diesen nie als eine parteipolitische Positionierung formulierte. Er teilte im hohen Maße das professionelle Milieu, um die Akteure, die die Themen und die unterschiedlichen rechtlichen und finanziellen Rahmen, die die Produktion (im Sinne der überkoppelnden Prozesse) und die Gestaltung (im Sinne der partikularen Operationen) der Stadt prägen, direkt kennenlernen zu können.

François Ascher richtete sich zuerst an Forscher und Spezialisten der „urban studies", um seinen theoretischen Innovationsprozess zu begründen, der eine neue Begrifflichkeit zum Erfassen der Stadtentwicklung einleiten sollte. Die „Metropolen", „mégapoles" oder andere „mégalopoles" versuchen von der kontemporären Stadt zu berichten, wie sie sich als Evolution der vorherigen Städte verstehen lassen. Métapolis bedeutet, dass sich diese jenseits der „Stadt" finden lässt und dass ein Bruch in der Stadtentwicklung stattgefunden hat, da neue Wirklichkeiten in die Beschreibung und Analyse einbezogen werden müssen. Damit werden vor allem die Akteure der Stadt angesprochen, die zu einer Neubestimmung ihrer Analysekategorien und Handlungsprinzipien aufgefordert werden. Von heute an, so Ascher, dominieren die Mobilität, die Telekommunikation, die verschiedenen und unsicheren Zugehörigkeitssysteme, die die Basis der Hypertext-Gesellschaft ausmachen. Man kann keine Räume mehr konstruieren, wo sich mithilfe intellektueller Techniken und Ökonomien, die die fordistische Stadt kennzeichnten, neue soziale Situationen entwickeln.

Was im Jahr 1995 wahr war, stimmt heute umso mehr. Der „urbane" Gedanke der Forschung und der Praxis kann nur durch eine umfassende kopernikanische Revolution (im Sinne von Kuhn 1962) erneuert werden, die sich nur durch Distanzierungen gegenüber der vorhandenen „normalen" Stadtforschung ergeben kann und die die allgemeine Begrifflichkeit der urbanen Praktiken in Frage stellt. Wenn man in diese Richtung weiterdenkt – im Bewusstsein, dass eine solche Revolution nicht an einem Tag gemacht werden kann –, dann erfordert dies zu allererst einen Angriff auf die lange gepflegten Selbstverständlichkeiten. Die Analysenkategorien der urbanen Vorstellungen – und nicht nur das Vokabular der Beschreibung, Operationalisierung und Analyse – werden durch ein Reihe von Primärbegriffen aufrechterhalten, die als selbstevident gelten und die die Grundlage für Forschungen und Aktionen abgeben: Der Begriff der Gesellschaft begründet die Stadtgesellschaft; der Begriff der Stadt ist in der Vorstellung verankert, dass es eine Kontinuität und versicherte Fortsetzung der Gemeinschaft der beobachtbaren Objekte gibt; die Definitionen von Zeit und Raum und der Materialität der Welt sei unveränderlich. Die Objektivität der ökonomischen Aktivitäten wird hingegen selten als ursächlich betrachtet, wenn es um die Entwicklung der lokalen Wirtschaft geht. Keine kopernikanische Revolution kann sich deshalb entwickeln, ohne dass sich in der Stadtforschung eine Rekonzeptualisierung ihrer Grundlagen und Definitionen vollzieht.

Aber eine Bewegung des Umbruchs muss sich ebenfalls darum bemühen, neue Vorschläge und Ausarbeitungen zu präsentieren. Wie Richard Rorty (2009) bestätigt, ist die interessantere Philosophie diejenige, in der es nicht um das Für und Wider einer These geht. Ihm gemäß geht es vielmehr um das permanente Ersetzen, implizit oder explizit, des bestehenden durch ein neues Vokabular, das noch halb offen ist, damit neue Dinge vage beschrieben werden können. Dies lässt sich auch für die Anwendung auf die urbane Analyse behaupten. Hinter den „halboffenen Vokabeln" verbirgt sich ein ernst zu nehmender Formulierungsversuch, der sämtliche Ressourcen der Theorie mobilisiert. Die Métapolis wird durch dieses neue Vokabular getragen, das diese vage Beschreibung des Neuen erlaubt. Diesem Konzept eine inhaltliche Dimension so genau wie möglich zu verleihen, erlaubt es, die Aspekte in Augenschein zu nehmen, die in der gegenwärtigen Transformation des Städtischen erscheinen und die sich bisher der gedanklichen Reflexion verweigern.

WAS DIE MÉTAPOLIS NICHT IST

Da Begrifflichkeiten oftmals falsche Assoziationen hervorrufen, ist zu Beginn hervorzuheben, was mit Métapolis nicht gemeint ist. Dies lässt sich mit Bezug auf die vorhandene Literatur und den spontanen oder zumindest traditionellen Repräsentationen der europäischen Definition der Stadt untersuchen.

Die Stadt als Organisation des Raumes: Zunächst lässt sich die folgende Abgrenzung finden, wonach sich die Stadt in einen räumlichen und juristisch-administrativen Bereich, der klar definierbar zu sein scheint, einteilen läßt. Die Legende von der Gründung Roms steht hierfür Pate. In Europa zumindest waren praktisch alle Städte durch Fortifikationen geschützt, die sich einzig von ihrer militärischen Funktion her rechtfertigten und zwar durch den Willen, die Ein- und Ausgänge so zu kontrollieren, dass eine Trennung zwischen Stadt und Umland und somit zwei notwendigerweise distinkte Wirklichkeiten entsteht. Heute staunt man über die Hartnäckigkeit, mit der die Forscher und Akteure an dem Begriff der (konsolidierten) Stadt, der Banlieue (ein Begriff, der sich im Französischen aus der Besonderheit des Stadtrechts ergeben hat) oder des Umlandes festhalten. Mit der Einführung von Begriffen wie dem der „Zwischenstadt“ (Sieverts, 1997) zeichnet sich der Wille ab, aus dieser geschlossenen und schwierigen Sichtweise auszubrechen.

Die Dichte gilt ebenfalls als ein klassisches Kriterium: Die „gutgemachte“ Stadt entwickelt sich nach einem vorgefassten Verständnis von der angemessenen Dichte, die vom Zentrum zur Peripherie abnimmt. Der Polizentrismus, zumindest jener, der sich vom 20. Jahrhundert bis zum Erscheinen der ersten Stadtregionen abzeichnet, gehört hierbei nicht zu unseren spontanen Assoziationen.

Die Stadt konstituiert sich manchmal als ein gegebener Ort und ein Territorium, das Teil eines organischen Denkmodells ist. Organizität beruht notwendiger Weise auf einer Vorstellung von Dauer. Jedes konstituierende Element des Territoriums sichert eine Funktion in Beziehung zum Ganzen und die einzelnen Bestandteile interagieren, damit die Gesamtkonstellation funktionieren kann. Das Zerschneiden der Stadt in Viertel/quartiers oder Stadt-Teile in den verschiedenen Bereichen bringt diese organische Sichtweise auf die Stadt zum Ausdruck. Wenn Amin Maalouf (2012) das mittelalterliche Fez im „Leo Africanus“ – vielleicht nicht absolut den historischen Fakten entsprechend – beschreibt, lässt er uns eine solche organizistische Stadt erahnen, dann spiegelt sich dort dieses Modell in literarischer Form. Die aktuellen Stadtentwicklungen, in der der Funktionalismus als generelle Entwicklungslogik stärker mechanisch als organisch wirkt, haben dieses Modell erheblich geschwächt. Das hat dazu geführt, dass es in den europäischen Städten weniger präsent zu sein scheint, im Allgemeinen als veraltet gilt und noch weniger in den Repräsentationen und insbesondere in der Wissenschaft der Stadt erhalten geblieben ist.

Ort, Territorium und Stadt sind gleichermaßen eine Form. Sie reagieren nach den Prinzipien der räumlichen Organisation, die in Plänen oder im Diskurs über den Charakter der (guten) Stadt zum Ausdruck kommt. Die Organisationsprinzipien sind insbesondere in Europa in die Zentrum-Peripherie-Beziehungen eingebettet, manchmal um damit Unterscheidungen zu ermöglichen oder um die Beziehungen zwischen Stadt und Umland im Sinne eines organischen Funktionalismus zu verdeutlichen. Diese Raumorganisation artikuliert sich durch das Wegenetz und die Anordnung von Monumenten. Die Mehrzahl der Städte, zumindest der europäischen, ist das Ergebnis einer langanhaltenden historischen Entwicklung und man kann aus diesem Grund selten nur ein einziges Konzept, etwa der Schienensysteme, finden, sondern jede Epoche hat versucht, dem bestehenden System eine neue Kohärenz nach den eigenen Vorstellungen einzuschreiben. Die Modelle sind unterschiedlich. Die Stadt der großen Durchbrüche wie das moderne Paris mit seinen großen Achsen, die vom Louvre bis „La Défense" gehen (und zur Landmarke der „Grande Arche" in deren, zumindest virtuellen Verlängerung) widersetzt sich der labyrinthischen Stadt, die in der arabischen Welt vorherrschte. Die orthogonale Organisation, die insbesondere in den USA zu einem großen Erfolg wurde, obwohl sie dort nicht erst erfunden wurde, richtet sich hingegen gegen die Kurven der barocken oder anderen Städte. Das Wichtige hierbei ist die Suche nach den Prinzipien der jeweiligen Kohärenz, die von einem gewissen Wille getragen wird, der allerdings verblasst, wenn – wie im Japan der 1960iger Jahre geschehen – nur noch eine auf den Autoverkehr ausgerichtete Organisationsform angestrebt wird, die ansonsten eine informelle Inkohärenz der Formen akzeptiert. Die Organisation des Schienennetzes im Gegensatz dazu geht mit einer bestimmten Konzeption der Beziehungen zwischen Immobilien und Straße einher. Vorzufinden sind bestimmte Stadtmodelle, im Besonderen jene, die der Organisation der Medinas vorausging, in der das Haus den zentralen Raum einnimmt und diesen so wenig wie möglich der Mobilität öffnet. Nur der Handel in den Souks ist der Straße zugewandt, die als Begriff deshalb auch keinen größeren Bedeutungszusammenhang hat. Die modernen Städte Europas haben demgegenüber – von Fall zu Fall im unterschiedlichen Maße – die Präferenz für die Öffnung gegenüber der Außenwelt durchgesetzt, wie sich dies mit den transparenten Häusern in den Niederlanden versinnbildlicht. Dies hat erst zur Erfindung der städtischen Fassade geführt. Die Stadt wird dabei zur Aneinanderreihung von Fassaden, was vor allem für die wichtigsten und nobelsten Straßen essentiell wird. Die Haussmannschen Boulevards von Paris sind hierfür ein gutes Beispiel. Aber diese Produktion von Dekor wäre nichts ohne das Zusammenspiel der Monumente: Religiöse Gebäude, zivile und militärische Paläste oder große Infrastrukturtechnologien und Gebäude wie Opernhäuser, Theater oder die großen Bahnhöfe, die in Szene gesetzt werden und sich zu den eigentlichen Monumenten, d.h. von Gebäuden des Gedenkens, fügen. Sie drücken eine lokale Besonderheit aus, ihre sozialen Werte und den Verlauf der Geschichte. Das Hinzufügen neuer Monumente verdeutlicht, dass diese Geschichte nicht an ihr Ende gekommen ist. Die aktuelle Stadtentwicklung von Barcelona oder Bilbao lassen sich in eine solche Konzeption von Stadt und Landschaft einordnen. In Barcelona hat sich der Plan von Cerdà umsetzen lassen, in Bilbao ist mit dem Guggenheim-Museum eine neue Kathedrale installiert worden, die sich trotz ihrer architektonischen Innovation in die urbane Kontinuität der Stadt integrieren ließ.

Die Fassaden, Straßen und Monumente haben ein letztes Element der städtischen Form eingeführt: das Inszenieren des sozialen Lebens. Es wurde oft behauptet, die Stadt habe die Gesellschaft auf den Boden projiziert. Unterschiedliche Arbeiten wie zum Beispiel von Henry Raymond über die Rekonstruktion der sizilianischen Städte nach dem Erdbeben von 1755 zeigen, dass es sich zumeist um die Inszenierung der Gesellschaft handelt. Der Raum der Stadt funktioniert manchmal wie eine soziale Matrix und wie ein Instrument der Kontrolle. Eine sehr alte Bewohnerin von Puebla (Mexiko) schilderte ihr einst historisches Stadtzentrum, indem sie darauf verwies, das es vor der Restaurierung eine größere soziale Diversität aufwies als danach, aber dass „jeder seinen Platz kannte". Das bedeutet, dass die Inszenierung des Sozialen einst nach einem genauen gesellschaftlichen Szenario verlief, während sie heute als eine andere Form des Dekorums weiter besteht. Diese Form der urbanen Inszenierung unterscheidet sich von der Organisation des ruralen Territoriums, die bloß operationell in den Paladinen-Betrieben, von denen Lefebvre spricht, vorherrschte, die kumulativ beschreibbar ist, wenn sie als verbleibende Gefahren der Geschichte und nicht mehr als ein einst ins Werk gesetztes Modell oder lediglich als reproduktiv und als Referenz an Traditionen gesehen wird. Sie unterscheidet sich gleichermaßen von der Erfindung der ruralen Landschaft in der Malerei, etwa der romanischen Champagne, die nur durch die Sehnsucht nach dem ästhetischen Objekt motiviert war und keine Orientierung mehr für die wirkliche Organisation des Territoriums leisten wollte.

Man versteht auf diese Weise, wie sich der Begriff des öffentlichen Raums langsam entwickelte und zu einer Obsession wurde, die sich vor allem heute bei Urbanisten, Geographen, Landschaftsarchitekten und anderen finden läßt, weil mit dem Entstehen der Métapolis vielleicht das Ende des öffentlichen Raums eingeleitet werden könnte. Man kann sicherlich die Bemühungen von Jane Jacobs, wie sie in den amerikanischen Städten dem öffentlichen Leben wieder Leben einflössen wollte, Bewunderung schenken oder dies auch in den Projekten von Ken Greenberg (Greenbergconsultants.com) beobachten, der diese Vorstellungen für die Stadtgestaltung fruchtbar machen wollte und damit unterstrich, dass es vor allem notwendig sei, außergewöhnliche Orte zu schaffen – all dies ist aber sehr wenig typisch für die Métapolis.

Die Stadt als juristische und soziale Ordnung: In der Konzeption der europäischen Stadt wird die juristische Dimension als Besonderheit hervorgehoben. Max Weber betonte die Autokephalie der Städte und ihren besonderen europäischen Charakter. In Wirklichkeit hat sich ihre politische und juristische Autonomie mehr oder weniger entsprechend den jeweiligen europäischen Ländern entwickelt und ist immer noch so gegenwärtig wie in Frankreich zuzeiten des Ancien régime (vgl. Ozouf-Marignier, 1992). Man kann sich daher nur schwer vorstellen, wie eine Stadt als solche eine politische Entität darstellen könnte. An dieser Stelle muss man auf die grundlegende Idee, die sich durch die meisten Analysen der Stadt zieht, zurückkommen, nämlich dass die Stadt das Territorium beherrscht. Dieser Grundgedanke übersetzt sich in ein weitergehendes Modell (Sjoberg 1960), demnach das Territorium einen alimentären Überschuss für die Stadt bietet, die – nach Vorhandensein entsprechender Werkzeuge – knappe Güter, deren Produktion und Domination und den Austausch mit der externen Welt, herstellt. Mit dieser Denkfigur gehen komplexere Vorannahmen einher, die beispielsweise eine Hierarchie der Zentralitäten und unterschiedliche Niveaus der Räume voraussetzen, aber die Logik bleibt dieselbe. Die Stadt organisiert drei Austäusche: mit dem urbanen Milieu selbst, mit dem Umfeld der Stadt und mit der Außenwelt jenseits dessen. Sie kontrolliert und sie beherrscht das Territorium. Eine Stadt ist immer noch eine Kapitale und in diesem Sinne etwas anderes als ein Dorf. Realiter aber sind genügend Ausnahmen von diesem Modell bekannt. Die hanseatischen Städte funktionierten zu Beginn der großen Warenströme anders. Die Sicherheit der Routen war für sie von strategischer Bedeutung und wichtiger als die Kontrolle über das damit verbundene Territorium. Die italienischen Städte des Mittelalters haben sich durch eine Abkehr von den feudalen Herrschern, die das Land kontrollierten, entwickelt. Die errichteten Häuser, die als Folge der Zuerkennung von Sonderrechten und Steuerausnahmen durch die großen Feudalherren in Südwesten Frankreichs gebaut werden konnten, dienten in erster Linie dem Handel. Die Faktoreien-Städte, die die Portugiesen überall auf der Welt gründeten, hatten ebenfalls keinen anderen Sinn als den Handel zu ermöglichen und Venedig symbolisierte in seiner eigenen Lokalität eine Hauptstadt ohne Territorium. Es wären Unterschiede zwischen den angeführten Beispiele zu diskutieren und inwieweit sich diese wirklich als Abweichungen von dem dominanten Modell verstehen lassen. Die Kontrolle über eine Route oder ein Netzwerk kann eventuell nicht so ausgebaut werden, wie dies für territoriale Kontrolle möglich ist. Aber wenn man alles Hierangeführte als Ausnahme bezeichnet, dann wird dabei die allgemeine Logik der Entstehung von Territorialstaaten der Moderne ignoriert (Badie 1995). Diese bedeutete zunächst einen Triumph, vor allem in Europa, des Models der kleinen oder großen Kapitale über das Territorium mit seinen drei Logiken des Austausches (urban, territorial, extern).

Speziell die Kapitale hat die Ordnung garantiert. Zunächst militärisch, polizeilich und juristisch. Dies wird bei den Städten am stärksten in Zeiten der Belagerung sichtbar, wie in Paris im Jahr 1870 oder in Stalingrad von 1942 bis 1943, wenn die Polizei der Stadt die Kontrolle über die Tribunale übernimmt oder eine symbolische Ordnung mit den großen religiösen Zentren (mit Ausnahme gewisser größerer Klöster) oder Wissenszentren entsteht. In Fez beispielsweise war die Karaouine-Moschee zugleich auch ein großes universitäres Zentrum. In Albie trug die Sainte Cécile-Kathedrale eine militärische Architektur zur Schau und war sehr mächtig – nicht nur um die Stadt zu beschützen, sondern auch die damals dem Einfluss der Katharer Untergebenen an die Ordnung der Römisch-Katholischen Kirche zu gewöhnen. Diese Ordnung trug bisweilen einen Widerspruch in sich, wie die Geschichte der Häresie zeigt und dies trifft mehr noch auf die europäischen Universitäten, die nur zu oft rebellierten, zu. Deshalb war die Entwicklung des amerikanischen Campus als Schutzraum, der die Studierenden vor den Übeln der Stadt bewahren sollte, ein deutlicher Bruch.

Die Stadt organisiert zugleich auch eine politische Ordnung, in der sie lokale Institutionen für ihre besonderen Bedürfnisse unterhält. Die Autokephalie, wie sie Max Weber untersucht hat, wurde durch die allgemeine Durchsetzung des Systems des modernen Stadt abgelöst, jedoch sind eine Reihe von starken kommunalen Institutionen verblieben, die sich als Teil des eigentlichen politischen Lebens der Stadt oder der Zivilgesellschaft verstehen lassen.

Die Stadt bringt ihrerseits selbst eine soziale Ordnung hervor. Zunächst einmal durch die Existenz von sehr oft nur lokal geltenden Rechten und Normen. Aber darüber hinaus kann man zugespitzt sagen: Die Stadt macht Gesellschaft. Die europäischen Städte erzeugen die lokalen Stadtgesellschaften zumindest in der Weise, indem sich die zunächst handwerkliche und händlerische Bourgeoisie dann in der Stadt in eine industrielle und intellektuelle (juristische, medizinische usw.) verwandeln konnte. Mit dem Aufkommen des Proletariats hat sich die Stadtgesellschaft weiterentwickelt, aber sie ist keineswegs verschwunden. Wenn Marx die Revolution von 1848 in Paris beschreibt, verweist er auf eine Gesellschaft im Konflikt, die aber dennoch als eine vor allem urbane zu begreifen ist. In seiner Promotionsschrift über Bordeaux nach dem Zweiten Weltkrieg weist J. Lagroye (1973) nach, dass die Nachkriegsgesellschaft der Stadt alle Einwohner der verschiedenen sozialen Klassen in unterschiedlichen Milieustrukturen integriert und miteinander verbunden hat. Man kann deshalb von der Stadtgesellschaft sagen, das diese eine Formel darstellt, die sich nicht nur auf die Großstädte bezieht und die sich einstellt durch eine Organisation auf der Basis nur gleicher nationaler Bürgerschaft, durch die Teilhabe an den großen Integrationsmaschinen der politischen Parteien, Gewerkschaften, Verbände und Kirchen, wenn diese nicht gemeinschaftlich sind, oder durch Regeln, die mehr oder weniger gut den großen Institutionen wie der Polizei Handlungsrahmen bieten.

Dieses Bild von der Stadtgesellschaft bleibt sehr prägend und es lassen sich Spuren ihrer Relevanz hier und da immer finden, wenn man sich um die Stecknadel im Heuhaufen bemüht. Deswegen braucht man ja dann nicht mehr nach der Métapolis zu suchen, um zu verstehen, dass es sich in Wirklichkeit um ein rezessives Phänomen handelt.

DREI UMBRÜCHE

Von nun an, gemäß den Statistiken der Vereinten Nationen, hat die Stadtbevölkerung die Zahl der Landbevölkerung überholt. Dieser angekündigte Siegeszug der Stadt könnte das Ende der Stadt markieren. Dies lässt sich zumindest für das vorherrschende und traditionelle Modell der Stadt sagen und insbesondere mit Bezug auf seine in Europa entwickelte Form, für die Regionen der alten Welt und ihre Urbanisierung. Dazu zählt auch das Modell der klassischen Metropole und auch jenen „Städte“ wie London, New York, Shanghai, Tokyo oder Paris, die weltweit in den letzten drei Jahrzehnten das Bild der Stadtentwicklung am eindringlichsten geprägt haben, währenddessen sich in einer weniger sichtbaren Weise das Model der Métapolis bahnbricht.

Drei Phänomene bestimmen diesen Umbruch. Hierbei ist zunächst der demographischen Wandel zu nennen. Den Experten zufolge ist das Bevölkerungswachstum nur als ein städtisches zu erklären. Dieses übersetzt sich in ein Wiedererstarken der bestehenden Städte und den traditionellen urbanen Netzwerken, die sich durch die Entwicklung der Vorstädte und Banlieues ergeben, sowie durch die Konstruktion neuer Städte, die sich nicht mehr nach den überlieferten Prinzipien entwickeln. Aber dies ist noch mehr durch das Entstehen großer metropolitaner Regionen, die sich durch die verschiedenen Flüsse des Austausches und der Personen – die sich nur noch auf dem einen großen Arbeitsmarkt bewegen, auf dem es keine Unterscheidung mehr zwischen Land und Stadt gibt – manifestieren, zu beobachten. Diese Großregionen konnten sich in der nördlichen Hemisphäre vor allem durch neue Technologien organisieren, wobei in erster Linie die Durchsetzung der Hochgeschwindigkeitszüge und die zunehmende Wichtigkeit von Zwischenräumen entscheidend waren. In den Städten des globalen Südens – aber auch in einer Reihe von nördlichen Ländern – bringen diese eine neue Art der urbanen Agglomerationen mit ganz eigenen, schwierigen Herausforderungen hervor. Seit langem sind diese großen Städte von Slums oder ungesunden Stadtteilen umgeben, in denen sich die armen Neuankömmlinge niederlassen und auf bessere Zeiten hoffen. Dieses Phänomen ist hinlänglich als Ursache für die permanente Ausdehnung der Metropolen des Südens bekannt. Jedoch ist die dominante Logik dieser Entwicklung auf Integration ausgerichtet und die Beziehungen zum Stadtzentrum bleiben bestimmend. Heute kann man in Ländern wie Brasilien sehr genau verfolgen, wenn sich dort das wirtschaftliche Wachstum durchsetzt, dass manche Favelas eine Art lokales Eigenleben im sozialen und ökonomischen Bereich entwickeln, das sich auch in das umfangreiche Beziehungsnetz der Metropole einschreibt. Welche Form diese Entwicklungen annehmen – man könnte sich dabei auch andere vorstellen – ist unbekannt, aber es ist ersichtlich, dass sich daraus nicht lediglich nur eine Extension des Territoriums der Städte ergibt.

Die wirkliche Neuigkeit dieser Entwicklungen könnte durchaus unbeobachtet bleiben, denn sie ist in die scheinbar klassisch verlaufenden Prozesse integriert. Paris erscheint als eine typische Großstadt, die dem traditionellen Model von Stadtentwicklung zu folgen scheint – mit einer großen

Peripherie, in der es einige Probleme mit der Organisation des Verkehrs, der Steuerung und in mancher Hinsicht mit der sozialen Gerechtigkeit gibt. Ist sie aber nicht still und leise zu einer der großen urbanen Regionen geworden, in welcher man vor lauter Pariser Bäumen den metropolitanen Wald von Grand Paris nicht sieht?

Die Bedeutung der globalen Kreisläufe, in denen die Ströme der heutigen Ökonomie fließen, und ihre Auswirkungen auf die Stadt konstituieren ein zweites Phänomen, das insbesondere Sassen (1991) und Veltz (2012) eingehend untersucht haben. Die maritimen Handelsrouten haben hierbei eine entscheidende Bedeutung, Die Kontrolle der Pipelines und der Zugang zu den Rohstoffen der Erde bestimmen einen großen Teil der globalen Geopolitik. Doch die dematerialisierte Zirkulation der Finanzströme hat diese an Wichtigkeit noch überholt und die Metropolen funktionieren nun als Umschlagsplätze, die die unterschiedlichen Ströme miteinander in Beziehung setzen, sie anhalten und verlangsamen, damit sie durch Arbeit Wertsteigerungen erhalten oder konsumiert werden können. Deshalb werden die Vernetzung, die maximale Teilhabe an diesen Strömen und deren Nutzung zu den entscheidenden Fragen. Konkurrenz wird dabei wichtiger als Kontrolle.

Das Entstehen einer métapolitanen Kultur konstituiert das dritte Phänomen, das Simmel (1995) mit seiner Analyse der „Großstädte und das Geistesleben" vorhergesehen hat. Dies kommt zum Beispiel durch das Entstehen einer weltweiten Pop-Musik zum Ausdruck, die zwar stark durch die amerikanische Kultur dominiert wird, die aber im Laufe der Jahrzehnte als Bewegung der dauernd wechselnden Moden, Tendenzen und Erfahrungen zu einer Melange geworden ist, die sich in zunehmender Weise als eine komplexe und globale darstellt. Davon gibt es noch weitere Ausformungen wie das Couch surfing oder die Konstitution der unzähligen Netzwerke im Internet. Noch bedeutsamer formt sich dies in den unterschiedlichen Aufwertungen des Individuums aus, die sich in der Körperkultur, den künstlerischen Ausdrucksformen, der Originalität des Lebensstils, den religiösen Konversionen und vielem mehr finden lassen. Die treibende Kraft dieser métapolitanen Kultur ist die gut ausgebildete Mittelklasse, die bereits besteht oder sich überall langsam entwickelt. In der Mehrzahl der Länder hat die Anzahl und der proportionale Anteil der Menschen mit einem Universitätsabschluss in den vergangenen Jahrzehnten erheblich zugenommen. Und diese akademisch Ausgebildeten konzentrieren sich in den metropolitanen

Räumen. Die Universität selbst ist zu einem Ort der Produktion materieller Kultur der Métapolis geworden, die von der Mittelklasse verbreitet und genutzt wird.

Diese drei Umbrüche begründen hinreichend die Infragestellung der traditionellen Begrifflichkeit der Stadtforschung. Im Ergebnis erzeugen die vielfältigen Überschneidungen der Flüsse, die die Métapolis hervorbringen und die sich in den Raum in Form der Stadtregion oder der urbanen Agglomeration ergießt, immer weniger eine räumliche Organisation. Das Territorium wird als Produzent einer Hierarchie von Orten und als urbane Form als solcher unwichtiger. Die Einbettung in den weltweiten Austausch, der sich an die Zivilisation der Metropolen anschließt, beschleunigt eine Entwicklung, die schon in den fordistischen Städten angelegt war, in denen bereits eine Schwächung der lokalen Stadtgesellschaft zu beobachten war. Die Métapolis bringt keine Gesellschaft hervor, selbst wenn sie dem Namen nach soziale Organisationsformen in sich birgt. Sie funktioniert auch nicht als Matrix einer Ordnung, vielmehr stellt sie eher ein System der Angebote der Konsumption und mittels Konsumption dar. Das bedeutet allerdings nicht, dass es nichts als Desorganisation gibt. Der Erfolg des unscharfen Begriffs von Gouvernance bezeugt teilweise, dass es einen Willen gibt, eine neue Form der Etablierung einer politischen Ordnung herzustellen.

Aber wir müssen auch versuchen eine positive Definition der Métapolis zu finden. Diese ergibt sich in der Verbindung zwischen einer räumlichen Unsicherheit, der Hypertext-Gesellschaft und der Regulation durch Angebote.

DIE MÉTAPOLIS ALS RAUM DER UNSICHERHEIT

In der Soziologie des Raumes wird eine solche Sichtweise angedacht. Martina Löw (2008) beispielsweise definiert den Raum als Produzent der Ordnung, die durch eine Gleichzeitigkeit gekennzeichnet ist, in der man zugleich lebt und sich in Anwesenheit von sozialen Ressourcen befindet („a relational ordering of social goods and living entities“, 42). Als Handlungsrahmen wird der Raum zum Produkt von menschlichen Aktivitäten und gleichzeitig zur Bestimmungskategorie derselben. Er ist als Produkt zu sehen, das sich nach den allgemeinen Prinzipien aus dem Prozess der sozialen Kräfte ergibt. Dieser existiert jedoch nur als eine „Synthese“, die wir im Prozess der Raumproduktion durch Wahrnehmung und Interpretation vollziehen. Mit anderen Worten ist der Raum weder eine neutrale Unterstützung von Handlungen noch als Rahmen eindeutiger Bedingungen aufzufassen, sondern ist er vielmehr durch die permanente und reziproke Beziehung zur Handlung, die ihn und sich selbst konstituiert, zu konzeptualisieren. Dies bezieht sich auf die Makro-Ebene des Raumes, wie er in den Großkategorien des Raumes und der räumlichen Rahmen abgebildet ist, und ebenso auf die Mikro-Ebene, in denen Routinen und alltägliche Praktiken der Raumproduktion auffindbar sind.

Die Wahrnehmung verbindet die verschiedenen Perzeptionsrahmen, wie sie sozial beispielsweise durch die Fähigkeit der Landschaftswahrnehmung in der Perspektive vorgegeben werden, mit dem besonderen Einfluss der Objekte und der Seinsweisen, wie sie wahrgenommen werden. Diese Interaktion findet an Orten statt, d.h. an jenen durch Assoziation zwischen Objekten und Qualitäten charakteristischen Orten. Die Emotion interveniert in entscheidender Weise mit Bezug auf die Ortswahrnehmung und diese wird zuerst über Umgebungen, die als Mediatoren des Alltäglichen in der Beziehung zwischen Handlung und Raum fungieren, ausgetragen. Das hier sehr vereinfacht dargestellte Theoriekonzept kann als Ausgangspunkt für eine Definition des Raumes der Métapolis dienen, wenn einige Nuancen und Ergänzungen hinzugefügt werden. Wenn man dies so einordnen will, dann ist die Organisation der Simultanität zwischen den „Lebenden" und den sozialen Gütern – oder wie es andere Autoren beschrieben haben, dem „Zusammen-Sein" – der Raum, der in einer mehr fundamentalen Weise die Form unserer Beziehungen zur Welt vorgibt. Mehr als die Inklusion oder Exklusion kann sie die Zugehörigkeit oder Nicht-Zugehörigkeit begrenzen. In bestimmten Kulturen wie der Kanakischen zum Beispiel ist es nicht die Erde, die dem Menschen gehört – sondern andersrum. Diese Vorstellung stellt den Kern der Definition des Raumes dar, wie dies etwa auch auf die Idee der Harmonie mit der Welt, wie sie in vielen Kulturen etwa den Navajos, nachgestrebt wird, zutrifft. Verallgemeinert lässt sich sagen, dass die Konzeption einer dualen Beziehung zur Welt – ich bin in der Welt oder bin Teil der Welt – intrinsisch allen Vorstellungen über den Raum vorweggenommen ist. Diese übersetzt sich in verschiedenen Formen vor allem in der Konzeption der Repräsentationen: die Tabellen sind dazu gemacht worden, damit sie betrachtet werden, die traditionellen Ikonen sind dazu da, dass man in sie eintritt. Wenn man den Sichtweisen von Piaget, Pellegrino und anderen folgt (vgl. Pellegrino et al. 1983), dann ist die Beziehung zwischen einer sozialen Setzung und dem Raum wahlweise sozio-zentrisch (der Raum und die Gesellschaft sind miteinander identisch), operativ (der Raum ist das, was wir aus ihm machen) oder ein Objekt der Reflektion.

Als Weltbezug definiert der Raum zugleich Nähe und Distanz. Die Suche nach der richtigen Distanz, die Schaffung der Regeln der Nähe und der Distanz, erstreckt sich von der Makro-Ebene, (der Mobilität und der Entwicklung der sekundären Räume (vgl. Bidet, 1983) bis zur Mikro-Ebene der Nähe (in einer privaten Konversation: wie groß ist der Abstand, der noch als Respekt oder schon als Intimität oder Bedrängung gilt?).

Mit dieser letzten Evokation erscheint eine zentrale Frage: Der Raum kann nicht von der Körperlichkeit getrennt werden. Der Körper ist im Raum, der Körper – der Meinige – ist der Raum. Der Raum dringt in die Beziehung von mir zu mir ein, in meine Identität. Seit den Arbeiten von Mauss (2010) haben wir hinreichend über die Techniken des Körpers lernen können. Selbst wenn es sich um nicht mehr als einen wenig bekannten Abenteuerroman handelt, dann kann uns beispielsweise Boris Akunins „Die diamentene Kutsche" (2006) ein Beispiel für diesen Mythos von der Weltbeziehung durch den Körper geben, indem er den Ninja-Mythos Japans beschreibt. Wir stoßen hierbei in das Reich der Mythen und verlassen das sicher geglaubte Terrain der Ideologien oder Philosophien, selbst wenn die ein oder andere unersetzlich zu sein scheint, um uns in andere Gewässer zu begeben, die sich von den westlichen radikal unterscheiden. Dies zu Ende gedacht bedeutet, dass durch den Raum und die Zeit die Welt erschaffen wird. Was hier an Ambition aufblitzt, ist der Anspruch der Neudefinition nicht nur der Erscheinungen als solcher sondern auch deren geringer Bedeutung.

Der Prozess der Raumproduktion erfordert gleichermaßen eine besondere Aufmerksamkeit. Ihre Produzenten, Akteure oder deren Netzwerke benutzen Kategorien des Denkens und Schaffens, die materiell beispielsweise als Sperrungen, Bepflanzungen, Wasserkanäle, Stadtmobiliar, kulturelle Einrichtungen und vieles mehr oder immateriell – beginnend mit den Bodenrechte und dem Eigentum, weitergehend dann als Organisationsformen und den Transformationen in der Raumproduktion – Gestalt annimmt. Dies alles vereinfacht als das Ergebnis des Handelns von Agenten der Agenturen der großen sozialen Strukturen oder des Kapitalismus zu sehen, führt in die Irre. Die Handelnden besitzen vielmehr eine gewisse Autonomie, die sich nicht an den Grenzen der Professionen orientiert, sondern eine

Nutzungslogik beinhaltet und die der relativen, aber dennoch realen Logik des Denkens folgt. Die Identifikation eines Raums als entweder konzipierten oder repräsentierten, wie dies Lefebvre getan hat, ist nicht von großem Interesse, wenn dabei nicht beachtet wird, dass der Raum zuerst eine Autonomie der Akteurssysteme manifestiert, die den Raum produzieren. Selbst wenn man tatsächlich die Raumdefinition als Ergebnis der Regeln der makrogesellschaftlichen Strukturen verstehen will, die die Organisation der Raumproduktion bestimmen, bedeutet dies keineswegs, dass sie die großen sozialen Bedingungen, beispielsweise die Logik des Kapitalismus, mechanisch zum Ausdruck bringen, sondern dass diese durch einen Prozess der Konzeption verläuft, der seine Autonomie durch die Produktion kognitiver Techniken und besonderer Rahmengebungen – wie beispielsweise durch ideengetragene Bewegungen und Logiken, Berufsauffassungen und Deontologien – bewacht. Diese Produktionsprozesse erzeugen ihre eigenen Wahrheiten und Effektivitäten in den Alltagsroutinen. Und diese können durch Vorurteile und Abweichungen jeglicher Art getragen werden und sie können sich als Taktiken der falschen Interpretation im Sinne de Certeaus (1984) oder der mehr oder weniger freiwilligen Hinzufügung neuer Ideen darstellen. Und dies verstärkt sich, wenn sich Deformationen und Zufügungen aggregieren und damit die Veränderung der Raumdefinitionen beenden. Sicherlich lehnen sich die „spontanen" Mikro-Definitionen des Raumes immer noch an eine makrogesellschaftliche Raumdefinition an, die durch ein System der Mediation und ein Netzwerk von Akteuren der Raumproduktion vermittelt wird, aber dieses Produktionssystem lässt Spielräume offen, in denen unterschiedliche Freiheiten je nach Kontext auszuloten sind und bei größeren Freiräumen führt die Aggregation der individuellen Definitionsvorgänge zu einer breiteren oder Gesamtdefinition des Raumes und seiner Entwicklung. Dies kann man insbesondere im Fall der Métapolis nachvollziehen.

Die marxistisch inspirierten Stadtforscher wie Lefebvre, Soja, Harvey und andere haben sich um eine Definition der Raumproduktion durch den kapitalistischen Modus bemüht, wobei sie allerdings kaum (Lefebvre mehr als andere) die doppelte Bewegung, wie hier dargestellt, berücksichtigen. Diese Konzeptionen verbleiben gleichermaßen in einer sehr abstrakten und globalen Sichtweise, wenn es um die Analyse der Raumproduktion geht. Eine andere Sichtweise würde sich ergeben, wenn man die unterschiedlichen Ebenen und ihre konkreten Funktionsweisen in die Untersuchung der

Produktionsprozesse des Raumes miteinbeziehen würde. Würde man die dabei offensichtliche und große Diversität berücksichtigen, die sicherlich mit Bezug auf die Rolle des Staates – und dies müßte auf die europäischen Staaten und ihre Entwicklung in den letzten Jahrzehnten mit Bezug auf deren urbane Raumproduktion erfolgen und ungeachtet einer gewissen Unentschiedenheit und des kapitalistischen Kurses im weiteren Sinne in die Analyse mitaufgenommen werden – zu sehen ist. Diese Diversität ergibt sich hinsichtlich der Entwicklung bestimmter Stadttypologien beispielsweise der reichen Großstädte zum Ende des 20. Jahrhunderts oder Territorien, wo noch spezielle Akteurssysteme in den Mikro-Kontexten mit lokal spezifischen Formen der Raumproduktion oder -gestaltung aufzufinden sind. Man könnte dementsprechend auch die Hierarchien und jeweiligen Entscheidungsstrukturen hinterfragen. Jeder Modus der Raumproduktion kennzeichnet sich durch allgemeine Prinzipien aus, die sich aus zentralen Vorstellungen heraus und in der Wahl der Techniken, dem System der Akteure und den bevorzugten Praktiken im Umgang mit einem Ort und einer Umgebung ergeben. Diese Praktiken rühren nicht notwendigerweise von der Anwendung der allgemeinen Prinzipien her, sondern von deren Interpretation, die von Akteuren zu einem bestimmten Zeitpunkt gemacht wird, in der eine Spannung zwischen diesen Praktiken und ihrem Ort einerseits und mit den allgemeinen Prinzipien andererseits besteht. Die Arbeit der Akteure der Raumproduktion konstituiert auf diese Weise einen dritten Pol dieser komplexen Dialektik, während in manchen Prozessen der Raumproduktion sich entweder andere Modi durch Homogenität definiert oder von einem der beiden anderen Pole dominiert werden. Diese Dialektik erreicht in der Métapolis die maximale Ausprägung.

Deswegen muss das binäre Schema, wie es Löw simplifiziert hat, um eine dritte Ebene notwendigerweise ergänzt werden: Das Territorium zwischen Raum und Ort. Von einem ethnologischen oder durch die Arbeiten von Goffman (2009) inspirierten Blick aus betrachtet, oder auch mit Bezug auf bestimmte Diskurse in der Geographie oder den Politikwissenschaften, stellt sich das Territorium als eine bestimmte Form der sozialen Konstruktion dar, die durch die Artikulation der allgemeinen Raumstrukturen und die Wahrnehmung des Raumes gekennzeichnet ist. Der Begriff des Territoriums hat sich gewandelt, da er sich von seiner Bestimmung durch seinen Grenzcharakter und anderen Abgrenzungsbegriffen wie der Natur, der Identität, der Erscheinung, dem Ressourcenzugang, der Kooptions- oder

Projektfähigkeit abgelöst hat. Dies trifft umso mehr auch für seine Rolle als Counterpart zu den Begrifflichkeiten der Geopolitik der verschiedenen Ebenen – vom Territorium des Selbst bis zu dem des Empire – zu, so dass er manchmal als Handlungsrahmen in allen möglichen Domänen (Raumpolitik, Verteidigung) oder sich als deren Ergebnis konstituiert, beispielsweise bei ethnischen oder religiösen Neudefinitionen von Territorien nach Bürgerkriegen. In dieser Weise ergeben sich Analysen, in denen eine duale Strukturierung des Raums als evident erscheinen kann, die auf die Dualität von Ort und Umwelt zurückgeführt werden soll.

Der Umweg über die Theorie des Raumes ermöglicht es, um ein besseres Verständnis für die oben angeführten Umbrüche zu entwickeln. Dabei ist zu betonen, dass die Métapolis weniger als eine Art Etappe anzusehen ist, die auf eine vorherige Entwicklungsstufe der Organisation der Stadt folgt, sondern als Model, das sich langsam ausbreitet und das in Konkurrenz zu anderen, insbesondere dem klassischen Modell der europäischen Metropole, tritt, bis es dieses immer mehr ablöst. In der industriellen Stadt und in der damit verbundenen Art und Weise der Raumproduktion verändert sich die Materialität radikal. Diese ist durch und durch indexiert, selbst deren Symbolismus. Der Raum verbleibt als Materie der Arbeit, der Verteilung und der Kombination auf radikale Art für die Akteure etwas Externes. Das am meisten fortgeschrittene Modell der fordistischen Stadt, die von einer Form sozialdemokratischer Verwaltung regiert wurde und dabei gesellschaftlich durch die ausgebildete und konsumorientierte Mittelklasse getragen wird, wird von einer mehr organischen und weniger materiellen Definition des Städtischen unterstützt, die die Beziehung zur Welt als eine simplifizierte und duale Ausbeutung-Konsumption-Deutung vorsieht, die aber auch eine größere Nähe zu ökologisch inspirierte Bewegungen ermöglicht.

Außerdem entwickelt sich der Prozess der Abstraktion mit der Komplexitätssteigerung des ökonomischen und finanziellen Austausches und den sukzessiven Entwicklungen der Informationstechnologien. Ab der zweiten Hälfte des 20. Jahrhunderts jedoch wurde die Funktionalität des Materiellen für die Städte und Metropolen zur entscheidenden Definition für den urbanen Raum und in diesem die wachsende Mobilität, die mehr durch die Objekte, vor allem den Autos, als durch die Dienstleistungen oder Aktivitäten geprägt wird. Diese Materialität inszeniert sich dabei zunehmend, wobei sich dies durch die Konstruktion des Bauens und die großen

Infrastrukturen, einschließlich der architektonischen und technologischen Heldentaten, durch die Wiederentdeckung des historischen Zentrums, durch Körperlichkeit und Kleidung verdeutlicht. Die Orte reproduzierten ihre Funktionalität mit einer triumphalen Materialität. Das Stadium und der Zuschauerraum wurden zur Montage von immer komplexer werdenden materiellen Objekten, während sich die Einkaufszentren um die Präsentation der Objekte bemühen. Dennoch wurde auch die Materialität manchmal zu einer ganz und gar virtuellen. Das ist vielleicht das, was wir immer noch „Learning from Las Vegas" nennen können. Die Métapolis ist schließlich durch die Entwicklung einer Vorherrschaft des Virtuellen im Raumverständnis geprägt. Nicht nur das Abstrakt-Virtuelle in den finanziellen Flüssen oder im Brausen der Informationsströme, sondern auch die Alltäglichkeit des Virtuellen bei den Jugendlichen, die durch die Straßen laufen ohne zu stoppen, weiter mit ihren Freunden telefonieren und sich virtuell treffen, produzieren Orte und virtuelle Umgebungen, die sich in beträchtlicher Weise in die Materialität der Situation – was der Spaziergänger, der seine Träume und Reflektionen auf die Objekte projiziert, die er sich gerade anschaut, nie konnte – übersetzen. Und dies trifft noch mehr auf das Virtuelle der augmentierten Wirklichkeiten zu, die sich auf die Wahrnehmungsweisen der Materialität selbst beziehen, wenn sich beispielsweise die Bedeutung von Mauern ändert, indem sie nun nicht mehr etwa als Repräsentation eines Schlosses sondern als etwas Zukünftiges eines neuen Gebäudes dienen.

Dies geht mit der Deterritorialisierung einher. In den heutigen Städten verbindet die Territorialisierung von Beginn an Spezialisierungen mit Wahrnehmungsmuster, mit denen sich das Individuum orientieren kann und sein eigenes Territorium konstruiert. In diesem Sinne stimmt nach wie vor, was Kevin Lynch zu wissen schien, nämlich dass es Markierungen, Positionen, Wahrnehmungsebenen und ähnliches gibt. Was man auf diese Weise wahrnimmt, lässt die Stadt als einen Ort erscheinen, der als bevölkert und durch öffentliche Räume oder religiöse Gebäude und durch eine definierte Raumordnung gekennzeichnet ist. Das ist es, was man sich – im schlechten oder guten Sinne – bemüht zu erhalten, wenn diese Orte nun durch den Tourismus, den Denkmalschutz oder Urbanismus für die traditionelle Stadt aufrechterhalten werden sollen. Die Métapolis wiederum besteht aus einer Stapelung von Orten und Umgebungen (vgl. Bourdin, 2010a), von denen jeweils ein besonderes Angebot ausgeht, das mehr oder weniger mit den anderen in Beziehung steht. Diese sind nicht mehr in ein

System zusammengefügt und die Métapolis als solche ist nicht der Ort der Orte. Die Gebrauchsweise von GPS, andersgesagt, besteht im Nomadentum, die effizienteste Strecke des Territoriums zu sichern. Das bedeutet nicht, dass keine Territorien mehr produziert werden, aber heutzutage geht eine essentielle Unsicherheit bei der Begrenzung und Bestimmung des Territoriums voraus. Dies gilt für politische und ökonomische wie auch für die Territorien des Alltags. Um diese Unsicherheit zu verstehen, ist ein Blick nach Kalifornien ausreichend oder für die europäische Imagination genügt die Vorstellung einer Autofahrt von den Niederlanden zur Côte d'Azur. In Aix en Provence verlässt man die Autobahn, die nach Marseille führt, um in Richtung Nizza weiterzufahren. Unvermittelt stellt sich das Bild der Industriezonen ein in die Landschaft des Weins, der Felder und Berge und den zwei kleinen traditionellen Dörfern Brignoles und Saint Maximin la Sainte Beaume, die aber in den Neukonstruktionen der Siedlungen untergehen. Sobald man von den Durchgangsstraßen abbiegt, wird man die veralterten Industrieprovinzen, landwirtschaftliche Dörfer und andere, durch die wachsende Urbanisierung auftretenden Entwertungen inmitten der Spuren des sich intensivierenden Tourismus besuchen können. Hier finden sich die Einflusszonen von Marseille, Aix en Provence und Toulon. Ein wichtiger Teil der Bevölkerung wird jeden Tag in diesen Städten zur Arbeit gehen und der demographische Zuwachs in den letzten Jahren steigert sich ins Bodenlose. Man findet dies auch in den Zonen der Zweitwohnungen, der Agrikultur oder des Weinbaus: Angelina Joly und Brad Pitt besitzen ein Haus in dem Weindorf Corens, das sich selbst als erstes Bio-Dorf der Provence/Côte d'Azur neudefiniert hat. Das genau ist die Métapolis.

Die Form der Weltbeziehung, die sich in den Raum einschreibt, ist weniger durch eine Logik des Territoriums als durch die des Herumstreifens und Tingelns, des Parcours und des Laufes gekennzeichnet, die sich an Geschwindigkeit koppelt, den Raum der Zeit unterwirft. Die Umkehrbarkeit (Scherrer und Vanier, 2013) wird zu einer grundlegenden Kategorie des métapolitanen Raums. Die Abstraktion des Raums verwandelt sich, insbesondere wenn dieser seinen utilitären Charakter verliert und eine ästhetische Weltbeziehung entsteht. Dies fällt etwa bei einem Vergleich von Google mit einer traditionellen Karte im Maßstab 1: 25.000 auf. Letztere stellt ein Werkzeug dar, das für eine Bewegung als unersetzlich gilt, um Orte ausfindig zu machen, Schwierigkeiten auf dem Weg vorhersehen zu können und im Allgemeinen das Management der Bewegung ermöglicht.

Das Zoom von Google Earth hat eine andere Funktion. Er erlaubt mir eine neue Route auf der Eisenbahnstrecke durch das Jura zwischen Paris und Genf nachzuvollziehen, wo man eindrucksvolle Impressionen der Landschaft finden kann, weil es sich um Fotografien handelt, und zugleich davon nichts wahrnimmt, vor allem weil das Relief vollkommen zerdrückt wird. Darum wird die Träumerei davon fortgetragen und das Gefühl übernimmt mit einer starken Evokation des Imaginären. In den Städten des 20. Jahrhunderts hat die Abstraktion vor allem dem Funktionalismus und ihrer Nützlichkeit gedient. Sie erlaubt die Verflüssigung des Austausches oder ermöglicht die Nutzung der Stadt, ohne dass eine zu große Ähnlichkeit mit dieser notwendig wäre. Die Entwicklung der ästhetischen Abstraktion zieht uns in eine andere Richtung: zu den multiplen Beziehungen zur Stadt, ohne dass diese durch gemeinsame Erinnerungen tief strukturiert werden. Es herrschen vielmehr individuelle Ansätze vor, die sich aggregieren – oder eben auch nicht. Man kann in derselben Weise feststellen, dass dieser Weltbezug durch eine zunehmende Diversität der Umwelten hergestellt wird. Als Effekt der Aggregation des individuellen Verhaltens multipliziert die Métapolis diese, die sich aus den Angeboten generiert, die teilweise strukturiert oder sich teilweise nur per Zufall ergeben. Die Bandbreite der mobilisierten Perspektiven vergrößert sich ganz im Sinne einer zunehmend geringeren Abhängigkeit von Visionen und von Orten, an denen sich die Umwelten herauskristallisieren und nomadisieren. Das Erzeugen der Umwelten in den nomadischen Orten ist kein Vorrecht weder der Ereignisse noch der sich ereignenden Politik, weder der Einrichter und Gestalter, noch der in der Stadt mit Installationen, Performances, Licht- und Geräuschskulpturen arbeitenden Künstler. Sie vollziehen sich gleichermaßen im Alltag als Ergebnis des Verhaltens der Einwohner der Métapolis, die manchmal, ohne es zu wissen, sich wie Künstler verhalten.

Dies ist mit der Tatsache in Beziehung zu setzen, dass im Gegensatz zum klassischen Model der Metropole, in der die Abstraktion, die Funktionalität und die Symbolik der Anerkennung oder der Hierarchie mit der Vorherrschaft der zentralen gegenüber den suburbanen Räume charakteristisch sind, es in der Métapolis keinen dominanten Modus der Raumproduktion gibt. Im Gegenteil, die unterschiedlichen Modi der Raumproduktion reproduzieren nicht dieselbe Logik. Sie benutzen weder die gleichen Kategorien noch dieselben Werkzeuge. In dieser Weise ist auch nicht ihre Beziehung zur Logik der Globalisierung für alle Formen der Raumproduktion gleich wichtig. Sie trotzen dieser, kombinieren Elemente durch Kohabitation, ignorieren sie und mischen diese zu einer Raumproduktion zusammen, die im Ergebnis eine Aggregation und ein besonderes Phänomen zugleich darstellt, das die Métapolis ausmacht. Ihre Logik zielt lediglich darauf ab, dass man sie noch von einem Mülleimer unterscheiden können soll.

Die Paradoxie der Métapolis

Die paradoxe Logik der Métapolis hat praktische Auswirkungen, wenn man sich auf die Form des Urbanen konzentriert. Die Beobachtung der urbanen Ereignisse wie Feiern, kulturelle oder sportliche Veranstaltungen verdeutlicht die Entwicklung der Zentren-Städte. Dort, wo man noch immer glaubt, dass sich die Peripherie der großen Städte befinde, findet sich in Wirklichkeit eine Vielfalt an Orten, die für einen Augenblick extrem unterschiedlichen Ereignissen Raum gibt, die manchmal sogar ein Publikum aus großer Ferne anzieht und die bisweilen kein besonderes Equipment benötigt. Das sind beispielsweise die Semi-Marathons in den Pariser Banlieue oder dem „Tag der Mole", welches in Mexiko in einem Slum organisiert wird und außer dem Organisationswillen und den Teilnehmern nichts benötigt. Denn mit ihrer Dichte, ihrer Diversität und dem großen Erfolg von manchen dieser Veranstaltungen, oftmals werden jene mit komplexerer Organisation wie zum Beispiel Rock en Seine zitiert, stellen sie etwas dar, das einst Andy Warhol als „15 Minuten Berühmtheit" genannt hat und für einen kurzen Moment aus einen Ort ein Zentrum macht. Das verhindert nicht, dass die Downtown und die großen Gebäude eine zentrale Bedeutung behalten, vor allem auch, wenn diese als Veranstaltungsorte banalisiert werden, aber man kann eine veränderte Stabilität und Bedeutung der Zentren zugunsten der ephemeren oder unwahrscheinlichen Orte beobachten, wie dies auch bei den Handelszentren in „the middle of nowhere" oder an „charakterlosen Orten" der Fall ist, die sich wie in Marseille an den Wochenenden (vgl. Bordreuil, 2002) zu Zentren der Banlieue entwickeln.

Diese erratische Zentralität verbindet sich oft mit den Evolutionen der urbanen Architektur, insbesondere jenen „hohen Häusern" der Politik, des Sports, der Kultur oder des Handels. Die triumphierenden Metropolen am

Ende des 20. Jahrhunderts haben zumeist eine postmoderne Architektur konsumiert, die sich dem Spektakel verschrieb, das mit den Codes spielt, aber trotzdem nicht die Materialität des Raums oder auch nur die Existenz einer urbanen Raumordnung in Frage stellt, die vielleicht sogar durch diese Impertinenz verstärkt wurde. Die Métapolis kommt in einer Architektur zum Ausdruck, die eine starke emotionale Dimension, Abstraktion und das Gefühl der Unsicherheit beinhaltet und die sich ganz und gar in die städtische Ordnung einschreibt. Davon legt zum Beispiel die Architektur der Fondation Louis Vuitton in Paris Zeugnis ab, dessen Architekt Frank Gehry diese als „Architektur des Ephemeren" und als „fließende Linie in Bewegung" beschrieb.

Die Netzwerke, insbesondere des Verkehrs, haben ihren Status verändert. Im Modell der klassischen Metropole – das ist selbst eines ihrer grundlegenden Charakteristika – haben die Eisenbahn- und Autonetzwerke den urbanen Raum, d.h. die Verteilung der Aktivitäten und der Nutzungen, wie aber auch die Dichte, den Konstruktionstypus und schließlich die Funktionswerte strukturiert Sie haben die vorhandene Zentralitäten verstärkt oder diese in allen Teilen aufs Neue erschaffen. Das ist die radiokonzentrische Logik, wonach der „Ring" und die hierarchischen Netze sich auf einer Weise zusammenfügen, womit sie die Stadt besser oder schlechter prägen. In der Métapolis erreicht der Fluss alle Sinne und die Organisation des Raumes enthierarchisiert sich teilweise, indem sich die Dualität Zentrum-Peripherie abschwächt und sich eine Multiplikation ephemerer oder partieller Zentren (West Edmonton Mall etc.) ausbreitet, wie sich zugleich die Nutzungsmöglichkeiten für die Mobilität, bemerkenswerter Weise mit einer Multimodalität und Desynchronisation der Stadt, diversifizieren.

Infrastrukturen ziehen an und konzentrieren. Sie beeinflussen auch weiterhin die städtischen Funktionsweisen, aber sie verlieren einen guten Teil ihrer Organisationsmacht. Das führt genau zu der Frage, die sich bei dem Projekt der neuen Metro für Groß-Paris stellt: Kann die metropolitane Logik, die deren Konzeption vorausging und von einer Planung der großen Handlungs- und Innovationszentren, die mit Bezug auf die Bahnhöfe definiert wurden, ausging, in einer sich métapolisierenden Kapitale relevant bleiben? Oftmals sind Urbanisten angesichts einer solchen Evolution verwirrt. Sie bevorzugen es, dass sie nicht in eine solche Überlegung einbezogen werden und bemühen sich um Modernisierung, etwa durch Projekte der nachhaltigen Nachbarschaften oder traditioneller Methoden des Städtebaus. Gibt es zu dieser Vogel-Strauß-Politik eine Alternative?

DIE HYPTERTEXT-GESELLSCHAFT

Raum ist zugleich ein gesellschaftliches Produkt und eine Determinante des menschlichen Handelns (siehe schon Dion, 2010/1959): Den Raum der Métapolis kann man als dialektische Beziehung verstehen, die sich aus ihrer sozialen Dynamik, also der Beweglichkeit der Gesellschaft, ergibt, wovon die Beschreibung ihrer Organisation zum Zeitpunkt x nicht bekannt ist. Gibt es eine métapolitane Gesellschaft?

Der Extrempunkt der metropolitanen Zivilisation: Zu Beginn des 20. Jahrhunderts hat die Soziologie, oder zumindest einer ihrer Gründungsväter, überlegt, ob es reicht, die Metropole lediglich als eine große Stadt zu definieren. Georg Simmel sah die Metropole als eine Form der Zivilisation, die sich durch einen Prozess der Individualisierung auszeichnet, d.h. durch eine Transformation der Kultur in ein Ensemble von externen Ressourcen für das Individuum, das diese nach eigenen Bedürfnissen ermessen und nutzen kann (vgl. Bourdin, 2005,19-20). Auf diese Weise kann sich der Städter der Vorherrschaft des „objektiven Geistes" widersetzen: „Die Entwicklung der modernen Kultur charakterisiert sich durch das Übergewicht dessen, was man den objektiven Geist nennen kann, über den subjektiven, d.h., in der Sprache wie im Recht, in der Produktionstechnik wie in der Kunst, in der Wissenschaft wie in den Gegenständen der häuslichen Umgebung ist eine Summe von Geist verkörpert, deren täglichem Wachstum die geistige Entwicklung der Subjekte nur sehr unvollständig und in immer weiterem Abstand folgt." (Simmel, 1995, 129)

Die Externalität der Kultur läßt sich vor allem durch die Bedeutung der abstrakten Codes, Zeichen und Signale – gegen die Symbole –, oder den Status der Zeit, die von nun an vollkommen durch Messungen und Kalkulationen objektiviert wird und sich auf diese Weise als Bruch mit der subjektiven Wahrnehmung von Temporalitäten konzeptionalisiert, erkennen. In der Gesellschaft der Individuen entwickelt sich die Diversität der Kulturen, sowie die sich begleitende Kultur der Wahl.

„The processes of segregation establish moral distances which make the city a mosaic of little worlds which touch but do not interpenetrate. This makes it possible for individuals to pass quickly and easily from one moral milieu to another, and encourages the fascinating but dangerous experiment of living at the same time in several different contiguous, but otherwise widely separated, worlds... it tends to complicate social relationships and to produce new and divergent individual types.“ (Park und Burgess, 1968, 40/41)

So entsteht eine individuelle Erfahrung der Metropole, die durch die Vielfalt der Situationen und durch Unvorhersehbarkeit gekennzeichnet ist, die der permanenten Arbeit der Dekodierung unterworfen ist. Die individuelle Erfahrung befreit sich, aber sie bleibt eine „höchst persönliche Subjektivität“ in einer „Struktur der höchsten Unpersönlichkeit“ (Simmel, a.a.O.)

Die von Simmel begonnene Überlegung betont die Instabilität der Metropole, die Rationalisierung der sozialen Beziehungen und den Prozeß der allgemeinen sozialen Diversifikation, der die gesellschaftliche Differenzierung der Arbeitswelt noch übertrifft. „Auf der einen Seite erlauben die abstrakten Systeme des Abmessens die Vergleichbarkeit, also Objektivität, der individuellen Erfahrung – dies wird zum Beispiel für alle Formen der Messung von Zufriedenheit, die durch die Technologie der Befragung sich bis ins Unendliche entwickeln läßt, der Fall sein –, auf der anderen Seite, wird sich der Charakter der radikal individualisieren Subjektivität als unvergleichlich herausstellen.“ (Bourdin, 2005, 22)

Die Métapolis, aus dieser soziologischen Perspektive gesehen, konstituiert einen Ausdruck der fortgeschrittenen Metropole, ohne dass diese sie qualitativ überspringt, wie aus einer ökonomischen oder geographischen Lesart erkennbar wird. Dies ergibt sich augenscheinlich aus dem Umstand, dass sich Simmel oder die Soziologen der Chicago School ausschließlich für jene Städte interessierten, die ein schwindelerregendes Wachstums verzeichneten, das sich aus Populationen mit unterschiedlichsten Herkünften speiste, aber auch aus dem, was sich länger widersetzt: die Materialität der Stadt und die städtischen Institutionen verändern sich weniger schnell als die soziale Erfahrung des Urbanen.

Die Gesellschaft des Hypertextes radikalisiert die Zivilisation der Metropole. „Das Soziale setzt sich aus „multiappartenanten“ Individuen (Ascher, 2000) zusammen, d.h. durch das Erscheinen jedes Einzelnen in mehreren und unterschiedlichen sozialen Feldern. „Heute werden die Intersektionen dieser Felder zunehmend zahlreicher und es sind die Individuen selbst, die diese von einem zum anderen Feld artikulieren. Es sind die Wort-Individuen, die selbst ihre allgemeinen Verbindungen zu den sozialen Text-Felder konstruieren. Sie passieren von einem Feld zum anderen, sei es durch Mobilität, sei es durch Telekommunikation. Wenn ein Arbeitnehmer vom Arbeitsplatz aus nach Hause telefoniert, verändert er auf eine gewisse Weise den Text", schreibt François Ascher (a.a.O., 62)

Dies lässt sich noch im Sinne von Simmel nachvollziehen, wenngleich auch als dessen radikalisierte Analyse. Die Hypertext-Gesellschaft überschreitet die unterschiedlichen Welten, die nicht nach demselben Wertesystem aufeinander reagieren und die nicht nur schwache Verbindungslinien zueinander aufweisen, sondern die Frage nach der verbleibenden Produktion der gemeinsamen Referenzen aufwirft, nach der „imaginären Institution der Gesellschaft" gemäß einer Formulierung von Castoriadis. Die „Felder", von denen Ascher spricht, beherbergen keine begrenzte Welt, oder zumindest wird dies so wahrgenommen, sie bilden vielmehr Ausmaße eines Universums ab, das sich als eine Metapher des Sozialen mit n-Dimensionen ausbreitet. Die „sozialen Text-Felder" verwandeln sich ohne Ende. Sie multiplizieren sich und demultiplizieren sich wieder. Im Ergebnis ergibt sich eine Erfahrung, die sowohl die Aufregung der Entdeckung und des Surfen im Internet als auch das Unverständnis, die Unsicherheit und die Entbindung hervorbringt. Die neuen Bedingungen der Mobilität erlauben das Entdecken – im positiven oder aber im negativen Sine – des Exponiert-Seins an eine immer größer werden Diversität, größer als das Universum. Ein Beispiel, das Ascher zur Illustration anführte, schildert zudem: Die Durchläßigkeit (commutabilité). Damit wird die Möglichkeit umschrieben, augenblicklich von einem Universum zum anderen mit der größtmöglichen Leichtigkeit und ohne Mediation oder Vorbereitung zu wechseln. Das ist Ubiquität, die sich durch die Tatsache auszeichnet, dass ich mich in mehreren Universen zur gleichen Zeit aufhalten kann. Dies betrifft zunächst die virtuelle Welt, vor allem das Internet, die Telekommunikation im Allgemeinen, aber darüber hinaus auch im wachsendem Maße alle Möglichkeiten menschlichen Handelns. Dies alles schreibt sich in einer dialektischen Weise mit der Virtualisierung und Deterritorialisierung des Raumes und mit der Bedeutung der Orte und den Aggregationsphänomenen in die Strukturierung des Raumes ein.

DIE MÉTAPOLIS ALS WELTERFAHRUNG

Die soziale Erfahrung der Métapolis verlängert die der Metropole. Man findet hier starke Elemente der Strukturierung, die sich als Konsummodel durch Differenzierung, Wahl, permanente Erneuerung, Individualisierung, kulturelle Diversität und Weltoffenheit nachvollziehen läßt. Zugleich findet eine tendenzielle Schwächung der großen Sozialgruppen statt. Was als Prozeß der Mehrheitsbildung der Gesellschaft oder als dualer Kontrast und der Stärkung der sozialen Unterschiede nach wie vor zu beobachten ist, ändert nichts an der Tatsache, dass die strukturierten sozialen Gruppen einen großen Teil ihrer Rolle in der Matrix des sozialen Verhaltens und in den Formen der sozialen Erscheinungen verloren haben. Die Welt von Google und facebook, ist durch Durchläßigkeit und Ubiquität geprägt. Es ist heute geradezu selbstverständlich, dass ein Netzwerk das andere innoviert, dass eine Beziehung die andere beeinflusst und dass man das „Feld" ohne Unterlaß wechseln kann. In der Folge des Eisenbahnunglücks vom 12. Juli 2013 in der Nähe von Paris sprach ein Verantwortlicher von der „Gemeinschaft" der Reisenden, die sich die betreffende Fahrtstrecke teilen. Im Französischen charakterisiert das Wort Gemeinschaft (communauté) eine sehr starke soziale Beziehung, womit eine gedankliche Assoziation an eine noch stärkere soziale Bindung, die der Bürger, impliziert wird. Dies weist darauf hin, dass auch die Art der zahlreichen virtuellen Gruppen – kleinere oder größere, ephemere oder länger existierende, die durch punktuelle Treffen oder durch die Vermittlung des Internet real werden – die soziale Matrices konstituieren in einer Welt, in der sie die „Kraft der schwachen Beziehungen" bestätigen.

Das Thema der Ubiquität ist nicht neu. Es hat sich in den sechziger Jahren mit dem Siegeszug des Fernsehens etabliert und McLuhan hatte dafür schon das Bild vom „globalen Dort" entworfen. Aber mit dem höherem Leistungsniveau der aktuellen Kommunikationstechnologien wird es nun wirklich möglich, hier wie dort zu sein. Heutzutage ist das ein professionelles und banales Bild, das sich in jedem Hochgeschwindigkeitszug auffinden läßt, in dem jeder an seinem Arbeitsplatz mit Laptop sitzt und auf sein Smartphone das Foto anschaut, dass gerade von den Kindern aus ihrem Urlaubsort geschickt wurde. Die frenetische Versendung von Fotos in Jetztzeit trägt im hohen Maße zur Ubiquität bei, wie dies auch für die Homepages, das Fernsehen oder andere Medien gilt.

Diese Erfahrung verstört die Wahrnehmung von Alterität. Gemäß François Dubet (2013) gibt es wesentlich weniger sozialen Widerstand im Kampf gegen Diskriminierungen als Anerkennung für die Gruppen, gegen die sich diese Diskriminierungen richten. Dies reflektiert zu einem gewissen Teil die verallgemeinerte Unsicherheit über die Definition der Alterität. In der Métapolis, die unendlich durch Flüsse transformiert wird, vor allem den Menschenströmen, kristallisiert sich diese Unsicherheit in der zentralen Frage nach dem Zugang, die sich wegen der Besonderheit des Raumes nicht in einer globalen Weise und nicht nur an einer Stelle oder einem Ort, sondern anhand einer Vielzahl an Orten und an Gegenständen stellt, wodurch sich eine Konfrontation zwischen den „Ankommenden" und den „Beheimateten" ergeben kann. Die Krise der Alterität kann die Métapolis morgen in eine Hölle verwandeln. Diese soziale Erfahrung unterstützt eine Weltsicht, der er zugleich Form und Bedeutung gibt. Muss man von der Globalisierung als eine Weltsicht reden? In jedem Fall ist es eine paradoxe Perspektive. Während die Begrenztheit des Planeten uns um deren Erhaltung kämpfen läßt, fasziniert uns die Unbegrenztheit der sozialen Welt und des Wissens. Mit anderen Worten, die Idee von den unbegrenzten Möglichkeiten der sozialen und geistigen Erfahrung wird banalisiert. Das übersetzt sich in der Suche nach exotischen und innovativen Erfahrungen und der Faszination, den hybriden Phänomenen der Kulturproduktion oder jenes sozialen Lebens, das andernfalls ganz durch die Natur (zum Beispiel der sexuellen Erscheinung eines Individuums) geprägt sind. Die Mode der Serendipität – und darin der Platz, den der Zufall einnimmt – in der Welt der Kunst und der Forschung, trotz der anästhetischen Opposition der Wissenschaftsbürokratien, bringt dieselbe Sensibilität zum Ausdruck. Denn so fragwürdig wie die Werke von Richard Florida sein mögen, sein Beharren darauf, dass Kreativität ein soziales Phänomen darstellt, das nicht nur auf technologische Innovationen und seine Akteure reduziert werden kann, ist wichtig. Der Hunger nach Innovationen und die Notwendigkeit, sich kreativ zum Ausdruck zu bringen, ist nicht radikal neu. Ihre Verbreitung als eine Weltsicht, die den Wert des Individuums und die Idee einer unendlichen, zu entdeckenden Welt vereint, ist es sehr wohl. Das ist die Verbindungslinie zwischen der wissensbasierten Wirtschaft, der Wissensgesellschaft und der métapolitanen Erfahrung.

EINE NEUE SOZIALE FUNKTIONSWEISE

Die bisherige Argumentation kann den Eindruck erwecken, dass die métapolitane Gesellschaft vor allem durch ein Weltbild und individuelle Erfahrung geprägt wird. Aber auch die soziale Funktionsweise verändert sich grundlegend. Wir können die Métapolis als ein extremes Stadium der Wissensgesellschaft betrachten, die sich im Kontext der Metropolregionen entwickelt. Kehren wir zuerst zu einer Beobachtung zurück: Das Wissen – seine Produktion, Übertragung und Umsetzung – ist von zentraler Bedeutung für die Organisation der Gesellschaft, vor allem in der Arbeitswelt mit ihren Regeln, den Normen des „Social Game“, das Funktionieren des täglichen Lebens, der allgemeinen Werte und bei der Suche nach dem Sinn der Welt. Die Städte waren die Matrizen der Entwicklung der „Wissensgesellschaft“, in denen sie der Motor der Wirtschaft und auch zu einem wichtigen und nützlichen „Kapital“ in allen anderen Bereichen des gesellschaftlichen Lebens wurden. Auf der einen Seite versucht jeder, sich so viel wie möglich Wissen anzueignen. Auf der anderen Seite ist die permanente Erhöhung dieses Kapitals, die Schaffung von neuem Wissen, eine Herausforderung für viele Akteure und dies nicht nur in der Wirtschaft. Das „Publish or Perish“ der Universitäten oder die Obsession mit dem „Neuen“ bei den Künstlern ist Teil dieser Entwicklung. Im Kontext der Metropole verbleibt die Bewegung von Wissen strukturiert und hierarchisch. Die Disziplinen dominieren, das Wissen und ihre Produktion bleiben weitgehend die Domäne von spezialisierten Institutionen. Die Übertragung erfolgt an wohldefiniertes Lehrpersonal. Auch das kollektive Lernen wird von Spezialisten definiert und betreut. Mit der Métapolis, dem Schmelztiegel der „Hypertext-Gesellschaft“, wird sich das noch radikalisieren. In einer Zeit, in der Universitäten mehr denn je sich als wichtige Institutionen in der Entwicklung und Vermittlung von Wissen (das ist besonders spektakulär in Frankreich, wo sie weniger Gewicht als in den USA oder Deutschland haben) und als wichtige Wirtschaftsakteuren behaupten wollen, erscheint ein alternatives Modell: wikipedia stört die Logik der Enzyklopädie und alle erdenklichen Informationen – darunter die falschesten – sind im Internet verfügbar.

Durch die Vorbewertungen und Voruteile in den Links kann jeder seine eigene Läufe durch das Internet und somit sein eigenes Wissen gestalten und man sieht Hyperspezialisten erscheinen, die zu einer bestimmten Frage, für die sie niemals ausgebildet wurden, diese durch ihre dauernde Arbeit des Navigierens beantworten. Morgen werden wir alle Autodidakten sein. Plötzlich gehen alle großen Universitäten online, kostenlos oder nicht, mit ihren berühmtesten Professoren. Sie werden für ihre Produkte einen anderen Service erhalten: Begleitung in der Forschung, Vergleich mit Gleichaltrigen, Zugang zu außergewöhnlichen wissenschaftlichen Geräten, Lernmethoden der geistigen Arbeit, Ethik, professionelle Berufspraktiken, nicht zu schweigen vom Bild der Marke der Universitäten, dessen Wert auf einem Lebenslauf karriereentscheidend sein kann.

Diese Universitäten handeln, als ob sie langsam merkten, dass sie nicht mehr das Quasi-Monopol für die Entwicklung und Vermittlung von Wissen besitzen. Aber es handelt sich jetzt um einen sehr offenen sozialen Prozess, in dem sie sich neu als Beschleuniger, Moderator, Gutachter im Zusammenspiel mit Zeitschriften und wissenschaftlichen Organisationen, Instanz der Legitimation (mit oder ohne für das im Umlauf befindende Wissen) und für ein neues wirtschaftliches Modell, das mit dieser Rolle einhergeht, erfinden müssen. Die strategische Verlagerung von großen Universitäten spiegelt die bekannte Mutation der Produktion und Vermittlung von Wissen wider. Kein Zweifel besteht hinsichtlich der Tatsache, dass ihre Rolle insbesondere bei der Organisation der Gesellschaft hiervon betroffen ist. Ihnen kann es dabei nicht mehr darum gehen, nur die vorhandene soziale Ordnung zu reproduzieren, zu transformieren oder sogar in Frage zu stellen, sondern sie dürfen den Durchfluss der Ströme beschleunigen und regeln, damit aber in jedem Fall keine Ordnung herstellen.

Denn diese fließen durch die sozialen Felder, die Ascher beschrieb, da sie die Disziplinen mit ihrem Know-how und gemeinsamen Wissen durchkreuzen. Gemäß der Metapher der Hypertext-Gesellschaft kann jeder seinen Weg auf seine Weise navigieren, auch wenn die Reaktionen gegen den Strom nicht ausbleiben: Diejenigen, die durch diese Evolution gefährdet werden oder Angst (begründeter Weise oder nicht) vor dem Verlust bestimmter Kenntnisse haben, nehmen manchmal Haltungen der Abkapselung oder eines sehr defensiven Malthusianismus an. Dies schließt jedoch nicht die Teilnahme am Fortschritt durch eine Art „Betrieb im Silo“ ein, was Jeremy Rifkin (2012) als gesteigerte gesellschaftliche Lateralisation bezeichnet hat.

Das bedeutet nicht, dass das Wissen nicht mehr die Gesellschaft bestimmt, sondern dass dieses nicht nur durch die Dynamik der Bewegung (die im Netz oder in den Räumen des Co-Working zu sehen ist), sondern auch von den Transmissionen und der Etablierung von Ordnung geprägt wird. Ebenso entwickelt sich die Soziabilität der Métapolis oft aus zufälligen Ereignissen und generell aus der Konstruktion von persönlichen Geschichten, in denen alle Formen von realen oder virtuellen Treffen eine wesentliche Rolle spielen.

Dies kann sich in Emotionalität auflösen, in der Renaissance eines gemeinsamen Interesses (zeitweise oder nicht), das zum Beispiel im Erfolg von Websites von Fahrgemeinschaften oder in die Suche nach einer originellen und kollektive Erfahrung (selten, aber sehr wertvoll in einer Gesellschaft von Individuen) – wie im Fall der Flash-Mobs, von Riesen-Aperitifs, Picknicks in der U-Bahn oder Veranstaltungen auf der Bourguiba Avenue, dem Taxim-Platz oder in São Paulo – führen. Das bedeutet nicht, dass in solchen oder in eher traditionellen Situationen gebildete Netzwerke (besonders der Schulen) nicht dauerhaft sein und innoviert werden können, etwa wenn die Absolventen der gleichen Schule, jetzt verstreut über die Welt, nicht zögern, trotz unterschiedlicher wirtschaftlichen Mittel, sich in New York für die Hochzeit von einer oder einem von ihnen wiederzusehen.

Es kann aber auch zu sozialer Isolation führen, die bereits im Modell der Metropole sehr präsent aber unsichtbar, dennoch sehr häufig und sozial dramatisch ist. Die Organisation des Handelns folgt dabei dem gleichen Muster der métapolitanen Evolution. Die Handlungssysteme strukturieren sich in traditioneller Weise nach den wichtigsten Tätigkeitsbereichen oder mehreren Fachgebieten stabil und deutlich als Bereiche der öffentlichen Ordnung oder nach verschiedenen Spezialisierungen und als Nischen innerhalb dieser Sektoren. Heute sehen wir die Entwicklung eines Modells, das durch viel flexiblere Handlungen geprägt ist. Zunächst ist die Dominanz des Projekts, die in keiner Weise auf private Unternehmen beschränkt ist, zu beobachten.

Das Projekt benennt anfangs seine Ziele oft in ziemlich allgemeinen und groben Zügen (auch wenn es sich um den Erhalt eines Titel wie etwa „Erbe der Menschheit“ der UNESCO handelt), dem folgen dann verschiedene Spezialkenntnisse und verschiedenen Akteure, die transversial mobilisiert werden. Die herkömmliche Struktur wird hierdurch geschwächt. Zudem wird der Begriff des Akteurs komplexer. Es ist oft schwierig zu sagen, wer ein Akteur ist und wer nicht. In métapolitanen Kontexten sind Akteure oft leicht substituierbar (vor allem in dem Sinne, dass die gleiche Firma, die gleiche öffentliche Organisation, ein einzelner Sektor oder die Zivilgesellschaft im Laufe der Zeit und den Umständen entsprechend von sehr unterschiedlichen Menschen repräsentiert werden). Schließlich wird die Aktion selbst, während ihr Grad der Abstraktion weiter zunimmt, im Einklang mit der Analyse von Simmel, zu einem sich bewegenden Nebel, auf den Marktbeziehungen, Initiativen einzelner oder von Mikro-Gruppen, der Druck der fragmentierten Bürokratien, die Strategien großer Unternehmen, die tatsächliche oder nur verbale Unterstützung der Politiker einwirken.

DER STRESS DER UNSICHERHEIT

Es ist gesagt worden, dass die Métapolis nicht die städtische Ordnung definiert. Ihre Bewohner und Nutzer haben mit dem Raum, der sozialen Welt und vielen städtischen Dienstleistungen eine Beziehung als Verbraucher aufgebaut; die Métapolis ist ein Objekt des Konsums und des kommerziellen Austausches. Was bedeutet das? Zunächst wird eine Beziehung zur Exterritorialität zum Ausdruck gebracht. Das métapolitane Universum konstituiert eine lose strukturierte Reihe von Nutzungsmöglichkeiten für Einzelpersonen, ephemere oder dauerhafte Gruppen, für Akteure auf den unterschiedlichen Maßstabsniveaus. Diese Nutzungen beziehen sich auf relevante Bereiche des Handelns und eine Welt der widersprüchlichen Bedeutungen. So erklärte die Schauspielerin Fanny Ardant in einer Radio-Debatte, dass ihr die Arbeit in Lissabon erlaubt habe, eine ganz andere Interpretation von der Stadt vorzunehmen, als was sie in einer touristischen Erkundung gesehen hatte und ein besseres Verständnis des Genius Loci, die Romantik der Stadt und die Einzigartigkeit der lokalen Gesellschaft zu entdecken. Die Lissaboner Künstler, die ihr antworteten, blieben skeptisch und sie nahmen ihre Stadt eher als ein Ort wahr, wo sie ihre Projekte realisieren können und dass die Stadt dies manchmal erleichtert oder kompliziert. Die Nutzungen Lissabons – immer noch mehr Metropole als Métapolis und vielleicht sogar mehr historische Hauptstadt als Metropole – beziehen sich für die einen auf eine Suche nach Emotionen und nach einer empathischen Haltung, für die anderen sind es Konstruktionen von Handlungen.

Eine Konsum-Beziehung impliziert auch Zerstörungen oder zumindest eine Veralterung. Die Nutzung überwiegt die Erhaltung. Die Métapolis wird immer wieder nach dem Gebrauch, den wir von ihr gemacht haben, neu definiert. Einer der großen Paradoxien des baulichen Erbes, insbesondere des städtischen, ist, dass ihre Sicherung offen für Vielfalt und Bewegung der touristischen Nutzungen sein muss und somit die Bedeutung der Erhaltung in einer gewissen Form geleugnet wird.

Diese konsumptive Beziehung bedeutet mehr Auswahl, denn die Bedingungen der Ausübungen, die zur Radikalisierung der Metropole zur Figur der Métapolis führten, haben sich sehr geändert. In der Tat, die Entwicklung der wohlhabenden Gesellschaften beruhte zunächst auf dem fordistischen Modell des Massenkonsums, das der größtmöglichen Anzahl von Verbrauchern Zugang zu mehr Objekten in einer begrenzten Palette von Wahlmöglichkeiten eröffnete. Letztere wurden durch den Grad der Nützlichkeit und durch den Preis strukturiert und als Zeichen der sozialen Unterscheidung genutzt. Heute vergrößert sich die Anzahl und Bedeutung der singulären Güter also solche, zwischen denen mit einfachen Kriterien schwierig auszuwählen ist, weil sie ständig als „unermesslich" gelten.

Wie Lucien Karpik (2007) darstellt, beinhaltet diese Entwicklung einer Reihe von „Decision Support"-Systeme und diversifiziert sich die Auswahl immer mehr. Das Universum der Wahlmöglichkeiten scheint unbegrenzt und dies gilt sowohl für räumliche Praktiken wie soziale Beziehungen, der Versorgung mit Gütern und Dienstleistungen. Dass das Universum der Wahl so grenzenlos wie das métapolitane erscheint, bedeutet nicht nur, dass die Praktiken dieser Freiheit kaum unterschiedlich sind. Einige können davon aber nur träumen oder sich für diese völlig einzigartig engagieren, so dass sie unter verschiedenen Einschränkungen leiden, die ihnen teilweise drastisch auferlegt werden und sie diese täglich versuchen zu verringern. Daher die Bedeutung der Phänomene der großen Frustration, die in der Métapolis dominant geworden sind.

Die konsumistischen Beziehungen widersetzen sich heftig jedweder Angehörigkeit zu einer dauerhaften und strukturierten Gruppe oder mit Bezug zu einem Territorium. Entgegen den Forderungen der Eigentümer leben daher viele Individuen oder Gruppen in der Métapolis oft als Teil eines defensiven Prozesses unter erschwerten Bedingungen. Es sei denn, sie repräsentieren etwas anderes, den Typus des Counterparts zur Métapolis: als Gegenstand der Referenzen. Für eine Zeit oder auch länger stellen sie eine (reale oder virtuelle) Gruppe dar, die mit einem Gebiet oder einen Ort (bekannt, vorgestellt oder erträumt) assoziiert wird oder die eine Reihe von Praktiken ausführt, die wie ein Spiegel funktionieren, durch den wir uns selbst definieren, gerade wie jene Jugendlichen, die von ihrer Lebensart her, einschließlich der Kleidung, einer Gruppe bilden ohne wirklich zu dieser zu gehören.

Referenzspiele nehmen, insbesondere bei Veranstaltungen aller Arten, einen sehr wichtigen Platz im métapolitanen Universum ein. Sie bilden ein System von Spiegeln, die dynamische und soziale Bindungen, aber keine soziale Ordnung erzeugen. Wie die Referenz konstituiert schon die evozierte Begegnung eines der Strukturelemente die konsumtiven Beziehungen. Mit seinem ereignishaften Charakter und als Bestandteil der Serendipität, auch mit seiner versuchshaften Ausgestaltung, die diese darstellen kann, dem Test-Charakter, kann somit Gefahr für das Individuum und eine intensive Befriedigung, wenn wir siegen, eintreten.

Die Atmosphäre als Wahrnehmungs- und Bedeutungsangebot, die mit einem oder mehreren bestimmten Orten verbunden ist, ist ein wesentlicher Bestandteil dieser Konsumenten-Beziehung in der Métapolis. Dies trifft ebenfalls auf die teilweise funktionell eingeschränkte Mobilität zu, die auch eine Form der Beziehung zur Welt darstellt. Es geht dabei um den Aspekt der Sicherheit im weitesten Sinne. Pierre Veltz verweist auf jenen Vorteil der großen globalisierten Städte für Unternehmen: Der Reichtum des Kontextes funktioniert wie eine Versicherung in Bezug auf eine Reihe von Verpflichtungen, die mit der Verwaltung der Humanressourcen anfallen, etwa den Anruf an Subunternehmer und Lieferanten, das Rennen um Innovationen oder die Umsetzung von Partnerschaften. Es geht also darum, von Ressourcen und verschiedenen Dienstleistungen zu profitieren und nicht so sehr darum, um sich als Teil eines strukturierten Wirtschaftssystem oder einer gesellschaftlichen Ordnung zu integrieren. Der Cluster selbst ist sicherlich ein stark lokalisiertes Netzwerk, aber vor allem und zuerst ein Netzwerk. Deshalb kann man sich nicht darauf beschränken, die konsumistischen Beziehungen nur in ihrer kommerziellen Dimension zu verstehen.

DIE DYNAMIK DES ANGEBOTS

Es wurde schon gesagt, dass die Métapolis nicht mehr als Dynamik der Ordnung sondern als Angebot funktioniert. Noch muss man ein Angebot für eine kohärente eindimensionale städtische Versorgung entwickeln, das sich auf die kommerzielle Welt begrenzt. Die métapolitane Versorgung hingegen ist durch eine radikale Vielfalt gekennzeichnet. Vielfalt in der

Herkunft der Angebote: Weit über die traditionellen Institutionen und Betreiber hinaus haben sich diese Angebote ausgeweitet. Eine Anekdote in einer großen Stadt am Rhein symbolisiert diese Entwicklung. Man plante ein urbanes Zentrum an einem Verkehrsknotenpunkt neben einer Nachbarschaft mit vielen Sozialwohnungen. Ein Bewohner des Stadtviertels, Busfahrer aus Nordafrika, erklärte einem Ethnologen, dass in dem neuem Geschäftszentrum ein Luxus-Laden eröffnen würde und er das befürworte, weil alle Menschen, die er kennt, mindestens einmal in ihrem Leben einen Luxusartikel angeboten bekommen wollen.

Kein Spezialist würde an ein solches Projekt oder diesen Akteur gedacht haben. Das Internet zeigt das Ausmaß der Fähigkeit zur Initiative und die métapolitanen Akteure in diesen unsicheren Gegenden, die wir schon früher (diejenigen, die über die Autobahn, die zur Côte d'Azur führte, fuhren) einfach links liegen ließen, zeigen mit ihren produktiven Initiativen, dass es keinen Mangel an Angeboten gibt, die aber auch nicht verhindern, dass dort weiterhin Frustrationen gedeihen. Die Vielfalt der Angebote auch des eher traditionellen Marktes bietet nahezu alles, was frei oder als Open Source erhältlich ist und en passant die traditionellen Dienstleistungen hinter sich läßt. Die Diversität der Inhalte schließlich, die sich aus den verschiedenen Registern ergibt, ist eine der Stimmungen, Gefühle und Emotionen, der Beziehungen und Interaktionen, der Dienstleistungen jeglicher Art – von der Wasserzufuhr bis zu den seltensten und am meisten unwahrscheinlichen –, den großen und kleinen Ereignissen, den Aktivitäten, der Beschäftigung und Erholung, dem künstlerischen Ausdruck, den Informationen und dem Wissen, der Innovation und Experimentierfreudigkeit, diesem Gefühl der Spiritualität, den Ideologien. Doch diese Liste ist nicht abgeschlossen. Die Angebote werden aggregiert, zerfallen, drehen sich, erscheinen und verschwinden in einer echten Brownsche Bewegung und dies je mehr sie sich entmaterialisieren.

Sollen wir erwarten, dass die zu vielen Angebote das Angebot tötet? In jedem Fall wirft dieser konstante städtische und chaotische Fluss zwei Fragen auf: nach der Zugänglichkeit und der Regulierung. Es werden Momente der Frustration für diejenigen evoziert, die in das konsumistische Verhältnis zur Stadt eingeschrieben sind, dies aber nicht praktizieren können. Für sie ist die Erreichbarkeit der städtischen Versorgung begrenzt oder reduziert.

REGULATION UND UNSICHERHEIT

Wir können beobachten, unter welchen Bedingungen die Frage nach der städtischen Ordnung gestellt werden kann (Bourdin, 2009). Die Métapolis definiert sich als permanentes dynamisches Ungleichgewicht. Die Regulierung bewirkt, dass sich die Balance dynamisch stabilisiert, wodurch wiederum neue Ungleichgewichte entstehen. Das geschieht durch verschiedene Instrumente, Initiativen und Interaktionen zwischen den Akteuren und durch Spielregeln, die die Förderung und Umsetzung von Projekten ermöglichen sollen. Ein Großteil dieses Ansatzes besteht darin, gegen alle schädlichen oder entropischen Effekte der Aktion zu kämpfen: kontraproduktive Effekte, die Konstitution von Teufelskreisläufen, Sperrungen, Innovationen, inflationäre Erscheinungen, die Schaffung von Monopolen oder Isolaten. Zur gleichen Zeit wird die städtische Ordnung aufrechterhalten, um die Richtung der Impulse hinsichtlich von politischen Zielen oder Strategien zu beeinflussen. Die staatliche oder kommunale Macht kann kein Cluster erfinden (außer, eine mehr oder weniger leere Hülle dafür bereitzustellen), aber wenn es Akteure und wirtschaftliche Initiativen tun, können diese sehr helfen, um deren Existenz zu sichern. Sie können ebenfalls Zielstellungen bezüglich der Zugänglichkeit des Angebots, der Organisation des täglichen Lebens oder der Lebensqualität fördern. Diese Arbeit der Regulation gilt auch für die Entwicklung des Raums und des Territoriums. Auch hier stellt es keine staatliche Aufgabe dar, sich diese vorzustellen und eine Ordnung herzustellen, sondern vielmehr sollen Aktionen reguliert werden. Dies ist aber ebenfalls eine Überforderung des Staates, da eine Vielzahl von Akteuren und eine Vielzahl von Dimensionen betroffen sind.

Die Unterstützung für Kontrollinstanzen erweist sich daher als äußerst instabil. Wenn die Stadt zur Métapolis wird, verbleibt davon nichts mehr für die Gesellschaft und der etablierten lokalen Wirtschaft (was nicht bedeutet, dass es keine Gesellschaft und keine Wirtschaft gibt). Für die Organisation des städtischen Raumes selbst ist ein Rahmen für Maßnahmen nicht mehr nötig, um die ältesten städtischen Teile des Ganzen auszulöschen. Unter diesen Bedingungen verschwinden Referenzen, die regulierendes Handeln legitimieren und konstituieren. Eine Macht, selbst wenn sie sich nur regelnd versteht, muss sich als „Governance" aufstellen, womit Regulierungen durch die Mobilisierung einer Vielzahl von Akteuren, die zusammen ein Kapital von Legitimität bilden, organisiert werden können und ausreichende Kapazität entsteht, um diese Regulierungen durchzusetzen. Der Erfolg solcher Dispositive ist sicherlich nicht von der Größe oder der bürokratischen Organisationsform, die sie erzeugen, abhängig. Bei all dem bleibt die Frage nach der politischen Führung interessant, da die Wirksamkeit und Robustheit davon abhängen können.

Abzumessen ist das Gewicht der Unsicherheit: die städtischen Angebote stellen ständige Konstitutionen der sozialen und wirtschaftlichen Dynamik dar, die sich als Ergebnis einer Vielzahl von Faktoren ergibt und sich wieder auflöst. Dabei handelt es sich um die verschiedenen Handlungen selbst und davon zuallererst jene, die das System versuchen zu regulieren. Es wäre sinnlos zu versuchen, diese Unsicherheit zu steuern wie das Generationen von Ingenieuren und Management-Profis versucht haben. Man muss vielmehr lernen, spielen, bedienen.

DIE MÉTAPOLIS IN DER KRISE

Die Inflation der Worte, die für die Beschreibungen der Stadtentwicklung produziert werden, bezeugt, dass es ein Unbehagen oder große Schwierigkeiten gibt, angemessen zu identifizieren, was man eigentlich sagen will. In einem gewissen Wortschatz integriert zu sein, bedeutet nicht unbedingt, dass dieser helfen kann, eine wirkliche Veränderung der Perspektive zu betreiben. Die Initiative Aschers war in erster Linie durch einen heuristischen Ehrgeiz motiviert worden und bleibt von wesentlichem Interesse. In Einklang mit Simmel oder einer Analyse der Globalisierung von Städten sind einige Beobachter versucht, die Metropole als im Umbruch zu denken. Andere Autoren betreiben ihre Studien über die Prozesse der Metropolisierung, während sie einen sehr traditionellen Blick auf die Stadt beibehalten. Trotz der Bedeutung und Neuartigkeit der Veränderungen durch die untersuchten Prozesse, werden diese grundsätzlich weiterhin als metropolitan eingeschätzt. An letztere wendet sich die Denkfigur der Métapolis, weil es keine Beweise für eine solche Annahme gibt. In ihrer Radikalität zeigt die Figur der Métapolis, durch ein Abzirkeln ihrer Grenzen, welche Fragen im Zusammenhang mit der Transformation der Metropole heute bedeutsam sind.

Die zu beobachtende Realität der Métapolis wird durch die Vielfalt der Kontexte bestimmt. Die Métapolis existiert in einer südchinesischen

Version als Fabrik der Welt, in einer anderen Version in Bangalore Chainai, in São Paulo und Mexiko, in Kalifornien, in den Städten am Rhein und der Randstad, in den großen klassischen Hauptstädten wie London, New York, Tokio und Paris, Lagos oder Johannesburg (vgl. Bourdin, 2010b). Aber dieses Modell verlangsamt sich. Seine Herausforderungen sind der Ausgangspunkt für die sozialen Bewegungen in der Türkei und Brasilien (vor allem Rio mit den starken Protesten gegen eine Politik der großen Ereignisse). Die metropolitane Macht bestätigt sich mehr als je zuvor bei der Bearbeitung von Herausforderungen wie der Energiewende oder der Wirtschaftskrise in ihrer strukturellen Dimension oder den sich ändernden sozialer Praktiken – vielleicht mehr in den Städten in den Schwellenländern als in jenen, die eine lange Periode des Reichtums mit der breiten Palette von Möglichkeiten erleben durften. Die immensen Möglichkeiten, die sich durch die Entwicklung der Informations- und Kommunikationstechnologien ergeben, machen die Metropole allerdings zu einem Auslaufmodell und zwingen sie, sich neue Fragen zu stellen. An dieser Stelle beweist sich der Nutzen des „reinen" Konzepts der Métapolis als heuristisches Modell.

Die Métapolis erscheint zunächst als eine Ansammlung von Orten oder der Ortsatmosphären – vollständig voneinander getrennt können sie unabhängig voneinander funktionieren. Zwischen ihnen entwickelt sich eine Art von Bindegewebe als Tunnel-Effekt, fuzzy Raum oder Ort, der nur für ein paar Leute (das Haus für Familienmitglieder) existiert. Einzelpersonen können ein eigenes Netz (das wird wahrscheinlich ähnlich ihrer sozialen Netzwerke in der Nähe gestaltet sein) organisieren, aber dies kann zu einem vollständigen Ungleichgewicht zwischen städtischen Angeboten und den Dysfunktionalitäten führen. Dies wirft die Frage nach der Regulierung der Ortsproduktion und ihrer Organisation in den Netzwerken auf.

Die Métapolis konzentriert die Phänomene der Allgegenwart und der generalisierten Mobilität. Wenn man sich außerdem körperlich in jeder Hinsicht (und vor allem in den Flüssen der materiellen Objekte) bewegt, wird dies zugleich in jeder Weise kommuniziert: Die allgemeine Mobilität kann sich virtualisieren und mit der Allgegenwart verwechselt werden. Das Ergebnis sind Staus, die sicherlich nichts Neues in der Stadt, aber zunehmend unberechenbar und schwer vorherzusagen sind. Die Gefahr der Thrombose lauert in der Métapolis, ohne dass es in dieser jemals sichere Orte geben wird, wo sie nicht auftreten kann.

Die Métapolis, Gesellschaft von Individuen, wo es verschiedene Möglichkeiten für die Gesellschaft (Treffen, Vernetzung, Beteiligung an zahlreichen spezialisierten Bereichen, alle Arten von elektiven Geräten), die dem Charakter des „Hypertext" folgen, gibt, ist voll von sozialer Dynamik, aber sie passt nicht in eine soziale Ordnung und viele Menschen werden am Straßenrand zurückgelassen. Manchmal folgen aus diesen Dynamiken reale Kriegen und diejenigen, die durch sie ausgeschlossen werden, erleben eine weitgehende soziale Deprivation. Die Métapolis bildet ein System der Angebote in der Expansion und in dauerhafter Veränderung an allen Fronten. Es ist notwendig, dass die Angebote zugänglich und verständlich sind und sie auch nicht in Prozesse mit unlösbaren Widersprüchen münden.

Kurz gefasst, es ist genug, um zu zeigen, wie Lagos oder die meisten unkontrollierten Gebieten im Stadtgebiet von São Paulo ein mögliches Schicksal der Métapolis vorleben: die weit verbreitete städtische Anomie und das schlechte Leben, das sie verursachen kann. Man kann sich jederzeit vorstellen, dass der Markt, auf dem sich das wirtschaftliche Wachstum vollzieht, Kontrolle benötigt, aber niemand glaubt wirklich daran, dass es diese geben wird. Allenfalls wird der wohlhabendste Teil der Bevölkerung sich aus diesem Spiel seinen Anteil herausziehen, wie dies bereits die Hubschrauber auf den Hochhausdächern in São Paulo verbildlichen.

In einem positiveren Szenario fällt eine métapolitane Regulierung mit der Logik der „smart city" zusammen, die sich in hohem Maße auf Informationstechnologien, Kommunikation und die kognitiven Fähigkeiten von einer Mehrheit der Bevölkerung stützt. Die Métapolis würde so zur Metropole der Smartphones und von GPS, wo Bottom-up-Initiativen Top-down-Strategien begegnen, um leistungsstarke Regelungen aufzubauen. Dies impliziert, dass es erhebliche Ressourcen (finanzielle, technologische) und eine entsprechende Anzahl von Bürgern, gut ausgebildet und motiviert für kollektives Handeln, gibt. Diese Vision wird eher genährt durch modernistische Konzeptionen der nachhaltigen Stadt.

Aber man muss in Erwägung ziehen, dass dies wahrscheinlich eher in den sehr privilegierten Kontexten in Europa oder Nordamerika denkbar ist: schöne zweistellige Wachstumsraten mit spektakulärer Entwicklung von High-Technologie sind nicht genug um sicherzustellen, dass wir eine solche positive Vision auch realisieren können. Sicherlich nicht, wenn wir uns die Métapolis wie Jeremy Rifkin vorstellen: Jedes Haus wird dank neuer Technologien (erneuerbare Energien, die mit dem Computer verbunden sind) zu ein Lieferant und Verbraucher der eigenen Energie, die materielle und immaterielle Consumer-Kommunikation entwickelt sich weiter und die Austauschbeziehungen und die Solidartitäts-Homepages sollen die Basis der sozialen Funktionsfähigkeit bilden.

In diesem Fall verliert die Métapolis praktisch jeden städtischen Charakter. Es gibt a priori keinen Grund, um dieses Szenario zu disqualifizieren, aber es nutzt nur einen (kleinen) Teil des Potentials. So ermöglicht es die Figur des Métapolis, die Risiken für die Entwicklung und Transformation von Städten zu beurteilen. In jedem Fall haben die positiven Szenarien eine Chance, erfolgreich zu sein. Dafür muss es Kategorien für Änderungen und neue Regelungen geben, so dass sie weder zu einem Produkt einer extremen Minderheit, noch blutig oder passiv wird.

Es müssen auch mit den verschiedenen Akteuren zusammen starke gemeinsame Referenzen hergestellt werden. Das Modell der städtischen Raumproduktion hat mit großen städtischen Projekten diese prozeßhaft versucht zu finden, aber ihre Umsetzung hat das Anliegen nicht realisieren können und wir müssen etwas anderes erfinden. Letztlich dreht sich die Frage um die Regulation der Zusammenhänge, die sich weder aus der Stadt, noch den territorialen Raumstrukturen oder den in einer sozialen Ordnung verankerten Gesellschaften ergeben. Dies alles wird nicht durch die endlosen Debatten über „Governance" aufgegriffen. Angesichts dessen, wenn die Métapolis vielleicht nicht existieren sollte, kann sie uns zumindest helfen, ein Aktionsprogramm für das städtische Zusammenleben der Zukunft zu denken.

Besuche in Omnitopia

Omnitopia ist der Raum, in dem die sich ausdifferenzierende Ortsproduktion der Moderne aufgehoben und zugleich beendet zu sein scheint. Es ist der vielfältige Raum, der sich als ein zusammenhängender Raum ohne spezielle Örtlichkeit oder Ortsspezifizität ergibt. Der französische Ethnologe Marc Augé (1994) hatte diese Räume vermutlich im Sinn, als er von „Nicht-Orten" sprach. In seiner Ethnologie ging es dabei weniger um eine Essentialisierung oder Kategorisierung von Orten, sondern um ein vertieftes Verständnis von Prozessen einer sich neu dynamisierenden Moderne. Augé hat in diesem Sinne ein Gespür dafür entwickelt, dass sich eine neue Geographie der Einsamkeit abzeichnet, die sich auch baulich kennzeichnen lässt. Orte sind jedoch nicht einsam, das können nach wie vor nur Menschen sein. Aber es scheint sich eine neue Räumlichkeit zu ergeben, die eine Verbundenheit der Anwesenden mit dem Ort auf das Minimalste zu reduzieren scheint und die durch das Fehlen von spezifischen lokalen Ortsreferenzen den Eindruck verstärkt, dass man hier vollkommen allein ist.

Diese neue Geographie der fortgeschrittenen Moderne radikalisiert die inhärente Logik der permanenten Konstruktion und Rekonstruktion von Orten in einer Weise, in der die Ortsproduktion externalisiert wird. Die (Re-)Konstruktion des Lokalen wird von dem Individuum zunehmend abgekoppelt und dieses so zumindest von der Aneignung des Lokalen entlastet. Dies geschieht durch die Etablierung eines globalen Raum-Code, der eine Orientierungsfunktion einnimmt, die angesichts der verschnellten Mobilität des Einzelnen notwendig geworden ist und die ihrerseits erst die Beschleunigung der Ortsüberwindung ermöglicht. Die Beschleunigung, wie sie Hartmut Rosa (2005) als kennzeichnend für die späte Moderne beschreibt, bewirkt eine tiefgreifende Veränderung der Zeitstrukturen. Dieser Prozess kann allerdings nicht losgelöst von den vorhandenen räumlichen Strukturen gedacht werden, wozu vor allem die nationale Territorialität gehört (Scheuermann, 2003). Diese steht mit den sich ausbreitenden neuen Räumen der Spätmoderne durchaus im Konflikt oder aber wird von diesen ergänzt und partiell erweitert. Die beschleunigte Entfernungsüberwindung stellt eine radikale Kritik an den bestehenden Ortskonstruktionen dar, da die Logik nationaler und lokaler Ortsdynamiken außer Kraft gesetzt werden soll. Die beschleunigten Räume haben ein Set von aufeinander bezogenen Prozesse der Abkoppelung davon entwickelt und diese in einen globalen Raum-Code der Architektur und des Städtebaus übersetzt, der die Vorherrschaft des ent-lokalisierten globalen Raums zugleich repräsentieren und herstellen soll. Dies gelingt aber nach wie vor nur zum Teil und die sozialpsychologische, mehr als die nationalstaatliche oder lokalistische Dimension dieses Prozesses verhindert eine vollkommene Ausdifferenzierung zwischen dem „Globalen“ und dem „Lokalen“.

Das Ausmaß dieser omnitopischen Ortsproduktion hat inzwischen in einer Weise zugenommen, das nur durch eine weitverbreitete mentale Verankerung dieser entkoppelten Örtlichkeiten in der allgemeinen Wahrnehmungswelt der Moderne zu erklären ist. Es sind deshalb weniger die „einsamen Orte“ wie die Autobahnen, Flughäfen, Hotels, Shopping Center oder andere Ikonographien von Omnitopia, die eine solche neue Räumlichkeit ausmachen. Vielmehr sind die Ortsschemata bedeutsam, die sich durch den globalen Raum-Code an konkrete Lokalitäten anschließen lassen bzw. nach denen einzelne Städte hinsichtlich ihrer Anschlussfähigkeit ausgesucht werden und dafür von den Stadtplanern und Architekten, von den ansässigen Unternehmen und Bewohner in der Weise umgebaut werden. Die gebaute Umwelt wird als eine Form der Örtlichkeit konstruiert, die sich durch die globale Medialisierung dieses Prozesses von der bis dato lokalen Ortskonstruktion erheblich unterscheidet. Diese Form der Ortskonstruktion, die keine sein will und sich semiotisch als eine omnipräsente und ortslose, zugleich auf bestimmte Baustile und räumliche Arrangements beschränkt, kennzeichnet sich durch eine Raumproduktion aus, die im erheblichen Maße anonymisiert und durch nicht-lokalisierte Agenturen dieses Prozesses organisiert ist. Die Nicht-Repräsentanz der tatsächlichen „Mächte“ dieser Ortskonstruktionen erhöht wiederum den Entkoppelungseffekt. Dies hat wiederum zu einer Branding-Architektur und einer re-lokalisierenden Identitätspolitik der Städte und Kommunen geführt, die aber nichts an dem Faktum ändern kann, dass die Not für eine solche Wiederaneignungspolitik nicht aufgehoben werden kann, weil die Logik der entkoppelten Ortsproduktion nicht ausgeschaltet wird. Breitet sich diese Form der Ortlosigkeit aus? Allem Anschein nach ist dies der Fall.

Wenn diese Beobachtung richtig ist, dann erscheint es umso dringlicher geboten, die Quintessenz des neuen gesellschaftlichen Raums zu verstehen, der eine solche entkontextualisierte und entwurzelte Ortslogik hervorbringt. In vielen kulturkritischen Diskussionen, die oftmals zu diesem Thema geführt werden, geht es zumeist um die „Auswirkungen der Globalisierung" oder den „Folgen der neuen Medien". Damit wird unterschwellig ein konservativer Topos bedient, nachdem alles nur schlimmer wird und das Eigene verloren geht. Dies hat akademisch und auch in der öffentlichen Debatte zu einem kritischen Diskurs über die Homogenisierung der Kultur und der McDonalisierung der Gesellschaft oder Disneyfizierung der Stadt geführt. Ohne diese Sorgen nicht ernst nehmen zu wollen, muss doch darauf hingewiesen werden, dass diese Diskurse kaum in der Lage sind zu erklären, wie denn die interferierenden Formen der Medialisierung und Globalisierung tatsächlich ablaufen und wie sie wirklich mit dem Lokalen interagieren. Die grundlegende Frage ist dabei eine Räumliche. Jeder gesellschaftlich-geschichtliche Raum funktioniert über die Neu-Definition von Grenzen. Die von Soziologen immer wieder thematisieren Raumkonflikte beinhalten im Kern die Konkurrenz unterschiedlicher Vorstellungen darüber, wer in einem gesellschaftlichen Raum welche Position einnimmt und dementsprechend auch innerhalb oder außerhalb bestimmter Felder im Raum Zugang zu Macht, Wissen, Kapital und den zu verteilenden Gütern hat.

DIE NEUEN GRENZEN

Die Grenze zwischen Innen und Außen scheint sich in der heutigen Moderne einerseits verlegt zu haben und andererseits haben sich die Grenzziehungen weiter in den Innenraum eingeschrieben. Dadurch lässt sich ein ambivalentes Grenzregime der omnitopischen Räume erkennen, die sich oftmals als physisch konturlos darstellen und über die bauliche Repräsentation nicht zu erschließen ist. Vereinfacht gesagt hat es in der modernen Stadt Grenzziehungen gegeben, die auch bestimmte räumliche Grenzen markierten. Die

Grenze als Ort und der Raum der Grenze sind in der heutigen Gesellschaft zunehmend voneinander getrennt. Dies bedeutet, dass die Grenzziehungen nicht mehr verortbar sind, sondern in den Innenraum der individuell-subjektiven Wahrnehmung und Imagination verlegt werden. In der modernen Stadt wurde das Individuum räumlich so sozialisiert, dass es die Grenzen seiner Nachbarschaft und seines Handlungsraums an einzelnen Orten ablesen konnte. Es fand eine Art von sozialem Lernen der „Mental Maps" statt, die sich auch kartographisch, städtebaulich und architektonisch als miteinander verschränkte Zeichenwelten entziffern ließen. Eine solche Sozialisation findet im Kindesalter nicht mehr statt. Das Insel-Hüpfen zwischen den getrennten Lebenswelten von Schule, Zuhause, Freizeit- und Arbeitsräumen schafft eine automobile und virtuelle Örtlichkeit, die von früh an die Frage nach den Grenzen dieser Bubble-Geographie zu einer permanenten Verunsicherung werden lässt. Gelernt werden muss jetzt, was in diesen Innenraum gehört und was nicht. Eine ganze Fantasie-Industrie liefert hierzu Vorlagen, in denen die Normativität des Innenraums vorherrschend wird, da es hierzu keine Alternative mehr gibt. Normal ist, was innen ist. Wenn es eine Aneignung von neuen Orten in diese Innenwelt geben soll, dann nur wenn dort die gleichen Normen und Werte herrschen, wie in den schon bekannten Innenräumen von Kita, Grundschule, Sporthalle, Einkaufszentrum, Autositz und Ferienparadies. Die moderne Stadt beschrieb Robert Park (Park und Burgess, 1968) anhand der Arbeiten der Chicago School in den 1920er Jahren einst als durch den Prozess der Segregation charakterisiert. Im Ergebnis lief dies darauf hinaus, dass sich voneinander abgegrenzte Lebenswelten entwickelten, deren Nebeneinander aber die Urbanität ausmachte, die die Stadt als Ganzes zu innovieren half:

> „The processes of segregation establish moral distances which make the city a mosaic of little worlds which touch but do not interpenetrate. This makes it possible for individuals to pass quickly and easily from one moral milieu to another, and encourages the fascinating but dangerous experiment of living at the same time in several different contiguous, but otherwise widely separated, worlds. It tends to complicate social relationships and to produce new and divergent individual types." (40/41)

Park geht es hierbei nicht in erster Linie um die sozialen Benachteiligungen, die sich durch die Segregation der Stadt ergeben. Er verweist vielmehr auf die „moral milieus", in denen unterschiedliche Vorstellungen herrschten, die sich in unterschiedliche Auffassungen über das Zusammenleben durch die Entwicklung von Normen und Wertesysteme etablierten, aber auch dem Wandel unterlagen. Dieser geschieht durch das individuelle Erleben anderer Vorstellungswelten über das Leben, die sich bei einem Spaziergang durch die jeweils anderen „moral milieus“, durch Gefühle der Faszination oder auch Bedrohung, die von diesen ausgeht, einstellen. Die Stadt entwickelt sich nur weiter, wenn sich diese Form der Begegnung mit dem Fremden auch individuell verstätigt. Dazu bedarf es des Marginal Man, der mit einem Bein in seinem Herkunftsmilieu steht und mit dem anderen in der sich amalgierenden Stadtgesellschaft, in der die unterschiedlichen Normen ausgehandelt werden. Dieser Typus des Stadtbewohners ist hochgradig gefährdet durch seine Ambivalenz und der Orientierungslosigkeit, die sich durch sein Zwitterwesen ergibt. Ohne ihn jedoch wird die Segregation zu einer stetigen, eingefrorenen Situation und zu einem Gefängnis, da es keine Weiterentwicklung gibt.

Verglichen mit Parks Chicago vor nunmehr achtzig Jahren fallen die Unterschiede zu den omnitopischen Räumen sofort auf: Das Indivduum wird von der „Last“ und der „Bedrohung“ durch das Erleben anderer Normvorstellungen befreit. Diese Entlastung wird aber zu einem hohen Preis erkauft, denn der Bewohner von Omnitopia hat auf die Normen der ortlosen Räume keinen Einfluss mehr. In „seiner“ Nachbarschaft sorgte die Grenze und die Übersichtlichkeit erst dafür, dass Aushandlungsprozesse mit einer begrenzten Anzahl von Akteuren kommunizierbar und dadurch umsetzbar (räumlich repräsentierbar) waren. Die Entgrenzung der Kommunikation durch die globale Medien- und Informationswelt des 21. Jahrhunderts macht den Kreis der Kommunikationsteilnehmer potentiell unendlich und unüberschaubar, so wie die Kommunikationsabläufe unvorhersehbar. Dies gilt jedoch nicht in den ubiquitären Räumen, die sich als routinierte Handlungs- und Kommunikationsräume ausbilden und die sich noch wenig situativ oder individuell gestalten lassen. Die schwindenden Gestaltungsmöglichkeiten liegen sowohl in deren ästhetisch-formalen Rigidität als auch in der auf Effizienz und weitere Verschnellung ausgerichteten Nutzungs- und Funktionslogik begründet.

Wer Omnitopia besuchen möchte, dem wird auffallen, dass dies Orte sind, die in der Nachkriegsmoderne wenig Aufmerksamkeit gefunden hätten. Es sind dies Orte, die vor allem dadurch auffallen, das hier eins zu fehlen scheint: Arbeit. Zumindest Arbeit im klassischen Sinne. Nach wie vor verstehen wir die Stadt als dem Zweck der Arbeit und der Produktion untergeordnete räumliche Organisationsebene. Eine solche Stadt ist in der Planung darauf ausgerichtet, dass sie die Bedürfnisse ihrer Bevölkerung nach Einkommen und Erwerbstätigkeit in der Form gerecht zu werden versucht, dass (große) Unternehmen den für sie notwendigen Raum bekommen, an die Verkehrslinien und mit der sonstigen Infrastruktur angebunden werden. Das Werkstor versinnbildlicht diese Form der Grenzziehung in der Stadt der Arbeit. Die sonstigen Lebensbereiche der Stadt wurden ausgeschlossen und in ihrer sozialräumlichen Anordnung untergeordnet.

Nach wie vor ist diese Form der städtischen Raumhierarchisierung vielerorts anwesend und geltungsmächtig. Die vor allem in den westlichen Gesellschaften seit den 1970iger Jahren nachzuvollziehende De- und Post-Industrialisierung hat diese klaren Grenzziehungen verbannt und Arbeit wurde zu einer teilweise unsichtbaren Handlung oder zu einer inszenierten Tätigkeit. Die Unsichtbarkeit des Arbeitens in der post-industriellen Stadt besteht in der Psychologisierung der Interaktionen im Konsum- und Freizeitbereich. Die Qualitäten der zu verkaufenden Güter, Waren und Dienstleistungen hängt von einer Neudefinition des Ortes des Konsums ab. Die neue Psychologie der Konsumstadt besteht darin, dass sie mit Anerkennungsbedürfnissen verknüpft wird, die eine Verinnerlichung der Ware oder Dienstleistung ermöglichen. Die Abwägung über Kauf oder Nicht-Kauf findet nicht in der Interaktion mit dem Anbieter statt, sondern im psychologisierten Vorraum, der eine Wiedererkennung der eigenen Befindlichkeit leisten muss. Solche Orte erlauben quasi schon emotional den Eintritt in die Welt des „schönen Scheins“. Es ist das Entrée für die Imagination eines inneren Ortes des Konsums. In dieser Weise unterscheidet sich der Supermarkt der modernen Stadt erheblich von den Shopping Center oder Malls heute. Viele Beobachter haben die neuen Konsumtempel wegen ihrer inselhaften Abschottung gegenüber die sie umgebende Ortschaften kritisiert und dies als harsche Grenze bezeichnet. Diese Kritik ist zwar berechtigt, sie verfehlt allerdings zugleich den wichtigeren Aspekt der Grenzverschiebung, die innerhalb der Shopping Malls stattfindet. Die neue Grenze des Konsumierens ist doppelt angelegt: Einerseits verlegt sie die Grenze des Teilnehmens und Betretens der Konsumfantasie weit über die bauliche Grenze des einzelnen Geschäfts hinaus und wird sie durch entsprechende Aufmerksamkeitsikonographie aus größter Entfernung angekündigt. Andererseits verlegt sie die Grenze weit nach innen. Das ist offensichtlich mit

Bezug auf das Betreten der Malls, in der die Verankerung des Konsumbedürfnis in ein allumfassendes Angebot von Sorgenfreiheit vom ersten Schritt an mental und körperlich produziert wird und dem man sich kaum erwehren kann. Vom geregelten Luftzug bis zur Kinderbetreuung wird eine Wohlfühlatmosphäre geschaffen, die sich unverfänglich gibt, aber auch als Norm vorgegeben wird.

Historisch hat sich dieser Wandel bereits von Beginn der Moderne an entwickelt und wurde die Aufspaltung von Innen- und Außenraum grundsätzlich in Frage gestellt. Die Ästhetisierung des Innenraums als gezähmte, idealisierte und romantisierte Reproduktion des Außenraums ist das kontemplatives Grundsujet der bürgerlichen Wohnkultur von Anfang an gewesen, die sich mit dem Willen zu einer aktiven und unternehmerischen Aneignung, Kontrolle und Eroberung des „Außen“ verbindet. Die Idee des Wohnens als Refugium geht zwar über den kapitalistischen Impetus hinaus, ohne sie wäre aber eine Rollenbalance zwischen den verschiedenen Herausforderungen der bürgerlichen Existenz nicht auszuhalten. Die Konstruktion öffentlicher Räume und der Arkaden kompensiert, insbesondere im Paris des 19. Jahrhunderts, eine solche fehlende Innenwelt.

Die sich entwickelnde Flaneur-Kultur ist ein viel beschriebenes Phänomen aus jener Zeit, in der die persönlichen Begierden – und hier vor allem eben auch die männlich-erotischen – eine legitime Handlungsprogrammatik zu werden schienen, die sich über den oftmals zu engen Innenraum der Wohnung hinaus entwickelte. Auf diese Weise entstand ein neuer Bedarf an Innenraum, der nicht von den Notwendigkeiten eines verhandlungsoffenen Marktes charakterisiert wird, sondern der von der subjektiven Wahl des Herumwandelnden abhängt. Dass es diese Wahlmöglichkeit in der absoluten Form nicht geben kann, darüber besteht kein Zweifel. Die Verhängung der Pariser Arkaden mit Laternen und die Enge der überdachten Einkaufsgassen, ihre Nähe zu den Etablissements der Unterhaltung und Gastronomie kreieren als Ensemble eine Psychologie der Anerkennung innerer Bedürfnislagen, ohne dass diese explizit werden müssen. War diese Form des Cocooning noch zunächst exzeptionell und eher elitär in den europäischen Kapitalen des 19. Jahrhunderts anzutreffen, so macht die Mall diese Innenräumlichkeit zu einem demokratischen Gut des 21. Jahrhunderts, das teilweise sogar moralisch als Recht eingefordert wird. Das Versprechen auf Teilhabe an diesen Innenraum bewirkt wesentlich mehr Bindungskraft als dies bisherige ideologische, religiöse oder sonstige gesellschaftliche Soziabilitätsformen erreichen konnten.

DIE VERINNERLICHUNG DES URBANEN

Der entscheidende Faktor, der die Entwicklung der heutigen ubiquitären Ortslandschaft vorangetrieben hat, war die Mobilisierung der Innenräume. Das Aufsuchen der Arkaden war begleitet von einer reflektierten Haltung, in der es zu einem die „Phantasmagorie" (Benjamin) des Kapitalismus entlarvenden Heldentum kommen konnte. Von der Subjektivierung der Kommunikation mit der Imagination der gesellschaftlichen Warenproduktion blieb ein bis heute nachhallender Ethos der Rebellion über, der sich aber nicht mehr an einen konkreten Ort „stößt", sondern ihn mit Geschwindigkeit technisch und imaginär in Einem überwindet. Das Auto bedeutet daher die Entkoppelung des Innenraums der Arkade, die nach wie vor aufgesucht wird, deren Entrée aber schon auf den Reisebeginn vorverlegt wird. Die feierliche Ritualisierung des Autofahrens mit seiner für das 20. Jahrhundert kennzeichnenden Fetisch-, Kult- und damit auch Statussymbolik repräsentiert die gleichen sozialpsychologischen Zeichensettings wie die Arkade. Interstates und Autobahnen mobilisieren die ausstaffierte Innenwelt des Individuums und ermöglichen dadurch eine nahezu lückenlose Verbindung zwischen dem Zuhause, den Inseln der Freizeit und des Einkaufens, teilweise auch der Arbeitswelt, und den Verkehrswegen dazwischen. Der permanente Verbesserungsprozess der Qualität des Innenraums des Autos folgt der Logik immer stärkerer Abschottung von der Außenwelt zugunsten einer kontrollierten Bewegung und eines weiteren Reproduzierens der Wohn- und Shopping-Welt. Dies mag mit der noch relativ harmlosen Installation des Autoradios begonnen haben, das Ende der Wahrnehmungsreduktion ist hingegen nicht in Sicht. Diese Entwicklung hat nur teilweise, wie das Beispiel Autoradio zeigt, etwas mit der vermehrten Sicherheitstechnik zu tun. Das Cabrio mit dem Verschiebedach hingegen bringt perfekt den Kontrollwunsch über äußere Reize zum Ausdruck, mit dem die Außenwelt auf angenehme Naturempfindungen begrenzt werden kann. Die Architektur der Autobahnraststätten, wenn man sie denn überhaupt noch so nennen kann, lässt sich hingegen kaum noch von eigentlichen Shopping Center oder Malls unterscheiden. Wo wie in São Paulo die ringförmig um die Innenstadt gelegte Autobahn mit mehr als 40 Shopping Center bestückt ist, lässt sich gar nicht mehr sagen, was denn nun noch eine Raststätte oder was eine Einkaufsgelegenheit wäre. Tankstellen – in Deutschland insbesondere an Sonntagen – haben längst Versorgungs- und Sozialfunktionen übernommen, die nur wegen ihrer emotionalen Ähnlichkeit mit jenen Ortsangeboten funktionieren, die in der allgemeinen Vorstellung von Urbanität referentiell angelegt ist. Diese ortslose Urbanität wirkt wiederum auf die bestehenden Orte der modernen Stadt ein. Bäckereien können nur mit Tankstellen konkurrieren, wenn sie sich ähnlich urban gestalten lassen. Dazu gehören entsprechende Öffnungszeiten, Sitz- und Verzehrgelegenheiten, Zeitungen und ein relativ unpersönliches, möglichst junges Personal, das nicht zwischen Stammkunden und Durchgangsverkehr unterscheidet. Auf diese Weise breitet sich omnitopische Urbanität immer weiter in die Stadt aus und gestaltet sich diese peu à peu immer mehr nach deren Prinzipien oder die Stadt verliert den Anschluss an die sich weiter vernetzende Ortslosigkeit.

Die Geschichte des Flughafens demonstriert wahrscheinlich wie keine andere baulich-gesellschaftliche Räumlichkeit die Intensität und die Qualität von Omnitopia. Konnte zu Beginn der Passagier-Luftfahrt noch kein spezifischer Unterschied zu den Formen der Mobilität anderer Verkehrsmittel erkennbar werden, so ist heute die Anpassung aller anderen Mobilitätslogiken an die der Flugindustrie auffällig. Heutigen Jugendlichen und Kindern müssen die nach wie vor bestehenden sprachlichen Anleihen an die Schifffahrt erklärt werden und erschließen sich jene diesen kaum mehr. Das „Boarding" und die „Gates" haben kaum noch etwas mit der heutigen Seefahrt zu tun, die vollkommen aus unserem Bewusstsein verschwunden ist oder durch die neuen Kreuzfahrtschiffe inszeniert und exotisiert wird. Stattdessen werden insbesondere Bahnhöfe und Hochgeschwindigkeitszüge der Ästhetik des Flughafens angeglichen, die sich ihrerseits aber kaum noch von Shopping Malls unterscheiden. In der bisherigen Architekturdebatte wird dabei zumeist betont, dass vor allem der Frankfurter Flughafen einen Funktionswandel vollzogen und dass dieser nun städtische Funktionen übernommen habe, mithin selber als eine Art Stadt zu betrachten sei (vgl. Knippenberger, 2012). Diese Beobachtung ist aber einseitig, denn sie schließt als Vergleichsgegenstand eine irgendwie in Konkurrenz stehende und auf jeden Fall existierende Urbanität an einem anderen Ort in der Nähe aus. Flughäfen repräsentieren aber nicht diese Form urbanen Lebens. Es mag sehr wohl sein, dass – und dies ist nicht nur Rhetorik der Flughafenbetreiber – Flughäfen von Menschen in der Region aufgesucht werden, um dort ihre Freizeit zu verbringen oder vor allem einzukaufen. Sie sind für Reisende wie Ansässige zugleich zu zentralen Arbeits- und Lebensräume geworden. Sie bieten damit Möglichkeiten, die es ansonsten lokal eben gar nicht mehr andernorts gibt. Für Frankfurt bedeutet dies beispielsweise, dass es dort Arbeitsgelegenheiten gerade auch für Geringqualifizierte gibt, die vormals in der Industrie noch ein Auskommen hätten finden können, die aber in der Dienstleistungsmetropole Rhein-Main mit ihren vielen Angeboten für Hochqualifizierte wenig vorhanden sind.

Die Arbeitsangebote an solchen Flughäfen wie dem Frankfurter betreffen aber in der Regel gar nicht so sehr die eigentlichen Flughafenarbeiten sondern vielmehr jenen Sektor der Gastronomie und Freizeit- und Versorgungsindustrie, die auf die Innenstadt einen Anpassungsdruck – wie die Tankstellen auf die Bäckereien – entwickelt, der etwa zu der Umgestaltung der Frankfurter Zeil, immerhin eine der teuersten Einkaufsstraße Deutschlands, führte, die vor allem durch die Schaffung einer von Innenräumen inspirierten Architektur umgesetzt wurde. Die Anpassung der Innenstadt an die Architektur der Ortslosigkeit hat zwar mit der Funktionsveränderung des Flughafens zu tun, aber dies bedeutet nur, dass die Mobilität zur bestimmenden Imagination geworden ist. Die Mobilitätsfantasie beinhaltet, dass die Mobilität als solche die Fantasie und Sehnsucht nach einzelnen und besonderen Orten abgelöst hat. Die Shopping Mall wird weder am Flughafen noch in der Innenstadt als solche noch ersehnt, sie dient lediglich als Durchgangsstation und soll die Verlängerung der Vorstellung von der realen und imaginierten Reise ermöglichen. Flughäfen und die ICE-Bahnhöfe sind keine Orte des Ankommens und Abfahrens mehr, sie sind die Passagen des 21. Jahrhunderts, die sich über Autobahnen, Einkaufsstraßen, ICEs, U-Bahnstationen und gentrifizierte Wohngebiete als eine durchgängig real-irreale Architektur des Innenraums bis in die Wohnbereiche und Schlafzimmer jedes Einzelnen erstrecken und über deren emotionale Deutung uns die ortslosen Social media aufklären.

Der Prozess der Angleichung der lokalen Umgebung dieser Flughäfen, Raststätten und Bahnhöfe evoziert ein neues Raumkonstrukt, dass sich noch jeweils den kontextuellen Umständen entsprechend eingliedert und bestimmte Formen, Farben, Materialien, Ausmaße etc. integriert. Weniger als je zuvor lässt sich Architektur in dieser Weise noch typologisieren. Die Idee des Bauhaus etwa, eine Architektur nach standardisierten Formaten quasi in Serie zu produzieren, prägt noch immer das gängige Verständnis des modernem Städtebaus, der nach definierbaren Kategorien Orte produzieren soll. Mit der Revolte gegen die Stilhomogenität des singulären Gebäudes wurde durch die Postmoderne-Debatte zunächst die Stilvielfalt propagiert. Während sich die Aufregung über diese gelegt hat, ist es den Beobachtern aber weitgehend entgangen, wie es denn nach der Absage an Stilkongruenz realiter weitergegangen ist. Mit der Integration von medialen Aspekten wie etwa Pixel- Wänden und Screens und dann der Simulation von medialen Räumen und deren ikonische Nachempfindung in der Star-Architektur (von Bilbao bis zur Elbphilharmonie) schien sich die Krise des Stils zu erübrigen. In Wirklichkeit war die Stil-Postmoderne nur das Vorspiel zum Entstehen der Terminal-Architektur, die statt Aufenthalt Durchgang, statt Ort Raum, statt Stil Programme und statt Fassaden Innenräume produziert. Der Terminal ist nicht zufällig Synonym für die Vernetzung am Flughafen wie mit dem Internet. Mobilität und Kommunikation sind nicht mehr die Funktionen eines begrenzten Raums. Ihre Funktionalität vielmehr hat die der ortsgebundenen Architektur abgelöst.

Die Renaissance der Interaktion

Die medialisierte und mobile Ortskonstruktion erscheint nahezu als austauschbar, ziellos und atomisierend. Diese Sichtweise geht allerdings fehl. Keineswegs ist die Interaktion im Raum der neuen Urbanität bedeutungslos und per se sinnlos. Eine solche Perspektive ergibt sich nur, wenn die Sinnkonstruktion der modernen Stadt als absolut gesetzt wird. Der Prozess, der sich vielmehr in der ubiquitären Urbanität einstellt, begründet die Kontrolle und Reflexivität der bestehenden Sinnangebote unserer Gesellschaft. Durch die Aufgabe der Außenwelt, die sich zwangsläufig mit der krakenhaften Aneignung durch die Innenwelten von Omnitopia einstellt, ist die moderne Romantik, die in Abgrenzung und Entsagung des technisch-gesellschaftlichen Fortschritts entstand, weitgehend perspektivlos geworden. Die Suche nach der blauen Blume als Symbol für die Suche nach dem eigenen Selbst wird zu einer Odyssee durch die Suchmaschinen des Internets und den abgezirkelten Orten von Google map. Einst ließ Novalis seinen Heinrich von Ofterdingen vor dem Schlafengehen von Dingen träumen, die er nicht gesehen hat: „Der Jüngling lag unruhig auf seinem Lager, und gedachte des

Fremden und seiner Erzählungen. Nicht die Schätze sind es, die ein so unaussprechliches Verlangen in mir geweckt haben, sagte er zu sich selbst; fern ab liegt mir alle Habsucht: aber die blaue Blume sehn' ich mich zu erblicken." (1988, 27) Diese nichtgesehenen Dinge jenseits des eigenen Gesichtskreises aufzusuchen, von ihnen nur eine vage Vorstellung zu besitzen, das gehörte zur Erzählung vom Erwachsenwerden und von der langsamen Entdeckung der Welt, in der eine unverdorbene Natur erwartet werden konnte, die in aller Ursprünglichkeit in Besitz genommen werden kann. Die Suche nach dem Selbst mag ein Menschheitsthema sein, im Kontext der Moderne, der industrialisierten Naturbeziehungen und Urbanisierung hat diese Thematik eine andere Bedeutung bekommen, da sich die tradierten Bezüge nicht mehr als zukunftsweisend darstellen. Die Stilisierung des Lebens, so schon bei Max Weber diskutiert, ist nicht nur eine Freiheit sondern auch ein gesellschaftlicher Zwang. Einerseits können neue Sinnhorizonte angestrebt und durch das Reisen und Lesen die gegebenen Grenzen verlegt und überwunden werden, andererseits wird die Bedrohung durch Sinnlosigkeit existentiell. Die Suche nach dem Authentischen ist von daher für den Philosoph Charles Taylor (2002) der Kern unseres Unbehagens mit der Moderne. Die Antwort der Gesellschaft ist vielmals eine Rückkehr zur Gemeinschaft unter veränderten Vorzeichen. Mit der Grundidee vom „Wir" operieren gleichviel der politische Kommunitarismus wie der einflussreiche New Urbanism. Beiden Strömungen ist gemein, dass sie die Konstruktion von Gemeinschaften nur bis zu einem gewissen Grad verhandeln und über vertragliche Bindungen nur begrenzt öffnen wollen.

Die ortlose Stadt hingegen ist nicht auf Ankommen, Abschluss oder Begrenzung ausgerichtet. Ihre Urbanität ist eine virtuelle und vom Ansatz her nicht aus- sondern einschließend. Letzteres eher im Sinne eines kolonialistischen Projekts und mit einer alle möglichen Fantasien aufsaugenden Virtualität. New Urbanism und Kommunitarismus hingegen laden ihre Erzählung vom (guten) Ort und der (guten) Gemeinschaft normativ auf. In Omnitopia geht es vielmehr um Entlastung von der Frage der Beurteilung von Sinnangeboten. Auf Flughäfen stehen Gebetsräume aller Religionen nebeneinander, die sich in vielen Weltregionen ansonsten nicht auf eine solche physische Nähe einlassen würden. Hier sind sie gleichbedeutend – unbedeutend – für die Ortskonstruktion. Ausgerichtet auf Fortbewegung und Durchgängigkeit macht jede „Raumaneignung", in der es um eine dauerhafte Bestimmung durch eine partikulare Auffassung (über was auch immer) keinen Sinn. Passagiere Ortskonstruktionen funktionieren nur insoweit, wie diese auch individuell transportierbar sind.

Abbildung 3: Phasen der Stadtentwicklung nach Zukin (2010).

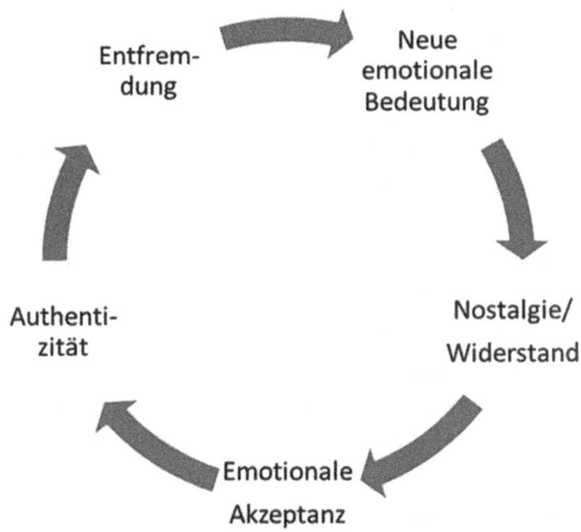

Städte hingegen lassen sich nicht konstant umbauen und transportieren. Das Besondere des Urbanen ist, dass sich die individuellen Bedürfnisse nach Sinngebung sich mit den Grenzen des Materiellen auseinanderzusetzen haben, selbst wenn gesellschaftliche Terminal-Räume als Prinzip für das Zusammenleben akzeptiert werden. Die sich zwangläufig ergebenden Überlappungen zwischen verbleibenden Sinnangeboten, die noch in Stein und Marmor vor denen stehen, die sich veränderte Sinnstrukturen für die Zukunft zurecht legen, sind nicht lediglich Konflikte zwischen Generationen oder den unterschiedlichen Interessensgruppen oder Lebensstilen. Die heutige Gentrification-Forschung entdeckt im zunehmenden Maße, dass die vorherrschenden ökonomischen und sozialen Erklärungen zu kurz greifen. Wenn Gentrification als ein, wie die Kritiker betonen, immer weiter umgreifendes Phänomen zu beobachten ist, dann stellt sich die Frage, in welcher Weise die Zustimmung und Akzeptanz der Neudefinition von Orten im Sinne der Veränderung der Atmosphäre und dem Konsensus darüber, was denn dieser Ort eigentlich sei und was ihn denn ausmache, zustande kommen. Es gilt natürlich zunächst festzustellen, dass es genügend Beispiele dafür gibt, dass diese Umdeutungsprozesse nicht reibungslos und auch nicht automatisch oder unumkehrbar sind. Wie Japonica Brown-Saracino (2009) durch ethnographische Studien in vier gentrifizierten Nachbarschaften in Chicago (Andersonville und Argyle) und in den New England-Städten Provincetown und Dresden aufzeigen konnte, geht es den Newcomern in den alten Nachbarschaften dabei nicht unbedingt um eine prinzipiell andere Bedeutung des Ortes. Vielmehr kann der Effekt der Ortskonstruktion auch in der Konservierung und somit der Verhinderung der Weiterentwicklung einer Nachbarschaft bestehen.

Für die New Yorker Stadtsoziologin Sharon Zukin, die seit drei Jahrzehnten die rasanten Veränderungen vor ihrer Haustür Tag für Tag beobachten kann, löst die authentische die moderne Stadt als grundlegendes Entwicklungsmuster der Stadtentwicklung ab. Schon in den achtziger Jahren deutete die Entwicklung neuer Wohnformen (lofts) auf eine veränderte Raumproduktion hin, die gesellschaftlich auf einen kulturellem Wandel und die ökonomische Restrukturierung der Stadt zurückgeführt werden muss. Jedoch sind mit einer solchen makrosoziologischen Theoretisierung der Stadtentwicklung New Yorks nicht die verbleibenden Unterschiede zwischen den einzelnen Stadtteilen erklärbar. Mit ihrem Buch „Naked City" (2010) geht Zukin in fünf unterschiedlichen Nachbarschaften ebendieser Frage nach und stößt überall auf eine gewisse Nostalgie, mit der ihr vom Wandel der Stadt berichtet wird. Kleinteilige Strukturen werden durch eine globale Versorgungsökonomie abgelöst. Viele charakteristische Orte und Gebäude sind verlorengegangen, Familienbetriebe haben Starbucks und anderen Ketten Platz gemacht. Beschrieben wird dies als Verlust der Seele der Stadt und auch Zukin empfindet dies ein bisschen so: „I do miss the look and feel of neighborhoods whose diversity was tangible in the smells and sounds of ethnic cooking, experimental art galleries and performance spaces, and faces and voices of men and women who came from everywhere to create the distinctive character of the streets." (xxi) Das wahre New York ist für Zukin wie für viele ihre Bewohner keine intellektuelle Abstraktion, keine Ressource der Distinktion oder eine notwendige Hintergrundkulisse für ihr Leben. Es ist eine durch und durch sinnliche Urbanität von der hier die Rede ist. Es geht um Gerüche, Geräusche, Geschmäcker und Begegnungen. Mit anderen Worten, der Wandel von New York vollzieht sich nicht nur vor ihren Augen, sondern er geht durch Mark und Bein. Empfindungen, Wahrnehmungen, Erlebnisse und Erfahrungen sind die Bestandteile des Gefühls, an einem Ort zu Hause zu sein und ihn in einer besonderen Weise eine eigene Bedeutung zu geben. Dies kann sehr unterschiedliche Formen annehmen, aber es scheint sich hierbei um ein universales Gesetz zu handeln, dass sich in Chinatown, in der Latino-Nachbarschaft, in dem alternativen Greenwich Village, den Sozialwohnungen von Bedford-Stuyvesant und andernorts eingestellt hatte.

Doch es zeichnet Zukins Analyse aus, dass sie auf die Historizität dieses Gefühls hinweist. Es ist Ergebnis und Ausgangspunkt für die permanente Auseinandersetzung mit dem Neuen. Die authentische Stadt ist deshalb nie abschließbar zu beschreiben „The city's authenticitiy is produced, interpreted, and deployed." (xii) Anhand ihrer Beispiele in New York identifiziert sie die unterschiedlichen Stadien dieses Prozesses, der aus einer alten eine neue Authentizität erwachsen lässt. Wenn man diese Perspektive auf das heutige New York und ihre Super-Gentrification anlegt, dann bedeutet das, dass die hybride, heterogene, noch relativ ortsgebundene Urbanität New Yorks eine Authentitzität ist, die durch eine ersetzt wird, in der sich nach Phasen des Widerstands, der Nostalgie und der Anpassung und Übernahme eines neuen Gefühls eine andere Vorstellung von der Stadt zum Ausdruck kommen wird, die schon heute von ihren Protagonisten als die „echte" und „wirkliche" erfahren, erträumt und gestaltet wird.

Die Authentizität von Omnitopia können wir in eben dieser Weise verstehen. Die Ortlosigkeit wird als natürlich, wahrhaftig, schön und wirklich erfahren, wie dies bis dato für jede andere Form der Raumproduktion galt. Entscheidend ist, dass das Entstehen von authentischen Orten immer als ein holistischer Prozess abläuft, der eine seelische Not nach Sinn und eine körperliche Erfahrung und Sinnlichkeit miteinander in Einklang bringt. Das Besondere der ortlosen Urbanität ist die mobilisierte, fragmentierte und auf Introspektion bezogene Subjektivierung gegenüber einer modernen Ortskonstruktion, die auf eine Definition („Aneignung") durch begrenzte Kommunikationsräume, die über Prozesse der intersubjektiven Aushandlung eigene Lebenswelten und Normverhandlungen ermöglichen, ausgerichtet ist. Omnitopia funktioniert nicht mehr durch Verhandlung, sondern durch die Materialität und Körperlichkeit, in die Ortskonstruktionen wie Grafitti, Tags und Tattoos eingeschrieben und eingeritzt werden. Es entsteht eine Sinnlichkeit, die sich mit dem Wandel der neuen Urbanität parallel zu einer neuen Betonung von menschlichen Körpern und deren Verformbarkeit entwickelt. Dies geht mit einer unhinterfragbaren Normierung der Vorstellung einher, dass Körper die Orte sind, die individuell zu gestalten sind und deren per se-Anerkennung ist nicht mehr das Thema. Die Arbeit am Körper hat die moderne Mode-Sehnsucht abgelöst. Nicht mehr der Wechsel unterschiedlicher Nerven-Kitzel sondern die selbstbestimmte Körperlichkeit in ihrer wahren Destination wird zum Ziel der authentischen Stadtbewohner.

Die neue Sinnlichkeit der ortlosen Stadt wird vor allem mit der Wiederentdeckung des Auditiven deutlich. Die Vorherrschaft des Visuellen in der Stadt der Moderne wurde zu dem Preis erreicht, dass die akustische Dimension des urbanen Zusammenlebens abgewertet und in seiner grundlegenden Bedeutung nahezu vollkommen unbewusst wurde. In der Architektur hat dies zu einem Vergessen der Kompetenz des Architekten geführt, den zu bauenden Raum sich als einen gehörten und einen Ort für das (Zu-)Hören vorstellen zu können. Antikes Wissen über Materialien, Formentwürfe und den für das gute Hören notwendige Entwickeln von betreffenden Raumanordnungen wird erst in den letzten Jahren wieder entdeckt. Einst, davon zeugen nach wie vor antike Bauten wie die Moschee von Isfahan und andere, war in der Architektur wie in der gesamten Gesellschaft das Ohr dem Auge gegenüber zumindest gleichberechtigt. Mit der Entwicklung der modernen Stadt und ihrer Industrialisierung veränderte sich dies radikal. Wie R. Murray Schafer (2010) in seiner „Kulturgeschichte des Hörens" eindrucksvoll darstellt, bedeutete dieser Wandel, dass die Stadtbewohner notwendigerweise zwischen Vordergrund- und Hintergrundgeräuschen lernen mussten zu unterscheiden. Sie lernten, dass für sie nur solche Geräusche wichtig waren, die sich gegen eine bestehende Geräuschkulisse abgrenzen ließen und der sie eine Bedeutung zumessen können. Das bedeutet, dass ferne Geräusche wie in der mittelalterlichen Stadt das Posthorn oder das Glockenläuten, die für die gesamte Stadt eine Bedeutung hatten, verschwunden waren. Die Stadt der Moderne besteht aus Soundscapes, die Anleitung geben können, um individuelle Geräusche in Bezug dazu zu setzen. Doch die Möglichkeiten der Imitation als Aneignung der urbanen Sound-Landschaften stellten sich als begrenzt dar und stattdessen entwickelte sich der allgemeine Geräuschpegel als Behinderung der individuellen Kommunikation und der akustischen Ortsproduktion. In der Folge wurden die Geräusche zu dem bedrohlichen Lärm, der heute in Städten wie Kairo für die Besucher aus Omnitopia schon antiquiert erscheint. Die Lärmkulisse der modernen Stadt bewirkte, dass für den Einzelnen bedeutungsvolle akustische Handlungen gegen diese installiert und vollzogen werden mussten. Dies betrifft sowohl die Musik als auch die intersubjektive Kommunikation. Wie Murray Schafer eindrucksvoll darlegt, ist die Stadt der Moderne eingeleitet worden, indem die Musik eine vorzugsweise auf Innenräume bezogene Kultur initiierte. Sie vollzog den Übergang von der Straßenmusik zum Orchesterhaus. Mit der zunächst elitären Hofmusik in den verbleibenden Residenzstädten wurde die Musik zu einer gesellschaftlich arrangierten Institution, die sich jenseits von der sie umgebenden Soundscapes der Maschinen, Fabriken, dem Verkehr und der Kakophonie des Alltags in der Weise herausbildete, wie sie mit der Etablierung der berühmten Opernhäuser dann zu einem urbanen Phänomen der Oberschicht wurde. In ähnlicher Weise wurden dann auf Innenräume bezogene Einrichtungen wie das Pariser Cabaret für die Masse der Stadtbewohner geschaffen. Die sprichwörtliche Hausmusik ist sicherlich der emblematische Beweis für den historischen Vorgang der Verlegung der Musik in kontrollierte und zum Schweigen gebrachte Orte, die Umgebungsgeräusche der industrialisierten Soundscapes auszuschalten versuchten. Interessanterweise hört damit aber der Einfluss der modernen Stadt auf die Musik nicht auf. Auch in der Gestaltung der Musik selbst lässt sich konstatieren, dass die klassische Musik ab dem 19. Jahrhundert verstärkt die Dualität von Hintergrund- und Vordergrundakustik als Kompositionsprinzip übernommen und dies durch Laut-Leise, Schnell-Langsam-Kontrastierungen in Symphonien oder Opern als Leitmotiv eingebaut hat.

Musik in der modernen Stadt entwickelte sich zu einem großen Teil als ortsabhängig. Die Entwicklung einzelner Stile kann auf das Bestehen bestimmter „Art Worlds" (Becker) zurückgeführt werden, an denen wie in New York (Bebop, Hip Hop), New Orleans (Jazz), Memphis (Rock n' Roll), London (Punk) oder Detroit (Motown, Techno) sich über eine gewisse Zeit Musiker, Publikum, Produzenten und andere Akteure auf Normen über den jeweiligen Stil einigen konnten oder sich zumindest daran orientierten und eventuell auch dagegen rebellierten. Diese Stilvorstellungen waren andernorts anschlußfähig, wurden aber nie so gespielt wie am „Ursprung", weshalb dann immer einschränkende Vokabeln wie „Deutscher Hiphop" etc. die Ortsspezifik kenntlich machen sollten und wieder weitere Wertungen nach sich zog. In der modernen Stadt war aber noch immer das Produzieren dem Konsumieren überlegen und von daher konnte die Musikproduktion als Charakteristikum für manche Städte bestimmend werden. Dies trifft nun auf die Stadt des Konsums und der globalen Flüsse nicht mehr zu, Musik ist heute ubiquitär in seiner Konsumption wie Produktion. Der Standort von Clubs, Produktionsstudios und den Wohnorten der Musik hat keine stilbildende Kraft mehr und die Zuordnung von bestimmten Innovationen zu einzelnen Städten gehört zur Marketingstrategie von Städten und ist Teil des emotionalen Identifikationsbedürfnis der Bewohner der ortlosen Stadt. Das Aufsuchen von „echten“ Blues Clubs in Chicago unterscheidet sich in dieser Hinsicht nicht von dem Revival der lokalen Festivals in Deutschland. Neu ist vor allem, dass der Lärm heute als Hintergrundkulisse der Stadt erheblich geringer geworden ist und die Stille der Stadt mit ihren Parks und Einkaufspassagen der weiteren Verinnerlichung erheblich Vorschub leistet. Die Rückkehr von Straßenmusikern, Konzerten wie der „Opera under the Stars“ und die bewusste Rückkehr zur alternativen und Indie-Musik in vielen Städten als Ausweiss für das kreative Potential einer Stadt („Keep Austin weired“), deuten an, dass die duale Konstruktion zwischen Soundscape und bedeutungsbezogener Geräuschhaftigkeit (Musik) zugunsten des Innenraums aufgehoben wird.

Die Musik wieder in die Außenräume zu tragen ist durch eine allmähliche Akzeptanz von technologischen Innovationen wie dem Autoradio, dem Ghetto Blaster und vor allem dem Walkman betrieben worden. Im Rückblick wird dabei erkenntlich, dass diese Musikalisierung durch Menschen vorangetrieben wurde, die sich über die Normen der modernen Trennung von Außen- und Innenraum, Privat und Öffentlich, hinwegsetzten und sich deshalb auch mit Stigmatisierungen und Ablehnung konfrontiert sahen. Nach wie vor wird dieses Verhalten keineswegs als unbedingt gewollt oder innovativ angesehen. Die Debatte wiederholt sich bei jeder neuen Technologie. So schreibt Michael Bull (2008) über das Entstehen der iPod-Kultur, dass es sich bei dieser Form des Hörens um eine Form der Absage an den umgebenden Stadtraum handelt. Es ist von „geselliger Einsamkeit“ die Rede und das iPod sei eine „Abgrenzungstechnologie“. Typischerweise wird der iPod-Benutzer quasi mit dem Flaneur der modernen Stadt verglichen. Der Denkfehler liegt aber darin, dass die heutige Stadt gar keine Grenzen im klassischen Sinne mehr aufweist. Da man vermutlich die meisten iPod-Nutzer in ICEs, Bahnhöfen, Shopping Malls, Flughäfen und Freizeitparks findet, stellt sich die Frage, gegen wen oder was sich der iPod-Spieler denn hier abgrenzt? IPods schalten uns nicht von der Stadt ab, die

Stadt ist vielmehr zu einem Ort für das Abspielen unserer iPods geworden. Gesucht wird in dieser nostalgischen Kritik nach den fehlenden Interaktionen, den nicht mehr stattfindenden „direkten persönlichen Begegnungen", die es so aber nie gegeben hat.

Die Rückkehr der Akustik in der Stadt verlief einerseits durch die Mobilität der Musikproduzenten und -konsumenten, andererseits aber durch die allumfassende Erreichbarkeit des Subjekts für intersubjektive Kommunikation. Während in der Stadt der Moderne Orte für diese Form der Kommunikation geschaffen werden mussten, so gibt es heute im Grunde keine Unerreichbarkeit mehr. Das Ende der Telefonzelle und des Glasfaserkabels sind dafür die markanten Symbole. Die wireless-Welt, wie sie heute unsere Kommunikation zeichnet, ist eine Wolke, so die Beschreibung der Hersteller und Ingenieure. In sozialer Hinsicht entstand in kürzester Zeit eine Urbanität, in der es zu nahezu unbegrenzten Möglichkeiten der Vernetzung, des Kontakts und der Begegnung kommen kann. Um dies verstehen zu können, muss die Beobachtung über eine modernistische Lesart von Kommunikation hinausgehen, in der Anwesenheit mit Nähe gleichgesetzt wird.

Die ortlose Stadt radikalisiert die Moderne, indem sie deren Logik der Ausdifferenzierung weitertreibt. Das mobilisierte Individuum muss zwischen bedeutungsvoller Anwesenheit und der Bewegung im Transit unterscheiden. Die Kommunikation im ortslosen Raum wird für viele Menschen nicht nur zunehmend wichtiger als die Begegnung mit Unbekannten, die zufällig neben ihnen sitzen. Sie birgt auch das Risiko, den vernetzten Aktivitäten nicht nachkommen zu können. Unbeachtet bleiben bei dem Lamento über die iPod- und tabloid-Nutzer auch die Erwartungshaltungen, die sich aus den Arbeits- und Lebenskontexten der mobilen Stadtbewohner ergeben und mitnichten eine Zwanglosigkeit erlauben, wie dies bei der romantischen Reise möglich gewesen war. Wie in der ökologischen Psychologie im Sinne von J.J. Gibson (vgl. Rettie, 2005) lässt sich eine Konzeption von kommunikativer Nähe als Dualität von virtueller und physischer Anwesenheit nicht aufrechterhalten. Für die Städte bedeutet dies, wie erste empirische Untersuchungen nahelegen, dass mit dem Ende der fixierten Begegnungsorte der Moderne das Ende des Sich-Begegnen insgesamt nicht zu befürchten ist. Erste Feldforschungen über die Auswirkungen der mobile-Kultur auf die Stadt begründen eher gegenteilige Erwartungen:

„First, meeting spaces are dispersed. Secondly the variety of meeting places has increased. Third, the number of indoor meeting places has increased. Fourth, physically modest meeting places has increased in numbers. Finally, open spaces, especially streets have emerged as meeting places [...] Hence, meeting space has transformed from a meeting point to a meeting path.“ (Barlas und Sentürk, 2012, 173f)

Wir begegnen uns öfter in der ortlosen Stadt, aber die Begegnungen haben unterschiedliche Bedeutungen und Qualitäten. Dies hängt nicht vom Grad ihrer über die Medien kommunizierten Nähe ab, sondern von den Möglichkeiten der aktiven Gestaltung der Begegnungen. Mit den ICT gelingt uns ein besseres Timing und die Kontrolle über das „Umfeld“. Die letztlich reale Begegnung ist genauso Teil davon wie die nicht-physische. Die Kommunikation mit der „Wolke“ ist wie das Treffen „face-to-face“ und unterscheidet sich nicht durch Realitätsgehalt oder Sinnhaftigkeit der Begegnung. Beide Formen der Konstruktion einer Beziehung werden durch Virtualität zusammengehalten, intensiviert, abgeschwächt oder abgebrochen. Nach wie vor obliegt es jedem Einzelnen, diesen Prozess selbst zu gestalten. Es erscheint offensichtlich, dass die Einbindung von weiteren Vorstellungswelten, wie sie durch Vernetzung und Mobilisierung der Kommunikation zwangsläufig geschieht, für viele Menschen einen Zugewinn an Freiheiten bedeutet, mit dem sie andere Begegnungsformen kennenlernen, durchdenken, ausprobieren und in lokale Kontexte einbringen können.

Augmentierte Urbanität

Geschwindigkeit kennzeichnet die moderne Landschaft, die die räumliche Umwelt des 19. Jahrhunderts mit der Entwicklung des Massentransportverkehrs in einer Weise verbindet, dass es heute schwer fällt, sich eine gegenwärtige Stadt vorzustellen, die nicht im Takt der Geschwindigkeit funktioniert. Konsequenterweise haben sich Künstler bemüht, die Stadt als die moderne urbane Welt bildlich darzustellen, in der sich eine permanente Mobilität vollzieht, und die Orte der Stasis als von existentieller Angst vor Entfremdung, Überwachung und Tod geprägt dem entgegen zu setzen. Wie zu erwarten ist, bezogen diese Kritiker der Stadt sich oftmals auf romantische Vorstellungen des 19. Jahrhunderts, in der Palliativen gegen den Positivismus gesucht wurden. Dies ist in den Malereien etwa eines J.M.W. Turner schön nachzuvollziehen, der mit seinen Bildern die Sorgen vieler Künstler über die neue Stadt zum Ausdruck brachte und die menschlichen Reisen und das Arbeiten in einer Landschaft illustrierte, die von einer subtilen Macht der natürlichen Welt durchzogen ist. William Turners Gemälde „Rain, Steam, and Speed (The Great Western Railway)“ aus dem Jahr 1844 stellt die Harmonie einer Arkadenbrücke im römischen Stil nebst demütigem Fischerboot zur explosive Präsenz einer Lokomotive in Beziehung, die auf den Bildvordergrund und somit auf den Betrachter zustürzt. Ähnlich wirkt Turner's Bild „Fighting „Téméraire“ Being Tugged To Her Final Berth to be Broken Up“ (1838), in dem jedes Gefühl für Freude an den dargestellten Kräften fehlt und sich eine unterschwellige Verlustangst ausbreitet. Das moderne Zeitalter wirkt auf den Betrachter umfassend ein, es verändert die Welt unter unseren Füßen. Innerlich bewegen wir uns ebenfalls in jenem Boot Turners und haben Angst, dass wir über Bord gespült werden oder in anderer Weise zerbrechen.

Die Epoche der Moderne erforderte in zunehmender Weise eine performative, ikonische und abstrakte Form der Organisation menschlichen Zusammenlebens. Städtische Arrangements müssen von daher auf einen Blick hin lesbar sein, so dass sich selbst misstrauende Menschen mit ihren Gedanken in der gebauten Umwelt wiederfinden können. Die Lust an der Fluidität der Stadt übersteigt dabei die Verpflichtung, in ihr anwesend zu sein. Der Zusammenschluss der Individuen bleibt eher unverbunden und „locker" und die Bindungen zur Familie, der Verwandtschaft oder dem Ort selbst sind weniger stabil. Stattdessen treten offensichtlich inzidentelle Strukturen von Austauschbeziehungen im weitesten Sinne auf, bei der die Agora zu einer Shopping Mall und der öffentliche Raum zum Parkplatz wird. Henry Giroux (2011) beschrieb dies wie folgt:

„No longer vibrant political spheres and ethical sites, public spaces are reduced to dead spaces in which it becomes almost impossible to construct those modes of knowledge, communication, agency, and meaningful interventions necessary for an aspiring democracy" (10).

Die Kämpfe, um einen bedeutungsvollen Orte für menschliche Interaktion zu schaffen, beinhalten nahezu genuin eine politische Dimension, zumindest für alle von demokratischen Absichten motivierte Beobachter. Wer heute über die Transformation des öffentlichen Lebens durch die mobilen Medien lamentiert, hat dabei zumeist die Vorstellung vom intellektuellen Salon, dem Kaffeehaus oder die Eckkneipe vor Augen und empfindet diese nun als verlassene Orte und sieht sie von Praktiken umgedeutet, weil die menschliche Kommunikation dort nur noch reduziert stattfindet und diese weniger bedeutungsvoll ist, weniger Auswirkungen hat und insgesamt weniger wirklich zu sein scheint. In dieser kritischen Sichtweise wirken die heutigen öffentlichen Räume illusorisch und dadurch irgendwie bedrohlich. Dabei scheint vor allem das Fragmentierende vorzuherrschen, so wie die Sphäre der Produktion von der des Konsums getrennt wird und wie Reiche sich von Armen voneinander entfremden (Davis, 1999). Der allgemeine Trend scheint der zu sein, dass die Kolonialisierung durch den späten Kapitalismus zu einem Zusammenbruch der zivilen Gesellschaft und dem Entstehen eines korporatistischen Amalgames führt. Jenseits von Krisen, wichtigen Wahlen oder dem Elend der Verkehrsplanung scheint sich kaum noch ein Sinn des „Öffentlichen" zu erschließen, der nicht in irgendeine Weise als Konsum hervorgebracht wird. Und das sollte uns schon Sorge bereiten. Die Sphäre des Öffentlichen, wie sie Jürgen Habermas beschreibt, wonach das Universum des Diskurses das Volk in die Lage versetzt, um Politik, ethische Standards und den „Common sense“ zu verhandeln, wird zu dem, was William Gibson (1981) als eine „konsensuelle Halluzination“ bezeichnet hat und einem flüchtigen Ort gleicht, den man nur noch aus einem engen Winkel des Auges sehen kann, eine Geisterwelt jenseits der wirklichen Praktiken des alltäglichen Lebens.

Zugleich: Obwohl wir diese Sorge haben, müssen wir nicht eingestehen, dass wir heute mit mehr Menschen und in mehr Formen kommunizieren als jemals in der Geschichte der Menschheit zuvor? Sicherlich müsste sich die besorgte Kritik an der Transformation des Öffentlichen neu ausrichten, um die Macht der digitalen Medien und die ubiquitäre Verbreitung der mobilen Kommunikationstechnologien als Möglichkeiten für neue Interaktionen anzuerkennen. Es kann nicht bestritten werden, dass online-Kommunikation die Dornenfelder der geographischen Entfernungen überwinden hilft und auf diese Weise die bis dahin begrenzten Möglichkeiten, um Perspektiven miteinander zu teilen, vergrößert und damit die Ödnis des „Hier“ im Leben vieler beenden kann. Irgendjemand irgendwo teilt unsere Leidenschaften, wo immer sie oder er auch seien mögen:

> „The Internet calls people out of their loneliness to create electronic selves perhaps more naked or strident than the fuzzy, compromised „I“ that moves ghostlike through its everyday routines and disagreements. A solitary reader, brooding over an obscure contemporary novel, or slowly puzzling out a page of „Finnegans Wake,“ is suddenly not so solitary. Amid the network of networks there is always another reader, an improvised community into which she can merge and make visible her invented self.“ (Burn, 2010, 9)

Diese privaten Gelegenheiten fordern die Wirklichkeiten der realen öffentlichen Plätze noch wenig heraus. Sie bedeuten nach wie vor eher zunächst nur, dass eine effizientere Form des Briefwechsels, des Schreibens und der Ausbreitung des persönlichen Netzwerkes stattfindet. Vielleicht impliziert dies aber auch, dass wir unsere Bemühungen für das Aufrechterhalten der öffentlichen Sphäre im Habermaschen Stil schlichtweg aufgeben. Kevin Michael DeLuca und Jennifer Peeples bieten hierfür einen Gedanken an, mit dem sie sich von dieser nostalgischen Sehnsucht verabschieden wollen und behaupten, das Verteilung – und nicht Dialog – das Kernmerkmal heutiger Kommunikationspraktiken darrstellt.

Wenn man die „Öffentliche Sphäre“ hinter sich last, betritt man einen hypermediatisierten öffentlichen Screen, der eine Umwelt schafft, die sich durch „images over words, emotions over rationality, speed over reflection, distraction over deliberation, slogans over arguments, the glance over the gaze, appearance over truth, the present over the past“ (DeLuca und Peeples, 2002, 133) auszeichnet. In dieser Umwelt wollen unterschiedlichste Gruppen Ereignissen schaffen, die so gestaltet werden, dass sie Aufmerksamkeit auf sich ziehen und die dazu dienen sollen, eine Perspektive auf die Welt anzubieten. So müssen sich selbst große Unternehmen gegenüber Bilder zuwehr setzen, die von kleinen Aktivistengruppen in die Welt gesetzt werden. In diesem Kontext kann jeder zu einer editierbaren Landschaft werden, die der permanenten Rekonstruktion unterworfen werden kann. Auf eine korollaren Art und Weise werden Orte ätherisch, insbesondere wenn mobile Daten „have no concreteness of place, no rapport with location“ (Hashimoto und Campbell, 2008, 549). Es stellt sich die Frage, wo wir noch hoffen können, uns selbst zu finden? Wo, wie und als was?

Das i-Phone scheint hierfür eine Antwort zu geben, wenngleich nur eine beschränkte. Mit dieser Kommunikationstechnologie wird nicht nur eine Liste von Datenkontakten transportiert, es ist zugleich auch eine Mini-Version unserer Welt und unseres Lebens. Unsere i-Phones werden zu Navigationstools, Fotoalben, alltäglichen Simulationen und zu Mitteln, um beinahe jeden anzustoßen, zuzuwinken oder zu schubsen und zwar auf den verschiedensten Weisen. Herumziehend und driftend werden die Nutzer zu wandelnden Zentren von Universen der unterschiedlichsten Optionen: „Cellphones in hand, we microadjust our schedules as they unfold around us. We’re like the air traffic controllers of our own lives“ (Cooper, 2010, 23). In diesem Fall werden andere Menschen zu Objekten, wenn nicht sogar zu Hindernissen, Daten, die zu priorisieren sind, oder etikettiert, editiert oder gemanagt werden müssen. Das i-Phone mag als ein rein privates Gerät erscheinen, aber es besitzt einen enormen öffentlichen Impact. Dieser sieht auf dem ersten Blick so aus, als sei er unidirektional. Wir mögen laut in öffentlichen Räumen sprechen, cocooned in unseren privaten Gefilden, und wir spazieren munter über die Boulevards mit unseren Fingern auf den Text-Tasten, sich wegpluggend und darauf hoffend, dass andere uns dabei aus dem Weg gehen werden. Wir können uns kaum vorstellen, dass das i-

Phone uns mit mehr als mit unerwarteten Anrufen oder Nachrichten überraschen wird. Dennoch stellt sich die Frage, ob diese Sichtweise nicht etwas zu oberflächlich ist und die mobilen Medien uns in Wirklichkeit nicht auch aus unseren Ego-Muscheln ziehen und uns passable, wenn auch vorübergehende Möglichkeiten für die Generierung öffentlichen Austausches bieten.

DIE AUGMENTIERUNG DES STADTBILDES

Wenn man sich mit der Frage näher beschäftigt, in welcher Weise sich diese Technologien und Instrumente auf die Neugestaltung der Gesellschaft in ihren lokalen Kontexten, die durch sich bewegende und konsumierende Menschen gekennzeichnet sind, auswirken, dann muss eine grundlegende Thematik kritisch reflektiert werden: der Begriff des Öffentlichen als ein disziplinärer Begriff, dessen Neu-Interpretation von ihren Gralshütern als ein Akt der Häresie abgelehnt wird. Eine solche karrikaturhafte Kritik ignoriert die vielfältigen Erfahrungen, mit denen architektonische Orte zu Themen der öffentlichen Interpretation werden. Stattdessen wäre eine Haltung hilfreich, wie sie Michel de Certeau (1984) mit seiner Unterscheidung zwischen Ort und Raum vorgeschlagen hat. In gleicher Weise können wir zwischen einem statischen Begriffs des Öffentlichen, der sich als eine Art puristischer Schematismus in der Forschung erweist, und einem undisziplinierten und ungeplanten Verständnis von unerwarteten Interaktionen, die in jeder Umwelt überall auf der Welt stattfinden können, unterscheiden.

Abbildung 4: Beijing's Dazhongsi Station.

Foto: Andrew Wood

Keineswegs soll damit aus den Augen verloren werden, dass sich eine panotpische Kontrolllandschaft immer weiter ausbreitet, die sich in den Brüchen und Gletscherspalten des Alltags einnistet. Haussmanns breite Pariser Boulevards können kaum als Vorahnung für diese Form der totalisierenden Kontrolle gelten, die heute durch die omnipräsenten CCTV-Kameras und sich morgen durch die sich abzeichnende Revolution der Mini-Drohnen-Technologie immer weiter vervollständigt. Das Zeitalter der ubiquitären Kontrolle erfordert nicht die TV-kompatiblen Massaker, die global auf dem Tiananmen und Tahrir Square zu beobachten waren. Diese Kontrollgesellschaft funktioniert auf eine subtilere und präzisere Weise, die sich hauchzart in das Unterhaltungsverhalten einschmeichelt. Politisch oder ökonomisch benachteiligte Gruppen mögen sich gezwungen sehen, um auf diese Macht mit symbolischer Gewalt zu reagieren, die sich auf die gebaute Umwelt bezieht. Eine radikalisierte (oder kriminalisierte) Minderheit mag es vorziehen, Schaufensterscheiben einzuschlagen oder Banktransporte zu überfallen, aber die meisten werden anerkennen müssen, dass sie mit Sicherheit von den dafür ausgebildeten Kräften der Autoritäten mit einem Maximum an Gewalt dafür bestraft werden. Wie für manche Künstler nur Street Art wird als primäre Methode der Augmentation unserer Wirklichkeit verbleibt.

Deren Produkte können sich für das ungeübte Auge als relativ primitiv herausstellen, so wie etwa beim Einritzen („tagging") von Gegenständen oder Flächen. Manche Produkte bestehen aus komplexen Schichten der Ironie, die mit hervorgehobenen und unerwarteten Nebeneinanderstellungen den Blick von Konsumenten irritieren soll. Dies geschieht mit Eile, in der sie auch und zugleich einen größeren urbanen Push anstoßen. Sie sind auf permanente Oberflächen gemalt, die meistens als zeitlich vorübergehend gestaltet werden sollen. Neue Aufschriften werden durch alte ersetzt, wobei dies entweder im Rahmen von lokalen Sauberkeitsbemühungen geschieht oder als Ergebnis sich verändernder Moden unter den Künstlern erfolgt. Die Szenen konvolvieren in einen Strom befremdender Momente. Die grellen Farben, die man mancherorts finden kann, zusammen mit den cartoonhaften Ikonen und der Roller der nervenschädigenden Chemikalien, inspirieren eine Art kindliche Laune. Dem gegenüber stellt sich der soziale Hintergrund der Street Art zumeist anders dar und lassen sich diese Aktivitäten in eher benachteiligten Nachbarschaften, die von Verfall und Hoffnungslosigkeit gekennzeichnet sind, auffinden. Diesen Arbeiten geht es nicht darum, einen Weg ins Museum zu finden oder als Postkarten abgedruckt zu werden. Ihre Anwesenheit wirft juristische und ökonomische Aspekte auf. Manche Praktiker der Street Art nehmen das Angebot wahr, um legale Orte zu nutzen, die von kommunalen oder wirtschaftlichen Eigentümern bereitgestellt werden. Viele allerdings suchen sich nach wie vor Plätze aus, bei denen ihre Aktivitäten eher am Rande der Legalität angesiedelt sind, dafür aber eine hohe Sichtbarkeit erreichen, selbst wenn sie sich selbst damit die Polizei auf den Hals hetzen.

Es ist daher wenig überraschend, dass die Mehrzahl der Street Artists, mit Ausnahme von Stars der Szene wie Shepard Fairey und Banksy, für die Betrachter anonym bleiben und ihre Tags schwer zu lesen, sind. Ihre Arbeit wird deshalb kaum für mehr als den Moment konzipiert. In dieser Hinsicht stellt Street Art die augenscheinlichste und direkteste Form der Augmentation der urbanen Szenerie durch jene dar, die sich selbst an den Enden des öffentlichen Lebens wiederfinden, sei es durch Ereignisse oder Gestaltungswille.

Eine neue Generation der „augmented reality" (AR)-Anwendungen jedoch bietet Möglichkeiten, mobile Medien und künstlerische Impulse im städtischen Raum miteinander in Einklang zu bringen, indem unautorisierte Kommunikation ohne den Touch des Vandalismus, der bislang mit dem traditionellen Tagging, den Graffiti oder Wandmalereien assoziiert wurde, betrieben wird: Die meisten i-Phone-Nutzer haben AR kennengelernt, als sie mit Yelp – der crowd-sourced review app, die es erlaubt, Restaurants, Cafés und viele andere Orte zu beurteilen, indem es mit GPS geographisch relevante Informationen nutzen kann – anfingen zu spielen. Die ersten Nutzer von Yelp gewöhnten sich schnell an kleinere Unbequemlichkeiten, wenn sie mit der Korrelation des zweidimensionalen Display der Anwendung von Kartographierung und Daten-Review sich mit den Komplexitäten der materiellen Umwelt auseinandersetzten mussten. Dies bedeutete, dass der Blick permanent zwischen dem Display und der Umwelt hin- und herwandern musste, um einen Abgleich zwischen digitaler und physischer Räumlichkeit vollziehen zu können. Im August 2009 dann erschien das Upgrade von Yelps mobile app, das ein neues und verstecktes Feature namens „Monocle view“ anbot, das nur für Nutzer zugänglich war, die ihr i-Phone dreimal schüttelten. Wer sich traute, ein solch seltsames Hantieren mit dem Gerät zu vollziehen, wurde von folgender Nachricht begrüßt: „The Monocle is activated. Yelp thought reality was boring, so we augmented it. Look for the button in the upper right corner.“

Abbildung 5: Yelp Monocle.

Foto: Andrew Wood

Wenn man diese Option einmal ausgewählt hatte, startete Yelp mit dem Kamera- Display ein Video-Bild von der den Nutzer umgebenden Welt. Drehte man das i-Phone, schwammen die Yelp Data points aus der Sichtweite und wieder zurück. Sie legen sich als assoziierte Punkte über die Ortschaft und vollzogen eine Definition der Entfernung und eine Beurteilung gemäß einer Anzahl von Popularitätssternen. Ein zusätzliches Display bot ein rudimentäres Navigationstool an, das dem Nutzer die relative Ortbestimmung vorzunehmen und die Entfernung von nicht direkt sehbaren Objekte zueinander abzumessen erlaubte. Im Ergebnis bedeutete dies, dass eine Art Video-Spiel mit Kopfhörern und Display Bars und Cafés anzeigt und keine Monster oder marodierenden Aliens wie in der Graffiti-Street Art auftauchen. Obwohl viele Nutzer durch die Abhängigkeit von relativ langsamen wireless-Vernetzungen oft frustriert wurden, tolerierten die meisten die unumgänglichen Verspätungen in den Übertragungen und die dadurch abgehakten Bewegungen auf dem Display, da sie dennoch die Potentiale dieser Technologie erkennen konnten und relevante Daten auf ein visuelles Feld aufgetragen wurden. Der Erfolg von Yelps Monokel trug erheblich zur Verbreitung von AR apps bei, denn es erlaubt den Nutzern, eigene Texte auf die gebaute Umwelt zu schreiben und andere zu lesen.

Es verbleibt die Frage, in welcher Weise wir so nicht nur mit der Welt interagieren, sondern auch durch sie beeinflusst werden. Dies wird wahrscheinlich am Beispiel der downloadable street person am deutlichsten. Depaul UK (2010) hat das Projekt des iHobo app lanciert, um die Tiefen und Komplexitäten von Obdachlosigkeit zu untersuchen und junge Leute, die sich zu sehr mit ihren i-Phones beschäftigen, dazu anzuregen, sich mit den Problemen von Obdachlosen auseinanderzusetzen. Das Video-Projekt erklärt dies wie folgt: „We took the problem off the streets and put it somewhere they could not ignore.“ Mit iHobo haben die Nutzer drei Tage lang die Gelegenheit, mit einer virtuellen Person von der Straße zu kommunizieren, ihr Essen oder Kleidung anzubieten und vielleicht Auskunft über die nächstgelegene Obdachlosensiedlung zu geben. Sie können sich aber auch dazu entscheiden, diese Person vollkommen zu übersehen und die Konsequenzen dieses Verhaltens zu erfahren. Wenn die virtuelle „street person“ längere Zeit auf diese Weise ignoriert wird, kann sie danach folgende Kontaktaufnahmen ablehnen und angebotene Hilfe ausschlagen, sich stattdessen mit Drogen trösten und einen frühzeitigen Tod finden. Seine Lebensspirale gerät außer Kontrolle, sie schlägt hin und wieder gegen den Screen des Nutzers. Verzweiflung und Wut wachsen unaufhörlich. Ihr nun noch ein paar Münzen hinzuwerfen hilft nichts mehr. Der Nutzer wird auf diese Weise gezwungen, sich mit dem weiteren Netz der persönlichen Entscheidungen und der sozialen Probleme auseinanderzusetzen, die sie zu diesem Ort gebracht haben.

Abbildung 6: Do not ignore iHobo.

Quelle: Depaul UK

Als ein Versuch, Aufmerksamkeit für das nicht zu leugnende Problem der Obdachlosigkeit in den meisten modernen Städten zu finden, hat sich iHobo als erfolgreich herausgestellt. Dieses app, das Martin Bryant (2010) als „Tamagotchi with a social conscience“ bezeichnet hat, hat Depaul UK geholfen, Geld zu sammeln und internationale Anerkennung zu finden. Der iHobo hat darüber hinaus erneut auf das heutige Problem der gebauten Umwelt hingewiesen, durch die wir uns bewegen, ohne mit ihr in einer materiellen und substantiellen Weise zu interagieren. Jemanden Münzen zuzuwerfen, der in einer kalten Nacht nach Wärme sucht, mag die Krise der Obdachlosigkeit wenig zu lösen helfen – in der Tat mag dies das Problem nur aufrecht erhalten –, aber wir können auf diese Weise nachvollziehen, in welcher Weise diese Entscheidung, anstelle einer persönlichen Interaktion eine künstlerische Aktivität treten zu lassen, das allgemeinere Phänomen der zunehmenden Abstraktheit des öffentlichen Lebens reflektiert.

KOMMUNIKATION UND WAHL

Die in New York tätige Lobbygruppe gegen Obdachlosigkeit „Pathways to Housing" (2010) bemüht sich um intimere Erfahrungen mit Aktionen, die eine Reihe von interaktiven Displays miteinbezieht, bei denen auf Video aufgenommene Personen auf der Straße auf Oberflächen in der Stadt projiziert werden. Wenn dabei das erschreckende Bild von verwahrlosten Obdachlosen zu sehen ist, die sich vor Kälte zu schützen suchen, dann wird den vorbeigehenden Personen angeboten, dass sie mit dem Drücken des Wortes „Home" über ihr Mobile Phone eine Spende leisten. Danach würde der Obdachlose von seinem vorherigen Platz aufstehen und durch das Öffnen einer neu erscheinenden Tür aus dem Bild verschwinden, wodurch sich der gute Samariter so fühlen kann, dass er etwas Gutes getan hat. Um auch darüber jede Unsicherheit auszuräumen, bestätigt kurz darauf eine SMS, dass die Spende erfolgreich bei „Pathways to Housing" angekommen ist. Im Unterschied zu Depaul UK's iPhone app, welches zum Zeitpunkt des Schreibens dieses Buches noch zum Downloaden erhältlich war, war das New Yorker Projekt nur als eine temporäre Installation entworfen worden, mit dem illustriert werden sollte, wie man mit interaktiven digitalen Medien die Aufmerksamkeit von jugendlichen Stadtbewohnern für Obdachlose in ihrer nächsten Nähe erregen kann, an denen sie sonst unachtsam tagtäglich vorbeigehen. Das Beispiel kann auf die Bemühungen hinweisen, die auf ein Entstehen von Konsortien und Koalitionen zwischen Werbe-Firmen, Künstler, Non Profit-Organisationen und gesellschaftlichen Bewegungen angelegt sind, die ihre Nachrichten auf städtische Oberflächen legen wollen und somit die gebaute Umwelt durch die Nutzung der AR-Technologien in eine Art der Fortsetzung der Kommunikationsstrukturen verwandeln, in denen dann einerseits allgemein zugängliche Nachrichten und andererseits nur für bestimmte Zielgruppen lesbare Texte enthalten sind. Obwohl noch in einem frühen Entwicklungsstadium befindlich, könnten diese Technologien – wie in dem Film „Minority Report" ausfantasiert – auf eine Art Dystopie hinauslaufen, in denen auf brutale Art und Weise die banalsten Texte auf Wände projiziert werden und zugleich jede unsere Bewegung haarscharf aufgenommen und festgehalten wird. Demgegenüber könnte man sich allerdings auch vorstellen, dass soziale Gruppierungen, die ansonsten in der öffentliche Sphäre benachteiligt oder ausgeschlossen werden, hierdurch Möglichkeiten erhalten, damit sie sich darstellen, ihre Perspektive sichtbar machen und Koalitionen mit potentiell Verbündeten eingehen können, wenn diese die für sie bestimmten Texte lesen, die für die Gegner oder Feinde unsichtbar bleiben.

Die Nutzer heutiger i-Phones können inzwischen aus einer Flut von so genannten „layer-apps" auswählen, mit denen es ihnen ermöglicht wird, ansonsten unsichtbare Texte zu lesen oder durch aktives Scanen (QR Code) Zugang zu Bildern zu erhalten. In einer eher passiven Weise kann das i-Phone genutzt werden, indem Fußgänger beim Passieren von Punkten, die durch das GPS-System erkannt werden, mit Informationen beliefert werden. Wenn jemand autorisiert hat, dass solche Informationen zugesandt oder damit gespielt werden kann, etwa bei einem Museumsbesuch, dann kann eine Kommunikation entstehen, die sich andernfalls nicht ergeben würde. Wesentlich intimere Kontakte werden durch stärker integrierten Geräte-Landschaften – hierbei dient das vielgepriesene und auch kritisierte Google Glass als das anschaulichste Beispiel – möglich, die zu spannenderen Begegnungen und Erfahrungen führen können. Schon in der nahen Zukunft kann man sich kaum noch Fußgänger und Autofahrer vorstellen, die nicht auf die eine oder andere Weise mit digitalisierten und fotorealistischen Augmentationen die materielle Seite der Stadt wahrnehmen werden. Wie nie zuvor werden die Nutzer davon abhängig sein, ob sie diese Technologien auch beherrschen, wenn sie nicht dem Gesabber endloser Info-Ströme erliegen wollen. Es erscheint dabei als nur allzu natürlich, dass eine solche Perspektive zunächst den blanken Horror hervorruft. Es scheint sich der Schrecken unendlicher und unaufhaltsamer Aufmerksamkeitsrufe für irgendwelche Produkte oder gar politische Slogans zu realisieren. Wir werden uns immerzu fragen, ob nicht oberhalb jeder Oberfläche, die wir in der Stadt sehen, eine Nachricht für uns schlummert, die nur darauf wartet, um in unser Leben einzudringen oder die wir auf keinen Fall verpassen dürfen. Aber wir könnten diese Entwicklungen auch mit Gelassenheit abwarten. Zumindest dürfen wir neugierig sein, wie kreative und clevrere Straßenkünstler mit diesen Kommunikationen umgehen werden, wie sie sie für sich nutzen, sie transformieren und durch kulturelles Jamming, wie dies schon Gruppen wie die Adbusters tun, subversiv umdeuten. Diese technologischen Innovationen müssen nicht unbedingt aufdringlich auf uns einwirken, zumindest nicht wenn wir ein Mindestmaß an Kompetenz im Umgang mit ihnen entwickelt haben. Sie können auch eine neue Form der sozialen Interaktion darstellen, bei der Fremde in unbewachten Momenten des Widerstands zueinander finden, wobei die materiellen Formen hiervon bislang nur erahnt werden können. Reklame für Benzin kann man in einer Weise umgestalten und textlich mit der Information überlagern, die den Support des betreffenden Unternehmens für totalitäre Regime aufzeigt. Politische Wahlplakate können mit Informationen über die Wahlkampfspenden des Kandidaten überzogen werden. Billboards für Fast food-Restaurants erhalten Warnungen über die Gesundheitsfolgen, die durch häufigen Verzehr ihrer Produkte wahrscheinlich werden. Ohne Zweifel ergeben sich durch diesen „hacktivism" wesentlich größere Möglichkeiten der politischen und gesellschaftlichen Kommunikation, als dies in Zeiten des traditionalen Tagging möglich war.

Wenn wir uns trauen, noch ein wenig weiter in die Zukunft zu schauen, dann mag uns die Kurzgeschichte „Paintwork" von Tim Maughan (2011) einen Eindruck zu vermitteln, wie sich durch digitale Hacker mit ihren provokanten alternativen Visionen über Reklame-Anzeigen das öffentlichen Lebens gestalten wird:

„The red and white of its generic Coca-Cola design seems to shimmer under its protective nano-gloss. All around it though is chaos; every inch of wall is covered in QR Codes -- some on stickers, some stenciled -- until their matrix of barcodes has merged together to produce a disorientating mess of black and white pixels, like an ancient building's prized mosaic floor ripped apart by tectonic shifts... He knows where the QR Codes lead -- the few that aren't long dead links, at least -- and he has no interest in his view being filled with flat flyers for club nights and illicit darknets. That's his business, his day job; bombing the streets with digital flyposters, physical links to unreal places. Real paint, paper, [and] glue... giving birth to nonexistent pixels fleetingly projected onto consenting retinas. But tonight isn't about the day job. Tonight is about the art."

Für die Bedeutung der Augmented Reality verbleibt das Thema der Konsensualität kritisch. In welcher Form und ab wann darf eine Nachricht eigentlich auch illegal auf die öffentlichen Räume gelegt werden? Wann ist sie wichtig genug, dass ihr inhaltlich-revolutionärer Aspekt ein solches Jamming erlaubt? Es ist offensichtlich, dass hier eine Abwägung der Ansprüche stattfinden muss, damit die Rechte von Eigentümern und auch von ansonsten zu Recht unbehelligt bleibenden Passanten gewährt bleiben kann. Wenn diese Form der Uminterpretation ganz augenscheinlich im Gegensatz zu den Interessen der ursprünglichen Produzenten der Oberflächen steht, ist das Anrufen des Staates als Schlichter absehbar.

Antworten auf diese komplexen Innovationen, die sich mit Bezug auf das vorhandene Normengerüst unserer Gesellschaft beziehen, werden zu den spannenden neuen Feldern der gesellschaftlichen Auseinandersetzung über den Begriff des Öffentlichen werden und können hier nicht vorweggenommen werden. Sicherlich wird man Zustimmung für die Auffassung finden, dass eine wünschenswerte Vision von der augmentierten Stadt unterschiedliche und alternative Sichtweisen auf diese ermöglicht: Sie muss es ermöglichen, dass Räume Unterschiede zulassen und sich somit nach einem demokratischen Ideal ausrichten. Kevin Lynch (1960) schlug in seinem wegweisenden Werk über Städtebau vor, dass Orte hinreichend differenziert zu gestalten sind, so dass Einzelne und Gruppen „find perceptual material which is congenial to their own particular way of looking at the world" (111). Diese Freiheit, die sich auf eine grundsätzliche Würdigung des Menschen als von künstlichen Zwängen soweit wie möglich befreit gründet, ruft dessenungeachtet die Frage nach der sozialen Verantwortung hervor. Jede augmentierte Version des öffentlichen Lebens bezieht sich nach wie vor auf die Frage, wie sich durch das Nutzen und Anwenden der Technologien, diese sich auf unser Verhältnis zu anderen Menschen auswirken. Wenn wir uns durch Adds helfen lassen, werden wir nicht mehr gezwungen sein, Fremde nach dem Weg oder Empfehlungen für ein nettes Café hier in der Gegend zu fragen. Wir praktizieren diese Augmentierungen für größere und kleinere Angelegenheiten. Dabei wird unsere Umwelt durch einen abgewandten Blick auf die geschäftige Fußgängerzone, durch das Tragen von Kopfhörern in der Metro und durch unsere Bemühungen, immer genügend Stimulanz in unseren tragbaren Geräten gespeichert zu haben und dann zu nutzen, permanent transformiert. Es ist deshalb weiterhin wichtig, die Nachhaltigkeit und die ethischen Implikationen dieser Geräte zu bedenken, die es uns erlauben, in das Leben anderer einzuwirken. Im Allgemeinen werden wohl die meisten Menschen das Verhalten von Hawkern eher ablehnen, wenn es sie persönlich betrifft. Dennoch sollte das Urteil über diese Künstler und Hawker nicht voreilig gesprochen werden und sollten die Vorannahmen, mit denen wir ihr Eingreifen beurteilen, auch als eine Form der nicht-legitimierten Kommunikationsaufnahme verstanden werden. Die Worte des Propheten mögen, nach wie vor, wie es in dem

Song von Simon und Garfunkel heißt, auf den Wänden der U-Bahnschächte geschrieben stehen.

Abbildung 7: „Hopeless“.

Foto: Andrew Wood

AUGMENTIERTES OMNITOPIA

Diese Formen der Augmentierung verweisen auf verbleibende Schichten, die eine präzisere Artikulation aufweisen. Es handelt sich um diskrete Verknüpfungen mit dem urbanen Leben, die in ein Kontinuum fallen, in deren virtuellen Singularität sich die wirklichen Risse und Diskontinuitäten verstecken. Wenn man durch die konsensuellen Halluzinationen der Flughäfen, Shopping Malls und Hotels streift – Orte, die viel von den Arkaden, World Fairs und Vergnügungsparks des 19. und 20. Jahrhunderts übernommen haben –, dann stellt sich wie von selbst der Flaneur-Blick ein, den Walter Benjamin bereits beschrieben hat. Wir spazieren ein bisschen, erlauben uns herumschweifend den Ort zu betrachten und unseren Blick mehr oder weniger zu fokussieren. So mag man sich Benjamin in Berlin oder später allein in der Pariser Bibliothèque Nationale vorstellen, immer noch durch die Konvolute seiner Labyrinth-Stadt mit seinen aufgereihten Ordnern wandelnd. Die Unterschiede zwischen Außen und Innen verschwimmen. Wenn man seinen Spuren eine Weile weiter folgt, fällt das Verschmelzen der kristallenen Paläste, die zu einem einzigen Ort werden, auf. Dieses Omnitopia, eine merkwürdige Kollision von lateinischen und griechischen Ursprüngen, lässt sich nach fünf Prinzipien analysieren: Dislokation, Verschmelzung, Fragmentierung, Mobilität und Wandlungsfähigkeit (vgl. Wood, 2009). Mit diesen Begriffen können wir die Dimensionen der augmentierten Urbanität näher beschreiben und ihre omnitopischen Auswirkungen auf das öffentliche Leben nachvollziehen. Damit wird den Dingen nicht endgültig auf den Grund gegangen und die oben gestellten Fragen können nicht abschließend beantwortet werden, sondern mit der Entwicklung dieser urbanen Epistemologie werden diese vielmehr offen gehalten, aber gleichzeitig benenn- und besprechbar gemacht.

Dislokation: Wissen sollte von seinen Autoren und Ursprüngen getrennt werden, es sollte leicht mit anderen teilbar sein. Um einen Ausspruch von Stewart Brand zu benutzen: „Information wants to be free." Das bedeutet nicht, dass wir einen buchstäblich verstandenen Marktplatz der Ideen als solches oder ethische Verpflichtungen, die damit einhergehen, aufgeben. Wenn allerdings Wissen leicht geteilt wird (befreit von allen unnötigen Zwängen), könnten sich bedeutungsvolle Einsichten einen Weg bahnen. Im Gegensatz dazu besitzt alles Wissen, das nicht mit der größtmöglichen Offenheit geteilt wird, nur eine gewisse Ähnlichkeit mit der Wahrheit, mit der es in Wirklichkeit wenig gemein hat.

Verschmelzung: Wissen sollte die Synthese vor der Analyse bevorzugen. Sicherlich kann man sich mit den Partikularitäten der Welt tiefgehend auseinandersetzen, so wie man eine Affiliation zu einem bestimmten Café oder Restaurant entwickeln kann. Jedoch wenn Wissen nur im Rahmen von künstlich begrenzten Welten produziert und alles Verstörende außerhalb dessen weggelassen wird, dann ergibt sich nur eine Wissensproduktion, die wenig mehr als die Addition von begrenzten Perspektiven zu bieten hat. Durch das Überschreiten unserer intellektuellen Grenzen und Kartographien müssen wir nicht zwangsläufig zu Dilettanten werden. Und wenn dies wirklich die Konsequenz wäre, wäre immer noch zu überlegen, ob dies nicht die bessere Alternative sein könnte, besser als zu einem Pedanten zu mutieren.

Fragmentierung: Wissen entsteht zumeist, wenn eigentlich perfekt erscheinende Narrationen zusammenbrechen oder verblassen. Als ein urbanes Phänomen und als ein notwendiges Gegengewicht zu Verschmelzungsvorgängen erscheint die soziale Fragmentierung oftmals als Zerstörung von Gemeinschaften, die durch breite Gräben getrennt und durch imperiale Denkkategorien regiert werden. Heute haben Individuen und Gruppen ein emanzipatorisches Tool, wenn sie mit denselben Kräften der Trennung konfrontiert werden, indem sie sich gegen dominierende urbane Narrative wehren können. Die Wahrheit scheint sich dort herauszuschälen, wo Risse in vormals undurchsichtigen Fassaden entstanden sind.

Mobilität: Wissen entsteht weniger in statischen als in mobilen Zuständen. Wahrheit kann am Besten im Gedränge und in den Stößen von Übergängen ermessen werden. Aus diesen Gründen kann Wissen nie von Kommunikation abgekoppelt werden. Es kann de facto nicht ohne Diskurs bestehen. Dies verdeutlicht sich schon, wenn das Wissen, das in einer U-Bahn entsteht, mit dem verglichen wird, das sich aus einem ruhenden Stuhl heraus ergibt. Letzteres ermöglicht eine leichte Betrachtung des schon Gewußten. In der Bewegung zwischen zwei Orten jedoch wird eine Kaskade von momentanen, partiellen und teilweise ablenkenden Äußerungen in Gang gesetzt. Zeichen, Sounds, Objekte: alles provoziert neue Verbindungen und Assoziationen. Wissen aus der Mobilität bringt uns näher zu einem Verstehen.

Wandlungsfähigkeit: Wissen muss aus den Zusammenhängen der Nützlichkeit gerissen werden. Das ist wiederum eine sehr urbane Lektion. Die Perspektive des Stadtplaners kann ein mobiles Verständnis der Stadt einschließen, aber das Ziel der meisten Entwürfe ist es, um Bedeutungen von Orten festzulegen. Nur wenige Visionäre im urbanen Milieu haben genuin die Wandelbarkeit von Ortbedeutungen in ihren Plan mitaufgenommen. Wachstum, Renovierung, Wiederherstellung – das sind die üblichen Perspektiven. Aber einem Wandel, mit dem ein Ort zu einem anderen werden kann? Davon ist selten die Rede. Sicherlich ist die Macht, eine Illusion der Wandlungsfähigkeit zu produzieren, das Ergebnis vieler Kontroll- und Befehlsstrukturen. Dies betrifft etwa die Projektion der „flinken Hände“ oder der „Tatkräfitgen“ und „Durchsetzungsfähigen“ etc. Jedoch würde eine wirkliche Wandlungsfähigkeit für alle offenstehen und die Möchtegerne-Autoritäten in Frage stellen müssen. Das sind die gestohlenen Augenblicke von spontanen Konzerten, des Flash Mob oder nicht-angemeldeter Street Art. In diesen Augenblicken schlägt das Wissen Wurzeln und wird wild.

Hamlet rief aus: „ I could be bounded in a nutshell, and count myself a king of infinite space, were it not that I have bad dreams.“ In einem größeren Zusammenhang betrachtet können wir Shakespeare so verstehen, dass er mit diesen Worten suggerieren möchte, dass unsere Begrenzungen mit unserem Lamentieren zusammenhängen. Aber unsere modernen Albträume handeln nicht vom Mangel an Wahlmöglichkeiten sondern von deren paralysierenden Exzessen. Wir sehen uns selbst als Menschen, die sich frei bewegen können und auf den Wellen riesiger Ozeane der Optionalität surfen, auf denen wir schneller und schneller werden, bevor wir an den wunderschönen Steilküsten zerschellen. Wie überrascht wir jedes Mal sind, wenn wir in den Datenströmen untergehen. Das ist der Grund für unseren Spezialisierungsdrang, mit dem wir die Informationsflut zu kanalisieren hoffen. Die globale Konvergenz von Möglichkeiten (und damit manchmal auch von Tatsachen und Perspektiven) hat die informative Sintflut noch steigen lassen. Die Idee einer sich entwickelnde Weltgesellschaft wird durch ein extrem nervöses System von Daten zusammengehalten, die man sammeln, analysieren und operationalisieren müsste. Meere von Daten, Ozeane von Daten. Unser Wissen steigert sich von Megabytes und Terabytes zu Oetabytes oder Yottabytes. Wissen dieser Art kann nicht mehr kategorisiert werden.

Den Horizont etwas zu verkleinern, einen kleineren Ort zu besetzen – nicht jenen, auf den Jamaica Kincaid in ihrem gleichnamigen Buch verdammt ist zu leben, aber ein eher infiniter Raum in einer übersichtlichen Örtlichkeit, der nicht weniger real ist als eine Empire-Weltkarte, die als zerfledderte Fahne in der Wüste weht. Baudrillard und Borges suchen das Geröll der Moderne nach diesen Ruinen ab und wir können ihren Spuren eine Zeit lang folgen. Aber die wahre Fake-Stadt, ihre Intoxikationen, phantasmagorische Konvergenzen und Freuden und Orte, ist größer als ihr Simulacrum. Die Lust an der Konvergenz und der Preis, den wir dafür bezahlen, sind die Kräfte, die unsere Welt auf eine gestaltbare Form reduzieren. Die Wirklichkeit von Orten und Menschen, die holprigen und komplexen Dinge der materiellen Welt, sie verschmelzen in kleinen Konstellationen von Bildern und Texte, die wegen ihrer Ikonographie und der Einfachheit der Übertragbarkeit geschätzt werden – nicht aber für ihre Wahrhaftigkeit. In seiner Auseinandersetzung zuerst mit Fotografien und dann später mit den Formen der Erinnerung hat schon Walter Benjamin in seiner „Kleinen Geschichte der Fotografie“ auf die gesellschaftliche Dimension der Artefakte hingewiesen, die seiner Meinung nach nicht mehr als Produkte der individuelle Schöpfung zu sehen sind, sondern als Teil einer so großen Masse von Gegenstände, die nur durch Minimalisierung zu adaptieren ist. Die Bedeutung der Gegenstände wird irgendwann unwichtiger.

Die entstehenden Netzwerke und Daten-Flows, die durch eingebaute Sensoren und interaktive Gerätelandschaften produziert werden, werden gelegentlich auch als „Internet der Dinge" bezeichnet. Wenn man die freundlichen Promotion-Videos von IBM betrachtet, die diese Idee propagieren, dann ergibt sich ein neues Bild von der Welt – neu aber nur hinsichtlich der Effizienz, die sich aus der Nutzung der korporativen Konvergenz von Computern zu einem ubiquitären Netzwerk (und deren Verkaufsstrategien) ergibt. Die Begeisterung für das „Internet der Dinge" wird dabei nicht so sehr durch die technologische Sublimierung begründet, sondern vielmehr durch eine graduelle Bekräftigung unserer konsensuellen Beziehungen, die Cisco das „The Human Network" nennt. Andere Beobachter wie Ray Kerzweil verweisen auf die Zeichen der Einzigartigkeit, die Konvergenz der maschinellen Intelligenz, die schwindelerregenden Zyklen, die die Menschheit transformieren – teuflisch oder genial – und aus den Menschen eine neue Art machen wird, die mit der heutigen Spezies nicht mehr wiedererkennbar sein wird. Dazu muss man nicht unbedingt in die dystopischen Träumereien von T.S. Eliot's Prufrock einsteigen, bei denen die Welt auf die Größe eines Balls reduziert wird, sondern kann sich stattdessen die Welt, die wir „real" nennen, irgendwie langsam genug für die meisten weiterdrehen, um mental überleben zu können. Doch sie dreht sich heute nicht für alle gleich schnell. Anders gesagt, die Konvergenz ist global, aber keineswegs universell. An manchen Orten – in den Slums, die sich um die glamourösen Weltstädte ziehen und in den zerfallenen Städten des Industrie-Zeitalters – bedeutet Konvergenz nichts anders als Zusammenbruch. Und in diesen Wüsten des Realen finden wir nicht mehr und nicht minder, dass es immer besondere Menschen sind, die an diesen besonderen Orten leben.

Shanghais Futurama

Mit Adjektiven wie „großartig“, „optimistisch“, „teuer“ und „antiquiert“ werden Weltausstellungen in der Regel als ein Spielfeld der Moderne beschrieben. Man kann diese Ausstellungen als eine Art von Inkubator für neue Formen des Wohnens, der Produktion, des Transports, der Erziehung und Unterhaltung oder als Bühne komprimierter Zeit-Räume sehen, die auf eine globale Aufmerksamkeit von touristischem Konsum zielen (Luckhurst, 2012; Roche, 1998). Wenn man ihre Praktiken und Produkte näher betrachtet, vor allem in Hinsicht auf ihre sozialen und materiellen Konsequenzen, dann wird deutlich, wie diese Aufmerksamkeitsökonomie selbstverständlich wird.

Zudem entwickelt sich eine Art von Karneval neben dieser Form des Hausierens, die als eine Art Verkaufstechnologie von Gegenständen mit Ideen gelten kann, wobei sich frühere wie heutige Weltausstellungen nur als unterschiedliche Variationen der dreiteiligen Präsenz von großartigem Design, professionellen Bezeichnungen und autoritärer Pose verstehen lassen. Das Ergebnis ist eine Moderne, die konsequent erscheint, aber dabei nicht unbedingt gegenwartsbezogen ist. Dies wird vor allem deutlich, wenn man an den Beginn der Weltausstellungen seit der Londoner Fair im Jahr 1851 zurück denkt und sich an die sicherlich bedeutendste im Jahr 1939 in New York erinnert. Diese Einschätzung ist dadurch gerechtfertigt, dass mit diesen Ausstellungen eine Reihe von globalen Erneuerungen verbunden war, die die Verbreitung des öffentlichen Fernsehens, die Propagierung des suburbanen Lebensstils und die Produktion von ikonischer Architektur wie dem Eiffel-Turm beinhalteten. Die Weltausstellungen sind Teil eines modernen Narrativs, das auf eine Kernidee hinausläuft: „Although the themes of world’s fairs have evolved and shifted over the decades, one idea has remained constant: that of progress" (Winter, 2012a, 35). In der Auseinandersetzung mit den nach wie vor bestehenden Weltausstellungen ist deshalb davon auszugehen, dass hier ein technologisches Modernitätsverständnis zum Ausdruck kommt, mit dem Naturkräfte und menschliche Ängste gemanagt, beschwichtigt und weitgehend eliminiert werden sollen:

„From their inception in 1851, world's fairs have mirrored the rise of the modern industrial nation-states and reflected their specific national imperial policies. With their spectacular technological and ethnological narratives, fairs engaged in the mission of ‚manufacturing consent.'" (Rydell, 2000, 131-132)

Ohne Zweifel hat diese Form der Modernität, die auf die Maxime hinausläuft, dass gut geplante Städte gut geplantes Leben ermöglichen, durch die jüngste Zeitgeschichte an Glaubwürdigkeit verloren. Einstürzende Wolkenkratzer und kollabierende Wirtschaftssysteme, zumindest in den USA und Europa, haben die allgemeine Begeisterung für die scheinbar allwissenden Experten, die uns eine schöne neue Welt versprechen, abkühlen lassen. Diese Form der Modernität hat allerdings andernorts auf dem Globus nach wie vor Zulauf. In jenen Ländern, die einst als „sich entwickelnde" oder „Schwellen"-Länder bezeichnet wurden, ist diese Art der Stadtplanung und -gestaltung nach wie vor en vogue.

Abbildung 8: China Pavillon, 2010 Shanghai World's Fair.

Foto: Andrew Wood

Aus diesem Grund ist die Betrachtung der Expo 2010 für unser Verständnis der gegenwärtigen Stadtentwicklung aufschlussreich. Die Volksrepublik China hat die bis heute größte Weltausstellung der Geschichte organisiert, die nicht nur mit einem Investitionsvolumen von 45 Milliarden US-Dollar und einem Besucherzustrom von 73 Millionen Menschen in nur sechs Monaten als unübertroffen, sondern auch durch die vom ökonomischen Boom getriebene Kooperation von Staat und Wirtschaft als einzigartig kann gelten (Winter, 2012b). Beseelt von einem Geist des Optimismus und Vertrauen, der mit dem Slogan „Better Life, Better City" dem Thema der Ausstellung entsprechend auch zum Ausdruck gebracht wird, hat diese Weltausstellung sich genauso um die Wiederherstellung einer totalisierenden Perspektive auf die Moderne, wie sie die Vorläufer bis 1939 auszeichnete, bemüht.

Wenn man nur die Größe, das Ausmaß und die Ergebnisse der Shanghaier Weltausstellung betrachtet, dann kann diese sicherlich als erfolgreich bezeichnet werden. Durch die zielstrebige Umsetzung von dringend benötigten Infrastruktur-Maßnahmen der Region, dem Bauen von Entertainment-Angeboten der Weltklasse und als Fortsetzung der Demonstration des chinesischen Anspruchs als Super-Macht, wie schon bei den Olympischen Spielen im Jahr 2008 sichtbar, zudem auch noch ohne jede terroristische Bedrohung oder durch einen Skandal überschattet –die Erfolgsbilanz kann ungezweifelt als eindrucksvoll gelten. Das ist auf jeden Fall die Sichtweise des Gastgeberlandes (Xinliang et al., 2012). Ob diese Ausstellung jedoch einen bleibenden Effekt außerhalb Chinas hervorgebracht hat, wäre eher kritisch zu diskutieren. Von allen Besuchern waren lediglich sechs Prozent nicht aus China herkünftig. Ein Großteil der chinesischen Besucher haben die Expo im Rahmen von Betriebsausflügen ihrer Unternehmen aufgesucht (Barboza, 2010). Wenn einmal die Massen nach dem letzten Tag verschwinden, wenn das letzte Haibao-Püppchen verkauft wurde – und Kaufleute haben die blauen Plüschtiere in Touristen- und Souvenirläden noch Monate später fieberhaft angepriesen –, nachdem der berühmte blaue Himmel über Shanghai wieder seine eher typische Farbe annimmt, kann man in China und im Rest der Welt die Shanghaier Ausstellung wieder und als eine weitere Blase des kurzlebigen Enthousiasmus vergessen.

Dessen ungeachtet lässt sich fragen, ob die Shanghaier Ausstellung oder ähnliche Events heutzutage überhaupt noch die Art von transformativer Kraft besitzen, die die Weltausstellungen einst hatten, die mit ihren Extravaganzen des Exzesses jene Aspiration zum Ausdruck brachten, mit der sie als Trend-setter in den Moden, als Vermittler der Kultur und Avantgarde der technologischen Innovation fungierten? In einem Zeitalter, in dem solche Konvergenzen des nationalen und korporativen Unternehmertums allzu oft als zu teuer und altmodisch zurückgewiesen werden, lässt sich da noch etwas von Shanghai 2010 lernen? Hierfür gibt es trotz des temporären Charakters der Ausstellung durchaus gute Gründe, da es sich um ein Beispiel von Ortsproduktion handelt, an dem die Repräsentationen von 250 Nationen und internationalen Organisationen eine globale Verschmelzung von Architektur, Kommerz, und Unterhaltung, die so schlichtweg nicht virtuell reproduziert werden kann, betrieben wurde. Die Expo 2010 war ein großes, kräftiges und signifikantes Ereignis. Als Zeichen der Beliebtheit der Ausstellung können sicherlich die überlangen Schlangen der Wartenden vor den einzelnen Pavillons gelten. Im Durchschnitt waren Wartezeiten von acht Stunden einzuplanen, wenn man bestimmte, besonders populäre Pavillons wie die rote invertierte Pyramide oder Saudi Arabiens „moon boat", das mit 150 Daten-Palmenbäume bestückt war, kennenlernen wollte. Die sich ergebenden wartenden Menschenmassen nahmen monumentale Gestalt an:

„Some desperate visitors tried to con their way into the special access line of pavilions by pretending to be confined to a wheelchair. And there were reports that elderly women were standing near the entrance gates offering to rent themselves out as Expo escorts for $25 a day [U.S.] -- a sure way to pass through the special access line." (Barboza, 2010, A4)

Niemand, der an dieser Ausstellung teilgenommen hat, wird diese Warteschlangen jemals vergessen, die durch gelegentliche Berieselung mit abkühlendem Kunstnebel und durch manche gemeinschaftsorientierte Familie, die ihre Nahrungsmittel mit Fremden teilte und dadurch erst ein Gefühl von Gemeinschaft erzeugte, erträglicher wurden. Trotz ihrer augenscheinlichen Extreme ist die Weltausstellung in Shanghai ein lohnenswertes Studienobjekt, das nicht nur als Anekdotenlieferant von sonnenverbrannten Besuchern dienen kann, sondern einen Einblick in eine einzigartige Ortsproduktion, in der physische Räume, Mobilität und Kommunikation ineinander übergehen, ermöglicht wurde und somit viel über die Logik heutiger Urbanität zu lernen ist, auch außerhalb Chinas.

An dieser Stelle muss zunächst darauf hingewiesen werden, dass es notwendig ist, eine bestimmte Form der Kontextualisierung dieses chinesischen Fallbeispiels vorzunehmen, die sich von einer rein philosophisch-hermeneutischen Lesart unterscheidet, die oftmals in Analysen über China aus einer bequemen Interpretationshaltung heraus vorgenommen wird, bei der man beispielsweise die Annäherung an den chinesischen Kontext durch das Lesen einzelner Dokumente der Kommunistischen Partei betreiben kann, so als handele es sich im Falle der chinesischen Nation um ein singuläres und widerspruchsloses Narrativ. Ausländische Beobachter scheitern oftmals mit einer solchen Annäherung an das chinesische Leben, weil sie deren Konvolutionen durch eine Bezugnahme auf die „Großen Erzählungen" zurückführen wollen. Im schlimmsten Fall werden Interpretationen durch Konfuzius-Zitate, einige Meditationen über den Taoteking und sicherlich ein oder zwei Zeilen aus Sunzi's „The Art of War" geleitet, mit der eine irgendwie beschreibbare Gemeinsamkeit eines Landes mit 56 ethnische Gemeinschaften auf einer Landmasse, die sich über 5.000 Kilometer erstreckt, gefunden werden soll. Außeracht bleibt dabei die heutige autoritäre Regierung in Beijing, die jede Bewegung durch Massen von Überwachungskameras verfolgen lässt.

Die Unzahl an Verbindungslinien zur Partei und der militärischen Führungsebene könnte als eine weitere Möglichkeit erscheinen, um die Kohäsion und Konsistenz der chinesischen Gesellschaft zu stärken. Doch schon eine erste Reise jenseits der Hotelzimmer von Beijing und Shanghai wird jedem Besucher die Augen öffnen für die komplexere Wirklichkeit der kosmopolitischen Küstenstädte, in die Millionen Landflüchtlinge um ihr karges Überleben kämpfen müssen. Keine einzige staatliche Bürokratie kann diese entschiedenen Massen managen, die sich nicht mehr durch Familienstrukturen und lokale Traditionen leiten lassen, so wie keine noch so große Polizei- oder Militärmacht deren planlose Ökonomie, ihre Straßengeschäfte und ihren Mobilitätswillen, immer dorthin zu gehen wo es Arbeit geht, durchkreuzen kann. Welche Doktrin in Beijing auch immer ausgegeben wird, das Alltagsleben in China scheint alledem nach der Devise des alten Sprichworts zu folgen: „Die Berge sind hoch und der Kaiser ist weit." (Hessler, 2010, 41)

Eine solche Sichtweise hilft wahrscheinlich eher den wirklichen Sinn der Expo 2010 nachzuvollziehen. Es ist deshalb darauf zu verweisen, dass „historically, expositions have offered a utopian spirit in their design. China's own event may be more about articulating a vision of the future rather than guaranteeing the capacity of the state to achieve it" (Fernsebner, 2010, 675). Die Weltausstellung beweist daher nicht, dass sie lediglich als Ausdruck einer monolithischen sozialen Ordnung zu sehen ist, sondern vielmehr als ein Beispiel für eine Anstrengung zu gelten hat, in der ein nationaler Impuls gegen die Kräfte von Hunger, Entfernung und Vergangenheit galvanisiert.

TOURING DER AMERIKANISCHEN UND CHINESISCHEN ZUKUNFT

Eine Betrachtung der Shanghai World's Fair, die in dieser Weise vorsichtig und angemessen die vielen unterschiedlichen Aspekte zueinander in Beziehung setzt, kann an dieser Stelle nicht geleistet werden. Stattdessen soll hier auf jene Gesichtspunkte hingewiesen werden, die die gegenwärtige Strategie illustrieren, mit der die Spannungen der modernen Urbanität angegangen werden sollen. Für eine solche Diskussion kann als erstes Beispiel der SAIC-GM-Pavillon ein guter Ausgangspunkt sei. Dieser repräsentiert zunächst einmal einen Zusammenschluss der ehemaligen Shanghai Automotive Industry Corporation (jetzt SAIC Motor Corporation Limited) mit dem in Detroit ansässigen Autobauer General Motors. Interessanterweise wurde mit diesem Pavillon versucht, noch einmal den Esprit des Futurama-Pavillons von GM aus den beiden New Yorker Weltausstellungen (1939-40 und 1964-65) neu zu beleben.

Abbildung 9: Futurama, 1939-40 New York World's Fair.

Postkarte aus der Kollektion von Andrew Wood

Futurama, wie Historiker der Weltausstellungen betont haben, demonstrierte eine Amerikanische Zukunft, die Schon-Beinahe-Hier-Welt der Autoproduzenten im Jahr 1960. Die zentralistische Stadtplanung wurde zelebriert. Futurama forderte couragiert seine Besucher auf, sich selbst zu fragen, warum sie weiterhin in den überbevölkerten Städten leben und an den heruntergekommenen Kleinstädten leiden sollen, während es doch möglich ist, sich über den Kontinent auszubreiten. Warum sich in volle Busse quetschen, wenn man im eigenen Auto sitzen kann?

General Motors versprach Autobahnen, die bei jedem Wetter zu befahren sind und erschwingliche Autos, wodurch sich der Charakter des öffentlichen Lebens nachhaltig veränderte und es jedem Arbeiter ermöglicht wurde, ein bisschen am amerikanischen Traum teilzuhaben, weil er sich ein suburbanes Haus mit Garten vor der Stadt kaufen kann. GM's Futurama funktionierte in einer klassischen Weise als Beitrag zur Weltausstellung, indem es Mittel gegen die Ängste der modernen Welt anbot: das Schließen von Grenzen, das Entwickeln von Suburbia und die Gründung des korporativen Staates. Die New Yorker Ausstellung aus dem Jahr 1939 diente als nationales Allheilmittel, um sich von den Schrecken der Depression zu erholen und sollte einen entsprechenden Optimismus ausstrahlen, während die Kriegsgespenster von jenseits des Atlantiks neue Ängste hervorriefen. Dies kommt besonders in deren Slogan „Building the World of Tomorrow with the Tools of Today“ zum Ausdruck, der sehr One-Linern von Handelskammern ähnelt. Diese Ausstellung gleicht in ihrer grundlegenden Weltsicht der chinesischen insofern, dass die Bedeutung zentraler Steuerung und Planung bekräftigt wird, wenn es um die Bekämpfung sozialer Unsicherheiten und von Verkehrsproblemen geht, wobei die Botschaft eingepackt wird in ein Spektakel von „amusement, information, and promotion“ (Fotsch, 2001, 84). Die Förderung der neuen Automobilität erfordert es, dass die Menschen sich an sich permanent intensivierenden Kontrollen ihres Verhaltens anpassen. Die Verbesserung von Straßenwegen geht mit dem Wunsch von Regional- und Stadtplanern einher, dass sich vorher auseinander differenzierende und uneinheitliche Kommunen und Gemeinden vereinheitlichen mögen. Die Vision von „Einheit“ ist deshalb auch ein zentrales Anliegen der Weltausstellungen, auch wenn dies eher im Subtext der World Fairs deutlich wird. Unternehmen sorgen in diesem Narrativ für Fortschritt und fordern diesen auch gesellschaftlich ein. Ihre Manager erhalten hier wie selbstverständlich die Führungsrollen.

Die Futurama-Version aus den Jahren 1939 und 1940 konstruierte ein disziplinäres Setting, in welchem der Besucher durch sich individuell bewegende Sitze in eine illusionäre Landschaft von Horizonten und Highways eintauchte. Die Umgebung wurde abgedunkelt, um die Aufmerksamkeit des Besuchers auf die sich bewegenden Displays zu konzentrieren. Ein Ausstellungsplakat erklärte: „you descend [into a moving car that carries you past a diorama of 1960s-era highway design] sinking into the upholstered depths“ (General Motors Corporation, 1939). Man kann sich vorstellen, dass dadurch ein Bild produziert werden sollte, das schon fast eine infantile Vertrautheit hervorrufen will, die durch Kräfte jenseits des menschlichen Verstandes operieren. E.B. White (1939) beschrieb zutreffend:

> „When night falls in the General Motors exhibit and you lean back in the cushioned chair (yourself in motion and the world so still) and hear (from the depths of the chair) the soft electric assurance of a better life -- the life which rests on wheels alone -- there is a strong, sweet poison which infects the blood. I didn't want to wake up.“ (26)

Eine hilfreiche aber unvollständige Parallele zwischen dieser Art von Erfahrung und dem heutigen Leben könnte in der Kino-Architektur gefunden werden, bei der durch die genutzten Abspieltechniken eine geradezu perfekte Fokussierung unserer Sinneswahrnehmungen auf ein einziges Thema stattfindet. Jenseits von Futurama und seiner schnellen Beschreibung der Welt um 1960, die Beziehungen zum Heute hin gleitend, kann man dort in den Traum einer undeutlichen Gegenwart eintauchen. Diese Transformation war ein Meisterstück der Bühnengestaltung, „ a moment of darkness and you rise from your chair in the heart of the City of the Future whose buildings tower, full sized, on every side“ (General Motors Corporation, 1939, n.p.). Man stelle sich für einen Augenblick die Macht dieses Momentes vor, der zum Wegblinzeln der Schatten und zum Verweilen bei den Versprechen der Neuen Welt einlädt.

Abbildung 10: GM-SAIC Pavillon, 2010 Shanghai World's Fair.

Foto: Andrew Wood

Während General Motors nicht mehr denselben Einfluss ausübt wie es dies einst getan hat, hat sich das Unternehmen dennoch bemüht, seine weltweite Bedeutung zu demonstrieren, indem es eine neue Generation von umweltfreundlichen Fahrzeugen zur Expo 2010 schickte. Aus diesem Anlass hat sich GM mit SAIC verbündet und einen „4-D"-Film über das Shanghai im Jahr 2030 produziert, der eine Urbanität der technologisch mediatisieren Interaktionen bebildert, die eher in China als in den USA vorstellbar erscheint. Der Film beginnt (nach der Titel-Sequenz) mit einem Bild der Erde und einem aufgehenden rotfarbigen Mond, der sich in ein linsenflackerndes Artefakt verwandelt, das auf einem die Autobahn entlang rasendes Auto befestigt ist. In diesem sitzt ein grauhaariger Mann, der eher gefahren wird als selber fährt. Seine Aufmerksamkeit richtet sich auf Ikonen und Graphiken, die sich am Fenster vorbeischrauben. Mit einer Hand winkt er, um Optionen zu navigieren. Ein Bild seiner Tochter erscheint; er beginnt einen Video-Chat. Sprecherstimmen übermitteln die tristen Sounds eines anstrengenden Signals. Das Auto fährt währenddessen weiter und die Zuschauerschaft fließt mit, zuerst zum blauen Himmel schauend und dann weiterblickend zum Panorama von Shanghai des Jahres 2030, das nur eine unendliche Landschaft von Hochhäusern darstellt, die sich über einen sanft geschwungenen Horizont erstreckt. Sonstwo in der Stadt verlässt ein weiteres Bubble-Auto einen anderen Highway und benutzt dazu einen Fahrstuhl, bevor es in eine glänzende Infrastruktur verschwindet, eine sich bewegende Einkapselung in einer bewegenden

Einkapselung. Wir sehen eine Bewohnerin, eine junge Frau mit ihrem Hund. Als sie im 20. Stock ankommt, gleitet der Wagen der Frau über die Oberfläche des Glass Tower, bevor sie in ihr Apartment tritt. Erst jetzt erfährt der Zuschauer, dass die Frau blind ist und ihr Hund ein Blindenhund ist. Ihre Hand navigiert eine vollkommen weiße Oberfläche in der Suche nach einem Kommunikationsgerät, das von einer rotglühenden Anzeige symbolisiert wird. Langsam geht sie zu einem Raum, der vom Blick auf die Stadt ausgefüllt wird. Dort hört sie die Stimme ihres Vaters. Das Fenster ist geschlossen, aber der Wind streift ihr Haar, als sie sich einen Augenblick lang an ihre Kindheit erinnert. Sie ist ein junges Mädchen und spielt mit dem Vater Klavier. Seine große Hand liegt neben ihren kleinen Fingern, die sich über den Tasten bewegen. Von oben eingeblendet sieht der Zuschauer jetzt das Klavier, das als Instrument wie die Stadt aussehen soll: Türme aus Elfenbein in geordneter Reihung. Die junge Frau starrt weiter auf Shanghai hinaus; eine Szene, die in zwei Straßen gipfelt, die zu hohen Türmen mutieren. Die Szenen überschneiden sich dann mit den Bildern von Vater und Tochter, die in ihrer Isolation vereint sind. Später werden dem Zuschauer noch weitere Charaktere vorgestellt wie etwa den Ehemann, der zu viel Arbeit hat, um die Geburt seines Sohnes beobachten zu können oder ein Paar, von dem ein Teil nach Videospielen süchtig ist.

Abbildung 11: GM OnStar Technology, 2010 Shanghai World's Fair.

Foto: Andrew Wood

In diesem Film werden durchgängig diese kleinen Geschichten erzählt, in denen Menschen an ihrer Abkapselung durch die modernen Technologien leiden, bevor sie lernen, dass sie diese auch für sich nutzen und ihre sozialen

Beziehungen verbessern können. An einer Stelle heißt es dazu (auf Chinesisch): „Der Fortschritt der Technik vergrößert unser Leben. Dennoch entfernt er auch leise unser Herz. Grüße aus der Ferne können niemals die Wärme einer Umarmung ersetzen. Nur ‚Xíng' [行] kann weiter gehen, kann die Liebe Wirklichkeit werden lassen." Das Zeichen für „Xíng" enthält im Chinesischen üblicher Weise eine Menge unterschiedlicher Bedeutungen, so unter anderem auch „zu gehen", „zu reisen" oder kompetent für etwas sein, aber es kann auch auf eine disziplinäre Funktion hinsichtlich des Verhaltens einer Person ausgerichtet sein. Für SAIC-GM bedeutet dieses Xíng, dass die zukünftigen Menschen sich durch eine bunte Zukunft navigieren, die von Kopfhörergeräten und Video-Konferenzen geprägt wird. Der Film repräsentiert diffuse Erinnerungen und Nah-Tod-Erfahrungen und ein globales Konzert, das von allen beobachtet wird – von weltraumgeborenen Chinesen und betrunkenen amerikanischen Nachtschwärmern. Insgesamt verkörpert dieser Film eine unverfrorene Lobhudelei auf die Macht der Unternehmen und der allumfassenden Technologie, die zusammen für das hehre Gut sorgen. Nach der Filmvorführung tummeln sich kindliche Schauspieler um reale Versionen des Autos der Zukunft, wie um einen Techno-Maibaum tanzend, während die Besucher sich aufeinander kranen, um Fotos zu nehmen. Diese Ausstellung von GM-SAIC sollte eine in China auffindbare Urbanität visualisieren und selbstverständlich erscheinen lassen, dass mit Disziplin eine mediatisierte Form der menschlichen Verbundenheit entsteht.

Abbildung 12: Haibao, 2010 Shanghai World's Fair.

Foto: Andrew Wood

Andere Teile der Weltausstellung verfolgen ähnliche Strategien, mit denen eine abstrakte Kontrolle mit sanftmütiger Spielfreudigkeit verbunden wird. Höchstwahrscheinlich konnte sich kein Besucher jemals ganz der allumfassenden Dauerpräsenz von Haibao, dem tanzenden, lächelnden und freundlichen Expo-Maskottchen, das niemals bei der Disziplinierung der Besucher zu ermüden schien, entfliehen. Ein repräsentatives Cartoon, das jeder Besucher, der von einem Ende der Ausstellung zum anderen fährt, zu Gesicht bekommt, zeigt, wie ein zu laut sprechender Zuschauer aus einem Film herausgeholt wird, weil er mit seinem Handy die anderen Filmzuschauer stört. Dieses Muster wird noch deutlicher, wenn man dann sieht, wie Haibao zu deren Rettung eilt und dann noch sanft darauf hinweist, auf diese sozialen Gesetzesverbrecher mehr zu achten. Der Handy-Nutzer errötet, die Lektion ist angekommen. Während der Expo in Shanghai war Haibao überall zu sehen – auf Gullideckel, in Komik-Büchern und vielen anderen Orten mehr, so dass die Dauerpräsenz für die Anweisung von sozialen Verhaltensregeln, etwa keine Taschen in der U-Bahn stehen zu lassen, älteren Leuten einen Platz anzubieten, keine Pyjamas auf der Straße zu tragen (was in Shanghai an sich nicht unbedingt ungewöhnlich ist) und vor allem sich anständig in der Reihe anzustellen, zur ubiquitären Hintergrund-Gestaltung wurde. Wie Houdart (2012) unterstreicht: „The Expo appears finally as an occasion to discipline Chinese crowds, or simply an occasion to show that Chinese crowds can be disciplined" (133, Hervorh. i. O). Dem folgten auch entsprechende Aufforderungen im gebrochenem Englisch: „Keeping observing the discipline, making World Expo more wonderful!"

Abbildung 13: Urban Future Pavillon, Cinematic Cities, 2010 Shanghai World's Fair.

Foto: Andrew Wood

Der „Urban Future"-Pavillon verbreitete ebenfalls diese Atmosphäre freundlicher Disziplin, mit der aus einer ehemaligen Kraftwerkhalle dank mediatisierter Kommunikation ein Ort der Harmonie wurde. Im Eingang finden sich lange Gänge mit Video-Panoramen, die unablässig Bilder von früheren Städten der Zukunft zeigen, unter anderem Ausschnitte aus dem Metropolis-Film von Fritz Lang. Diese Szenerien sind sicherlich ausgewählt worden, um die Besucher zu unterhalten und sollen wohl die Botschaft zum Ausdruck bringen, dass die Zukunft auch schon eine lange Vorgeschichte hat. Danach wandelt man zwischen Skulpturen, die als Bücherstappel aufgebaut sind und die jeweils eine Utopie oder optimistische Sicht auf die Zukunft repräsentieren sollen (La Phalanstère, Citta Del Sole oder Thomas Morus' Utopia). Teilweise werden sie neben digitale Bücher gestellt, in denen automatisch Seiten über Stadtplanung aufgeschlagen werden.

Abbildung 14: Urban Future Pavillon.

Foto: Andrew Wood

Ein 35-Meter hoher Screen zeigt Kinder, die zwischen kristallenen Zweigen künstlicher Bäume herumtänzeln und digitale Drachen, die in den Himmel aufsteigen. Andere Displays sagen ein nahes Zeitalter voraus, wenn einsame Menschen von ihren bequemen Schlafzimmern aus in simulierte Konzerte für virtuelle Zuschauerschaften eintauchen. Ein Videofilm über die Hochzeit zwischen chinesischen und nicht-chinesische Partnern soll eine sich entwickelnde Harmonie zwischen den Kulturen symbolisieren. Callahan (2012) stellt hierzu allerdings hinsichtlich der Virtualität dieser Hochzeit eine sehr praktische Frage: „Since the bride was in Beijing and the groom in New York, how was the marriage consummated?" (255) Die Besucher konnten auch eine spielerische, vielleicht sogar ironische Position in diesem Pavillon ausmachen – ein verstörender Rauchfang war immerhin als „Expo Harmony Tower" bezeichnet worden. Die eigentliche Botschaft jedoch war, wenngleich bunt dargeboten und nur ephemerisch gemeint, wieder die gleiche. Das Leben in der Stadt wird zu einer digitalen Projektion der mediatisierten Begegnungen. Die Stadt lässt sich am besten als eine Mauer von abstrakten Gebäuden verstehen, die zumeist nur aus chinesischen und englischen Worten reflektierenden Oberflächen bestehen. Ansonsten gibt es nur ein anderes Display: eine einzige Überwachungskamera, die zwischen den Fassaden hin- und herschwenkt. Eine Info-Tafel trägt die Aufschrift: „Die Zukunft ist hier."

Abbildung 15: Der chilenische Pavillon auf der Shanghaier Weltausstellung. Well of the Antipodes.

Foto: Andrew Wood

Die ausländischen Ausstellungen, in ihrer Machart und manchmal durch ihre Gestaltung, komplizieren dieses Narrativ chinesischer Provenienz aber im Prinzip nur in einer Hinsicht: Der chilenische Pavillon schien das Thema der Expo 2010 „Better Life, Better City" zu begrüßen, sich aber auf das Thema Urbanismus zu konzentrieren. Zugleich allerdings vertrat dieser Pavillon eine wesentlich mehr herausforderndere, mehrdeutige Haltung. Während unter den Füßen der Besucher ein Blick auf das Leben in Suburbia aus der Vogelperspektive vorbeirollte, sprach eine körperlose Stimme aus dem Off: „Was ist eine Stadt?" In der Nähe regte ein auf den Kopf gestellter Apartment-Komplex dazu an, sich mit einem traditionellen chinesischen Sinnspruch (kōan 公案) auseinanderzusetzen: „Wenn keiner den anderen kennt…wie kann man dann in derselben Stadt leben?" Am Ausgang konnten die Besucher in den „Brunnen der Antipoden" schauen, der wohl suggerieren sollte, dass sich Stadtbewohner aus China mit denen am anderen Ende der Welt verbinden können. Das eingespielte Video versprach in etwa dasselbe, doch die dunklen Schächte des Brunnen nuancierten diese Botschaft doch in erheblicher Weise, so dass ein Gefühl von der verbleibenden Entfernung aufrechterhalten wird. Der britische Pavillon hingegen vermied den direkten Bezug auf das Thema Stadt und zog die Besucher in eine „Sitz-Kathedrale", die aus 60.000 Acryl-Felsen komponiert war, die die fragile Bio-Diversität der Erde veranschaulichen sollten. Das Material war aus Holz und Stahl, in das kleine Aluminium-Rohre integriert wurden, die als Ummantelungen für zerbrechliches Laubwerk, das sich im Wind bewegt, dienten. Wenn man in der „Seed Cathedral“ steht, dann konnte sich das Gefühl einstellen, dass man wie in einem Kronleuchter sitzend geschaukelt wird. Dieser verinnerlichte Organismus schwankte sozusagen mit einer subtilen Kritik an der urbanistischen Utopie der Expo 2010. Natürlich hat kein Ausstellungsbesucher den spanischen Pavillon verlassen, ohne den dezidiert unruhigen Ton genossen zu haben. Man läuft unter ein Video display, auf das die Leute schauen – Besucher werden zu Ausstellungsobjekte – und manchmal beben sie im Takt von Pamplona-Stieren, die durch das Gebäude jagen. Aber wohl niemand kann verhindern nicht „Miguelín“ anzustarren, den Isabel Coixets als sieben Meter hohen animatronischen Koloss und als gurrenden, blinzelnden und nickenden infantilen Giganten geschaffen hat und der uns als stammelnde Erinnerung, wenn nicht gar als Kritik, an Chinas Ein-Kind-Politik dienen soll. Diese Ausstellungen und andere könnte man als Mit-Begründung der Expo-Thematik verstehen, aber ihre Heterogenität hat eher die Sorge der Ausstellungsverantwortlichen hervorgerufen. Diese haben von vergleichbar an Kontrolle orientierten Veranstaltungen wie jenen in Las Vegas oder die überall auffindbaren Disney-Parks viel gelernt. Die Weltausstellung in Shanghai produzierte einen Rahmen für die fortgeschrittene Moderne, in der das Handhaben von Unterschieden und das Erscheinen von unterschiedlichen Narrativen auf den betreffenden Oberflächen, ein bleibendes Vertrauen in die Tiefenstrukturen der Macht herstellen soll.

Abbildung 16: Der spanische Pavillon auf der Shanghaier Weltausstellung. Well of the Antipodes.

Foto: Andrew Wood

Die Ewigkeit, so wurde gesagt, wohnt in Rom, bevor die Stadt von der Zukunft übernommen wurde. Dann siedelte sich die „Weltstadt" für kurze Zeit in Paris an, dann London und New York. Danach ging es weiter in den Westen. Vorhersagen weisen auf den pazifischen Raum, wo Shanghais Neon-Anker in der Pudong New Area herabgelassen wurden und damit vielleicht der Pax Americana den letzten Todesstoß versetzt hat (Layne, 2012). Shanghai ist aber nicht die „City of the Tomorrow", zumindest wenn man die Gleichzeitigkeit oder temporale Koexistenz der multiplen Vergangenheiten und Zukünfte berücksichtigt (Lagerkvist, 2010, 223). Kein einziges Narrativ kann eine Stadt in Gänze umfassen und beschreiben, so wie kein kosmopolitischer Ort sich selbst als für alle angenehm darstellen wird. Das heraufziehende Jahrhundert Chinas wird darüber hinaus auch nicht noch einmal die Unipolarität der Welt des Kalten Kriegs wieder herstellen. Jeder ausländische Besucher der Volksrepublik China, der an einem heißen Sommertag vielleicht einmal die Gelegenheit hat, mit unterschiedlichen Menschen zusammenzutreffen, wird schnell lernen, dass sich die meisten Chinesen eine Anerkennung wünschen, die in Einklang mit der Größe und dem Wohlstand des Landes steht, dies aber nicht unbedingt als ein hegemonistisches sondern eher nach Harmonie suchendes China (Nordin, 2012, 245-246). Die Beobachter warten und hoffen, dass sie einen Blick in die Zukunft gewährt bekommen. Spätestens im Rückblick auf die Expo 2010 können wir jedoch die Grenzen eines solchen dichotomen Gedanken erkennen.

Abbildung 17: Der spanische Pavillon auf der Shanghaier Weltausstellung. Well of the Antipodes.

Foto: Andrew Wood

Nach der Expo haben Shanghai und China große Anstrengungen unternommen, um das übergroße und teure Gelände der Ausstellung als Basis für weitere Wachstums- und Innovationsschübe zu nutzen. Und wie man dies bei solchen allgemein formulierten Ansprüchen erwarten kann, vollzieht sich dieser Prozess wesentlich langsamer als von den Planern erwartet wurde. Immer noch, wenn man auf das ehemalige chinesische Pavillon schaut, erscheint die rotlackierte Aufschrift der „Oriental Crown", das nun in ein China Art Museum umgewandelt wurde und man kann sich kaum vorstellen, dass China nicht weiter in zunehmender Weise die gegenwärtige Urbanität prägen wird. In einem Flyer der Expo 2010 wird folgende Zukunftsversion angeboten:

„Man is the cell of a city, and also its soul. It is man who gives city its culture, character and innovative power. With mankind increasingly turning into an „urban species," the city needs to accommodate larger and more diversified population. People beyond the urban boundary are equally put under the spell of urbanization for their well being" (Bureau of Shanghai World Expo Corporation, 2010, 11)

Die Verwandlung der Menschheit in eine andere Spezis, die Art und Weise, wie Unterschiede in einem kohärenten disziplinierenden Rahmen eingeordnet werden und der Zauber der Urbanisierung, der die Bedrohung durch Konfrontationen bezwingt: Wir mögen diese Sichtweise ablehnen und darauf verweisen, dass Interpretationen dieser Großevents nur basiert sind auf den geistlosen Statements von Bürokraten aus Beijing, die auch in Boston, Barcelona oder Buenos Aires zu finden wären. Dennoch erscheint es wenig weise, die Lektionen der Expo 2010 zu ignorieren. Wie bei allen vorherigen Weltausstellungen können ihre Wahrheiten und Fehler etwas über die zukünftige Welt beinhalten.

Rückkehr zur Stadt?

Ausblick

Die Sprache und ihre Regeln sind Produkte einer wechselseitigen Abhängigkeitsbeziehung. Wir reden über die Stadt, den Ort, die Gesellschaft, das Territorium und den Raum in einer Weise, die sich durch die Begrenzung der Kombinierbarkeit der verwendeten Vokabeln ergibt. Wie diese Begrifflichkeiten zusammenzuführen sind, ist durch vorhergehende Konventionen festgelegt oder soll durch Kontrollinstanzen monopolisiert, kontrollliert und reglementiert werden. Die Erforschung der „Stadt" steckt damit in einem Dilemma, da ihr quasi immer die Aufrechterhaltung eines Redestils auferlegt wird, in der sich eine solche semantische Engführung ergeben soll.

In der Praxis der Stadtforschung hingegen öffnet sich ein weiteres symbolisches Universum von Bedeutungen, die sich nicht nur in der Form der sprachlichen Zeichen, sondern die sich auch und vor allem in ihren visuellen Dimensionen ergeben. Diese Zeichenwelten sind wesentlich wilder und ungezähmter. Über die Stadt zu reden hat kulturgeschichtlich von daher immer schon bedeutet, dass die Sprache diese nicht-sprachlichen Eindrücke nachahmt, zu beschreiben versucht und mit dem Akt der Interpretation Sinnzuschreibungen hergestellt hat. Die zivilisatorische Fähigkeit der Ekphrasis beruht auf eben dieser menschlichen Fähigkeit.

Wenn in diesem Buch von Métapolis und Omnitopia, von Ortlosigkeit und der Fiktion der Orte die Rede war, dann scheint dies nur eine weitere Variante in der unendlosen Praxis des jeweiligen Neubenennen eines vorhandenen Gegenstand zu sein, die einer Aktualisierung eines klassischen Theaterstücks gleicht, wie wenn heutige Theaterregisseure sich mit der Frage beschäftigen, in welcher Weise Shakespeare für Ohren und Augen des 21. Jahrhunderts gespielt werden muss. Die Aktualisierung des urbanen Voikabulars unterscheidet sich hiervon allerdings in mehrerer Hinsicht. Zum ersten gibt es keinen Ursprungstext des Städtischen. Es gab und gibt immer wieder neue und unterschiedliche Städte, die in ihrer materiellen Erscheinung und der Weise, wie sie wahrgenommen wurden und werden, zu benennen wären, die epochal und auch interkulturell als das „Original" bezeichnet wurden. In dieser Hinsicht lässt sich ein Großteil des professionellen und akademischen Disputs als eine Form des Streits über die Frage nach ebendiesem Ausgangstext verstehen. Meine Stadt ist mehr Stadt als Deine.

Zum zweiten ist die Rede von der Stadt aus dem Kontext einer Perspektivenwahl zu verstehen, in der der Blick auf die Stadt von einem Kirchturm herab zu erfolgen scheint. Der Blick auf Augenhöhe mit den Anwesenden wäre hingegen auf die Erkennung von interner Differenz – nicht auf Überblick – angelegt. Wer von der Stadt redet, hat ein kontrastierendes oder alternatives Begriffsbild, das sich semantisch manchmal dual (Stadt-Land, Stadt-Dorf), manchmal kategorisch (europäische Stadt, Zwischenstadt, Großstadt) oder auch als Beurteilungsvokabel (das reiche München, die überbevölkerte Megacity, das globale New York) darstellt. Damit wird eine personifizierende Beschreibungsgrammatik genutzt, die die urbane Komplexität in einer Weise reduziert, so dass Begründungszusammenhänge für Programme, Projekte und Politiken, einschließlich denen damit einhergehenden Rollen- und Machtverhältnisse, sprachlich konstruiert werden können.

Drittens kann anhand der Rede von der Stadt über die Grenzen der Erfahrbarkeit der städtischen Zivilisation nachgedacht werden. Eine solche Perspektive sollte mit dem Diskurs über die „ortlose Stadt" provoziert werden. Die Provokation zielte deshalb nicht auf die beiden erstgenannten Unzulänglichkeiten des Stadt-Diskurses. Die Aktualisierung des professionellen Jargons ist Aufgabe derjenigen, die ihn betreiben und nicht der akademischen Reflektion, wie sie hier erfolgte. Nach unserer Beobachtung ist diese Aktualisierung allerdings kaum noch möglich und wird sie eher außerhalb der geschlossenen Türen der betreffenden Institutionen betrieben. Architekten, Stadtplaner und Stadtforscher drohen hier in eklatanter Weise den Anschluss an die relevanten gesellschaftlichen Diskurse zu verlieren. Dies hat mit der beschriebenen zweiten Unmöglichkeit der Rede von der Stadt zu tun, die vor allem durch die Reflektionsverweigerung über die Konventionalität des Stadtbegriffs generiert wird. Es fehlt eine Verständigung über die Autorisierung des Redens über die Stadt, mithin also ein Metadiskurs.

Das Insistieren auf eine semantische Koppelung von Sprechakten über die Stadt an das Realitätsprinzip, mit dem eine Aussage über einen außerhalb des Sprachlichen und der weiteren menschlichen Symbolik liegenden Gegenstandes erzwungen werden soll, ist die überkommene ekphratische Vorstellung, dass man die Stadt so beschreiben kann wie sie wirklich ist und dass man sich an eben dieser Abbildungsfähigkeit der Realität messen lassen muss. Der Architektur scheint der Sinn abhanden zu gehen, wenn sie sich vom Prinzip der Realitätsabbildung verabschiedet und damit droht ihr nicht nur ein Traditionsverlust oder ein weiterer Bedeutungsverlust. Wenn man nicht unterstellen mag, dass der Verlust des manchmal subtil vorfindbaren Anspruchs eines privilegierten Verständnisses über die Stadt der eigentliche Grund für diese Angst ist, dann stellt sich die Frage nach der verbleibenden Bedeutung von Architektur und „Stadtplanung". Das gängige Muster, um auf diese Frage zu antworten, sollte durch den Parcours durch die ortlose Stadt und ihren verschiedenen Beschreibungen durchbrochen werden. Die Irritation, insofern sie hier gelungen ist zu reproduzieren – die Autoren haben sich mit ihrem herantastenden Vokabular nur bemüht diese wiederzugeben, sie sind nicht deren Ursache oder Autoren –, erzwingt keine Aufhebung der Kritik an den vorhandenen Stadttheorien und -narrationen, sie verdeutlicht vielmehr, dass deren Scheitern eine Meta-Ebene der Kommunikation erfordert, die weder abschließend noch durch Textlichkeit konstruiert werden kann.

Die Frage nach der Rückkehr der Stadt hingegen ist nicht nur naiv oder nostalgisch, sie verweigert sich der Erkenntnis, dass es einer neuen Kommunikationsebene bedarf, in der die Fragestellung als solche beurteilt werden kann. Der Gestus der Frage ist hochgradig problematisch. Die Schlussfolgerungen aus den Beobachtungen der Métapolis und der omnitopischen Urbanität, der ortlosen Stadt und der Fiktion des Urbanen – die alle noch vokabularisch um Anschluss an den Stadt-Diskurs bemüht sind – legen es nahe, dass die grundlegende Frage nach der Konstruktion von Orten und den diesen Prozessen zugrunde liegenden Prinzipien, Strukturen und Fiktionen insgesamt der Reflektion unterworfen werden sollten. Wenn dabei von der Fiktionalität des Ortes gesprochen wird, dann ist dies nur dann provokativ, wenn die Virtualität und die zunehmende Virtualisierung der menschlichen Zivilisation außeracht gelassen wird und Fiktionen als

Gegenteil von Realismus betrachtet werden. Der Realismus der modernen Architektur ist aber nur ein scheinbarer, so wie auch die Rationalität der Moderne insgesamt kein fiktionsfreier Raum ist. Die Moderne ist tiefdurchdrungen von Vorstellungen, Wünsche, Sehnsüchte, Ängste, Phobien und Irrationalitäten, die sie gerne der traditionellen Gesellschaft zuschreiben möchte, vor allem um sich von diesen auf diese Art zu entledigen.

Die Reflexivität der Moderne bedeutet, dass eine solche metakommunikative Aufhebung der eigenen Blindflecken betrieben würde. Diese Aufgabe kann nicht delegiert werden. Die moderne Wissenschaftskultur hat sich deren Bearbeitung derart angenommen, dass dies diszipliniert und professionalisiert durch Arbeitsteilung erfolgen soll. Das Projekt ist die klassische Umsetzung einer solchen Wissensstrategie, die die eigenen Vorstellungen und Fantasien über die Stadt durch Leistung legitimiert und im meritokratischen Sinne und im Rahmen der politischen Gewaltenteilung kontrollierbar macht. Mit der Anerkennung der ökologischen Grenzen des Wachstums und der humanistischen Kritik, dass nicht alles, was machbar ist, auch wirklich gemacht werden sollte, stehen die Grundlagen dieser auf Effizienz und Handlungsfähigkeit zielenden Projektorientierung seit den siebziger Jahren unter Verdacht, nicht mehr dem Anspruch der Mehrung des Allgemeinguts zu folgen, sondern vielmehr eine „hidden agenda" zu beinhalten, die Partikularinteressen der ausführenden Stadtplanung und deren Akteure zu verfolgen. Das Pochen auf Umsetzung, Praxis, die Kanonisierung von Architekturtheorie, das Anhimmeln von Stararchitekten und die Ignoranz gegenüber große Teile der Bevölkerung, die die ästhetischen Wende in der Architektur der neunziger Jahre ablehnen, haben verhindert, dass sich eine kommunikative Struktur ausbildet, in der die Reflektion über die impliziten Annahmen der eigenen Narrative und die unhinterfragbaren Selbstverständlichkeiten des Handelns stattfindet.

In der Konsequenz bedeutet dies, dass eine politische Instrumentalisierung und eine durch mächtige Akteure der Bauindustrie erzeugte Abhängigkeit hingenommen werden muss, die den Status quo der Machtlosigkeit von Architekten und Stadtplaner verschleiert, beschönt und gutredet. Die Rückkehr der Stadt-Diskurse kann als ein Teil dieser Entmachtung gesehen werden. Hierfür mag als augenscheinlichstes Beispiel die „Leipziger Charta zur nachhaltigen europäischen Stadt" gelten (vgl. Eltges und Nickel, 2007). Dieses Dokument ist bekanntlich kein politisches oder gesetzgeberisches. Wozu dient es aber dann? Seit langem betreiben die europäischen Großstädte mit ihren Lobbyorganisation EUROCITIES eine politische Agenda, die es sich zum Ziel gesetzt hat, die Vertretung der Großstädte in der Europäischen Union zu stärken. Gegen eine solche Bevorzugung der Metropolen Europas gibt es aber viele Gründe, die die Volksvertreter bislang davon abgehalten haben, dem Anliegen nachzugeben. So werden die Kleinstädte, in der die Mehrheit der Europäer leben, dabei nicht berücksichtigt, weswegen sich auch eine, wesentlich weniger erfolgreiche Lobbygruppe der Klein- und Mittelstädte gegründet hat. Die Leipziger Charta proklamiert, dass wirtschaftliches Wachstum und Wettbewerbsfähigkeit von der Entwicklung der Städte in Europa abhängen. Zugleich wird ein Lippenbekenntnis abgegeben, dass die „Renaissance der Europäischen Stadt" auch eine sozial ausgewogene (social cohesion) und die Stadt der Ort kultureller Vielfalt und Reichtums sei. Man mag dieses Dokument als frommen Wunsch lesen, dass die Städte quasi auf wundersame Weise einfach alles zu bieten haben, was Bürger und Politiker sich wünschen. Die Charta lediglich als einen Wunschzettel abzutun, reicht allerdings nicht aus, um die offensichtliche Begeisterung bzw. das Herbeisehen einer solchen Renaissance der Stadt zu erklären. Der offensichtliche logische Widerspruch, dass es im Wettbewerb der Städte nicht nur Sieger geben kann, sondern eben auch viele Verlierer, müsste einer solchen Fantasie von der omnipotenten Stadt im Wege stehen. Das tut sie aber offensichtlich nicht, weil es sich hier um ein emotionales Bedürfnis der professionellen Eliten handelt, mit den Bürgern im Konsens zu sein und von einer harmonischen Stadt zu träumen.

Die Charta als solche ist nicht weiter wichtig. Sie hatte einen situativen Wert für den damaligen deutschen Minister, als die Bundesrepublik den EU-Ratsvorsitz innehatte und hatte dementsprechend eine mediale Wirkung in der Halbzeit, den heutzutage solcherlei Deklarationen haben. Die Wirkungsdauer setzt sich dann noch diskursiv in einigen programmatischen Politiken weiter fort. Entscheidender ist, dass die verwendete Bildlichkeit und Sprache über die Stadt durch diesen deklarativen Akt für viele Beobachter und Kommunikationsteilnehmer kongruent erschienen. Das Bild von der Stadt, die wieder geboren werden kann und gesellschaftliche Integrations- und Innovationsleistung schmerz- und widerspruchsfrei ermöglichen kann, wird fortgeschrieben. Der Stadt-Diskurs verhindert auf diese Weise den Streifzug durch die Wüsten des realen Lebens. Er ist die Beruhigungspille für die urbanistische Couch Potato. Die Frage nach der Rückkehr der Stadt ist etwas für die Abende mit Rotwein und für den Geistesadel in Architektur und Sozialwissenschaften, sie taugt nicht für die Neu-Erfindung der eigenen Identität, das Handeln in einem komplexeren Kontext und die Reflexion unserer Gefangenschaft in dem Fake Empire der sogenannten Stadtplanung.

Wie kann man der Wattelegung durch diese kalmierenden Begriffe und Narrationen entrinnen? Überspitzung, Übertreibung, Konfrontation, Irritation, Ironie, Provokation und ähnliches sind die gängigen Möglichkeiten, um einen Gesprächspartner einen anderen Diskurs aufzuzwingen. Die disziplinären und professionellen Wände bieten hiergegen einen guten Schutz. Verbleibt der moralische Appell. Auch dessen kann man sich leichterdings erledigen. Wer sich allerdings in eine solche kommunikative Defensive treiben lässt, wird wie Hamlet es sich in seiner kleinen Welt nur zu dem Preis gemütlich machen können, wenn er auch bereit ist, seine Albträume allein auszuhalten.

BERICHTE AUS DER ZUKUNFT

Die Métapolis und Omnitopia stellen hiervon ein ganzes Arsenal zur Verfügung und die moderne Großstadt mit ihren Sorgen und Ängste erscheinen dagegen als harmlos. Das Chaos von Sodom und Gomorrha war an zwei geografisch anweisbaren Orten aufzufinden. Angsträume, Orte des Albtraums waren kontrollierte Städte, die man verlassen konnte. Die Ängste der ortlosen Stadt heute hingegen sind in die Körper und Vorstellungswelt ubiquitär und unbegrenzt eingenistet. Die Horrorversion der métapolitanen Kultur ist von daher auf die Entpersonalisierung und auf Körperlosigkeit ausgelegt. Vier journalistische Berichte mögen dies veranschaulichen:

Zuhause mit Zukunft – so lautet die Überschrift eines Beitrags der Frankfurter Rundschau vom 9. Mai 2012 über ein Projekt des Fraunhofer-Instituts für Graphische Datenverarbeitung. Die dort beschäftigten Forscher wollen mit ihrer Arbeit bei der Gestaltung der Stadt der Zukunft mitmischen. Mit visionärer Architektur sollen klimapolitische Ziel realisiert werden, die etwa mit Passiv-Hochhäusern CO2-Neutralität erreichen sollen. Die produzierten Bilder der Stadt mit dem „smart grid" und der energetischen Selbstversorgung beantworten die selbstgestellte Frage nach der idealen Stadt. Die gebauten Häuser in dieser Technofantasie werden mit beweglichen Solarschirmen in öffentlichen Räumen – motiviert durch Vorstellungen von beispielsweise der Plaza im Stadtzentrum von Masdar –, großen Solarkraftwerke am Rande der Stadt und durch umfassende Infrastrukturplanungen (etwa Wasser oder Feuerwehr) ergänzt. Interessanterweise sehen diese, unter anderem von Norman Foster mitentwickelte Konzepte, vor, dass nicht nur die Infrastruktur durch Sensoren gesteuert wird, sondern auch die Innenräume, die von einem Fernseher per Zuruf und einem Ambient Assisted Living-Konzept bereichert werden sollen. Diese allumfassende Digitalisierung hebt auf diese Weise den Unterschied zwischen Innen- und Außenraum vollkommen auf, die „Visionary Architecture" besteht darin, dass ein riesiger Innenraum geschaffen wird, in dem es kein Außen mehr gibt. Eine private oder öffentliche Verhandlung der Digitalisierung ist ausgeschlossen. Der Bericht schreibt: „Das Projekt hat Stadtplaner auf der ganzen Welt aufgerüttelt und begeistert und einen Schub für ganzheitliches Denken bei der urbane Planung ausgelöst." Ganzheitlich digital, ganzheitlich ortlos.

Am 25. März 2013 berichtet die Süddeutsche Zeitung von der neuen Verkaufsstrategie von Gigaset: „Wenn Sensoren die Wohnung überwachen". Das Unternehmen hat sich zur Veränderung seiner Produktpalette entschieden, da es immer weniger schnurlose Telefone verkaufen kann. Mobiles Telefonieren ist so selbstverständlich geworden, dass das Unternehmen sich nun gezwungen sieht, andere Zukunftsmärkte zu erobern. Das vernetzte Haus wird von der ehemaligen Siemens-Tochter als ein solcher gesehen. Waren bis dahin nur modellhaft und eher verspielt Konzepte von sensorischen Innenarchitekturen entwickelt worden, so wird nun mit dem Einstieg von Gigaset eine industrielle Serienproduktion angestrebt. Hierbei muss man sich natürlich kein sensorengesteuertes Rundum-Paket vorstellen. Nach wie vor werden in der Gestaltung Spielräume vorhanden sein. Die Individualisierung des Wohnens wird aber im Gigaset-Zeitalter nach den Vorgaben der sensorischen Steuerung eingerahmt werden müssen. Damit auch alle Bereiche des Hauses erfasst werden können, dürfen keine nicht-sensorischen Felder mehr vorhanden sein. Es gibt damit im Inneren des Hauses keine Fenster mehr, die man schließen kann, damit „Draußen" keiner mehr was hört oder sieht. In sensorisch-digitalisierter Form gibt es nur noch ein Innen. Der Markt ist umkämpft. Auch RWE und die Deutsche Telekom arbeiten an Konzepten, die das Haus über Smartphones steuern sollen. Der Durchbruch ist in vieler Hinsicht noch nicht gelungen. Die ersten Konzepte sehen Alarmsysteme für gefallenen Senioren oder gegen Einbrecher vor. Steuerungen von Wärmezufuhr und Haushaltsgeräte sollen die nächsten Entwicklungsziele sein.

In der Frankfurter Allgemeinen Zeitung vom 10. April 2013 erschien ein Beitrag über Bazinga! Dieses Programm ermöglicht „Sentimentalanalysen“, womit Stimmungen, Emotionen und Meinungen im Internet analysiert werden können. Bestehende Programme in den USA werden bereits dazu genutzt, große Massen von emotionalen Äußerungen im Internet systematisch auszuwerten. Es handelt sich dabei im Kern um Programme, die visuelle Daten hinsichtlich ihrer emotionalen Botschaften interpretieren. An der Universität Potsdam hatte man so versuchsweise 200.000 Blog-Äußerungen zur Wulff-Affäre ausgewertet. In Amerika haben Polizei und Geheimdienste ein großes Interesse an diesen Programmen. In der Praxis erlauben diese Analyse-Schemen bislang nur sehr grobe Aussagen über die vorgefundenen Emotionen. Sarkasmus, Ironie und Übertreibungen werden von den Datenprogrammen kaum erkannt. Wenn mit Verfahren gearbeitet wird, die eine Selbsteinschätzung der Internet-Nutzer ermöglichen, dann werden diese selten differenzierter als like-dislike oder maximal in einer 3x3-Matriz abgebildet.

Schließlich gibt es eine Reihe von Artikel in der New York Times zu den neuesten Entwicklungen im Bereich der Drohnen-Technologie. Am 22. März 2013 wurde dort der Direktor des Mobile Robot Laboratory am Georgia Institute of Technology in Atlanta, Ronald Arkin über sein Forschungsprogramm interviewt, dass eine Automatisierung von Tötungen durch Drohnen anstrebt. Ziel der Forschung ist, dass die Drohnen ohne Rückkoppelung an menschliche Entscheidungsträger nach automatischen Programmierungen töten. Automatisierung, so glaubt der Drohnen-Forscher, wird den Krieg humaner machen: „Robots may lack compassion, but they also lack the emotions that lead to calamitous mistakes, atrocities and genocides: vengefulness, panic, tribal animosity.“ Der Kommentator der New York Times meint dazu: „I worry that autonomous weapons deplete our humanity. As unsettling as the idea of robots' becoming more like humans is the prospect that, in the process, we become more like robots.“ Währenddessen haben Drohnen schon den Eingang in den amerikanischen Alltag gefunden. Polizei-Gewerkschaften fordern den Einsatz von Drohnen, damit etwa Polizisten ein verdächtiges Objekt ausspähen können, ohne dass die Beamten selbst in Gefahr geraten. Hauseigentümer und Gated Communities setzen diese mehr und mehr ein, um ihre Grundstücke vom sicheren

Bildschirm im Büro aus abfliegen zu lassen. Die Universität von North Dakota hat die ersten Drohnen entwickelt, die mit Sensoren und GPS ausgestattet sind und in Autopilot-Programme integriert werden.

Wie Grégoire Chamayou (2013) in seiner „Theorie der Drohnen" aufzeigt, wird mit der „Drohnisierung" der Gesellschaft die bisherige liberale Öffentlichkeit als Grundlage der Demokratie ausgehebelt. Die Verhandlung von Normen und Werten in einer wie auch immer gestalteten öffentliche Sphäre kann nicht mehr stattfinden, wenn bestimmte Interpretationsmuster von menschlichem Verhalten programmiert und automatisch interpretiert werden. Die Weiterentwicklung von Vorstellungen über das Verhalten des Menschen wird somit systematisch ausgeschlossen. Aus einer Militärlogik heraus entwickelt, der gemäß es eine Duplizität von Raum in einen überwachenden und einen zu überwachenden und notfalls zu erobernden Ort gibt, verlagert sich das potentielle Schlachtfeld, das zu kontrollierende Subjekt und die Logik von Dominanz und Unterwerfung in die zivile Öffentlichkeit und die private Sphäre.

DIE KRÄHEN ZIEHEN ZUR STADT

Eine Dystopie der ortlosen Stadt könnte so aussehen: Nach der totalen Kamera-Überwachung der öffentlichen Plätze wäre es nur folgerichtig diese durch, irgendwann geräuschlos fliegende Drohnen patrouillieren zu lassen. Zunächst wird man sich streiten, aber nach den nächsten Terroranschlägen wird es eine Zustimmung dafür geben, dass diese auch bewaffnet fliegen dürfen, damit im Ernstfall schnell eingegriffen wird. Irgendwann werden die Vorschläge für die Automatisierung dieser Drohnen-Killer akzeptiert werden, da sich menschliche Fehler in der einen oder anderen Weise bei der Bedienung herausgestellt haben. Die Geheimdienste werden bei sich im Netz organisierenden Treffen von Bürgern vorab durch Leseprogramme von Emotionen einstufen können, welche Qualität diese haben und welches Sicherheitsrisiko davon ausgeht. Die Vernetzung mit der Privatsphäre erlaubt darüberhinaus ein umfassendes Profiling aller Personen, so dass es keine anonymen Treffen mehr geben kann. Mehr noch sind Emotionen, Meinungen und Handlungen nachvollziehbar und werden nach schematischen Interpretationen automatisch ausgewertet und notfalls mit Gewalt kontrolliert.

Orwell und Big Brother – also unwahrscheinliche Übertreibungen? Die massive Überwachung des Internets durch die amerikanische Sicherheitsbehörde NSA findet bereits statt und wird sich sicherlich auch nicht mehr stoppen lassen. Die reale Dystopie läuft schon lange ab. Die Informationstechnologien sind schon heute in vielen Ländern das wichtigste Unterdrückungsmittel. „Digitale Waffen“ nennt sie Wolf-Dieter Vogel (2013) in einem Beitrag für das amnesty-Journal. Er schildert, wie deutsche Unternehmen wie ein Münchener Software-Unternehmen dem „Monitoring Center“ der Diktatur in Bahrain helfen die SMS von Regimekritiker zu entschlüsseln, sie zu verhaften und zu foltern. Unterstützt wird die Firma auch von Nokia Siemens Networks (NSM), die extra ausgefeilte Programme für die Geheimdienste zum Verfolgen von Unterhaltungen von Personen im Internet entwickelt hat. Angeblich haben sich nach Druck des Europa-Parlaments die Unternehmen aus Bahrain zurückgezogen. Zu spät. Die Waffen des Internets kann man nicht mehr einpacken und mitnehmen. „Diese Leute wissen genau, wofür ihre Technologien genutzt werden“, zitiert der Artikel Maryam al-Khawaja vom Bahrain Center for Human Rights. Die Bundesregierung lehnt eine Kontrolle dieser Software-Exporte ab, obwohl die Unterstützung für den Überwachungsstaat nicht nur in Bahrain überdeutlich ist.

Wie weit wir auf dem Weg sind zu dieser Form der Entörtlichung, in der es keine sicheren Räume mehr gibt, scheint eine Frage nach dem persönlichen Standpunkt zu sein. Niemand kann allerdings verleugnen, dass die Gefahren der ortlosen Stadt real sind. Wir alle sehen, wie Nietzsche in seinem Gedicht „Einsamkeit“ beschrieben hat, dass „Die Krähen schrein und ziehen schwirren Flugs zur Stadt.“ Die Krähen der technologischen omnitopischen Überwachung haben Fahrt auf die Stadt aufgenommen und viele der grauen Vögel sind schon da, viele wirken wie ihre Artgenossen aus Hitchcocks berühmten Film. Wir haben wie Nietzsches Wanderer Angst, dass etwas Grundlegendes verloren gehen wird, etwas das vielleicht einmal Urbanität, Ortsansäßigkeit und ein Gefühl für die Welt gewesen ist:

> Die Welt – ein Tor
> zu tausend Wüsten stumm und kalt!
> Wer das verlor,
> was du verlorst, macht nirgends halt.

Die ortlose Stadt wird zu einer rastlosen, vollkommen durchmobilisierten Welt. Für Nietzsche war klar, es wird schlimm kommen:

> bald wird es schnein,
> weh dem, der keine Heimat hat!

Die Hoffnung auf Heimat ist keine, die Nietzsche in der Stadt aufgehoben sah. Sein Haß gegen die Stadt war grundsätzlicher Art (vgl. Hennig, 2008). Gewinnt also nun mit der ortlosen virtualisierten Stadt einfach die antiurbane Moderne das Spiel der Geschichte? Wird sich eine technologische Modernität durchsetzen, in der das politische Projekt der deliberativen und emanzipatorischen Politik zurückgenommen oder abgebrochen wird?

DER ORTLOSE FRÜHLING

Zu vieles spricht dagegen. Zu vieles zeigt, dass die Perspektive auf die heutige Welt nicht von dem nietzscherianischen Heimat-Bedürfnis abgeleitet werden sollte. Heimat in der Stadt hat nur finden können, wer sich entfremdet und sich auf Übersetzung seiner tradierten Auffassungen, Meinungen, Emotionen und sozialen Beziehungen einlassen konnte. Dies ist offensichtlich vielen Intellektuellen schwer gefallen und von daher gibt es auch große emotionale Widerstände, sich für die neue métapolitane Kultur zu begeistern, die enormen Möglichkeiten anzuerkennen, die sich aus der exponentiellen Steigerungen der Wahrnehmung, des intellektuellen Austausches und der persönlichen Begegnungen ergeben.

Weltweit hat sich seit den achtziger Jahren eine „partizipative Revolution" vollzogen, in der statt der Frage nach dem Ob einer direkteren Form der demokratischen Teilhabe nur noch das Wie geblieben ist. Diese schleichende Revolution der direktdemokratischen Ansprüche an die Gesellschaft sind das Ergebnis weitergehender gesellschaftlicher Umbrüche, in denen die postmateriellen Ansprüche des Einzelnen stärker zum Ausdruck kommen (vgl. Mason, 2012). Paradigmatisch hierfür sind die Umwelt- und Frauenbewegungen zu nennen, doch die Forschung über die „Neuen Sozialen Bewegungen" hat Schwierigkeiten, die sich vollziehenden semantischen Multiplikationen in diesen und zwischen diesen „Bewegungen" auf einen Nenner bringen zu können. Auffallend ist, dass es sich vor allem um Beobachtungen auf der lokalen Ebene handelt. Kurz gefasst: Es sind städtische Bewegungen, Neugründungen der urbanen Soziabilität.

Manuel Castells (2012), der diese seit den siebziger Jahren beobachtet, schreibt über die heutigen Neuen Sozialen Bewegungen wie den spanischen Indignados, Occupy Wall Street und dem arabischen Frühling:

„There were first a few, who were joint by hundreds, then networked by thousands, then supported by millions with their voices and their internal quest for hope, as muddle as it was, that cut across ideology and hype, to connect with the real concerns of the real people in the real human experience that had been reclaimed. It began on the internet social networks, as these are spaces of autonomy, largely beyond the control of governments and corporations [...] By sharing the sorrow and hope in the free public space of the Internet, by connecting to each other [...] individuals formed networks [...] They came together.“ (14ff)

Auch wenn man diese Beschreibung hinsichtlich der Kontrollfreiheit durch die Regierungen für zu optimistisch halten mag, werden doch viele Beobachter zustimmen, dass es genauso verlaufen ist, wie Castells es beschrieben hat. Diese Neuen Sozialen Bewegungen von Brasilien bis Türkei, vom Tahir Platz bis zur Wall Street, haben auf eine neue Art und Weise soziale Vernetzungen hergestellt, wie sie die herkömmliche ortsgebundene Öffentlichkeit nie hätte schaffen können. Interessanterweise aber sind die Straßen und Plätze dadurch nicht irrelevant geworden und hat es nicht nur eine Revolution in Facebook gegeben. Unübersehbar handelt es sich hierbei um eine emotionale Urbanität, die nach der authentischen Erfahrung der Anderen in ihrer körperlichen Präsenz strebt. Körperlichkeit und Ortskonstruktion sind das Ziel dieser Aktivitäten. Man lernt sich nicht erst auf den öffentlichen Plätzen kennen, sondern man weiß – oder besser: fühlt, erwartet, erhofft –, wer kommen möge.

Von daher ist es zu kurz gegriffen, wenn nun von einer Renaissance der öffentlichen Räume die Rede ist, so als ob es darum ginge, an den für Demonstrationen bereitgestellten Orten, wie dies in der modernen Stadt der Fall war, seine Meinung zu äußern. Auffallender Weise spielen die Reden der großen Anstifter der Revolutionen keine eigentliche Rolle. Dies trifft vor allem auf die Occupy-Bewegung zu, die dies bewusst vermeiden und eine alternative Rede-Kultur initiieren wollte. Künstler, Musiker, Journalisten und wenige Politiker im modernen Sinne sind auf diesen Plätzen zu sehen. Die Neuen Sozialen Bewegungen der Métapolis sind nicht oppositionell im klassischen Sinne. Deswegen gibt es auch keine Oppositionsführer, die man entweder verhaften oder als Gesprächspartner selektiv oder repräsentativ identifizieren könnte. Im Sinne der modernen Demokratie sind diese Bewegungen schwach, weil sie eben keine organisierte Opposition hervorbringen und alternative Personagen und Programme zur Wahl stellen. Eine solche Anforderung geht allerdings vollkommen fehl, denn es handelt sich eben nicht um Oppositionelle mit einem vereinenden Narrativ, das auch handlungsweisend sein könnte. Waren in den achtziger Jahren die One-Issue-Bewegungen wie der Ökologie-Protest noch durchaus in das Narrativ von der „Politik für alle" integrierbar, so hat die Digitalisierung des Urbanen die Anzahl der vorhandenen Narrative ins schier Unendliche potentialisiert. Die Logik dieser Vorgänge beruht deshalb nicht darauf, das vereinende Narrativ zu finden, sondern die Diversität der vorhandenen Narrative zuzulassen und somit ich-nahe, körper-rekonstruierende und emotionalisierende Interaktionen zu ermöglichen, die die individuelle Suche nach Erfahrung und Sinn in den Vordergrund stellt. Die gemeinsamen Sinnkonstruktionen sind brüchig und beruhen auf relativ rudimentären Aussagen, aber sie sind Ausdruck der „mass self-communication", wie sie Castells bezeichnet. Ihre Struktur ist Diversität. Sie wird sich gegen die weiter vorhandenen autoritären, uniformierenden und abstrakten Narrative nicht durch Opposition durchsetzen können, auch wenn sie sich zeitweise in eine solche verwandelt. Die Risse und Widersprüche der herrschenden Narrative, das wilde Wissen und die ungeplanten Ortskonstruktionen und Umdeutungen vorhandener Orte sind der Nährboden der Diversität, die mal subversiv und mal integrativ, mal aggressiv und mal poetisch sein kann. Für diese „Stadt" fehlt das Beschreibungsvokabular, weil es sich um ein sperriges, irritierendes, begeisterndes, verlockendes und intensives Erleben der eigenen Person und der Anderen handelt, das nicht durch eine Sprache gebändigt werden will und eher mit Gesten, Blicken, Akten, Mimik und nonverbaler Symbolik und unendlicher Fiktionalität eine neue, virtualisierte Urbanität konstruiert.

Literatur

Alisch, M. (1993) Frauen und Gentrification: der Einfluß von Frauen auf die Konkurrenz um den innerstädtischen Wohnraum. Wiesbaden: Dt. Univ.-Verl.

Akunin, Boris (2006) Die diamantene Kutsche. Berlin: Aufbau

Angotti, T. (2008) New York for sale: community planning confronts global real estate. Cambridge: MIT Press

Ascher, F. (1995) Métapolis, ou, l'Avenir des villes, éditions Odile Jacob

Ascher F. (2000) Ces évènements nous dépassent feignons d'en être les organisateurs. Essai sur les sociétés contemporaines. Paris: éditions de l'Aube.

Asheim, B., T. P. Cooke und R. Martin. (eds) (2006) Clusters and regional development: critical reflections and explorations. London: Routledge

Augé, M. (1994) Orte und Nicht-Orte: Vorüberlegungen zu einer Ethnologie der Einsamkeit. Frankfurt: Fischer

Aurigi, A. (2005) Making the Digital City: The Early Shaping of Urban Internet Space. Aldershot: Ashgate

Bacon, M. (2001) Le Corbusier in America: travels in the land of the timid. Cambridge: MIT Press

Barboza, D. (November 2, 2010) Shanghai expo sets record With 73 million visitors. The New York Times, A4

Badie B. (1995) La fin des territoires. Fayard

Barlas, A. und M. Sentürk (2012) In the Search for Urban Identity in the Mobile Phone Era. In: P. Abend, T. Haupts und C. Müller (Hg.) Medialität der Nähe. Bielefeld: transcript, 161-176

Batty, M. (1997) Virtual geographies. In; Futures, 29, 337-352

Beauregard, R. (1993) Representing Urban Decline: Postwar Cities as Narraive Objects. In: Urban Affairs Quaterly, 29/2, 187-202

Bender, T. (2002) The Unfinished City. New York and the Metropolitan Idea. New York: The New Press

Bidet J. (2013) Vacances au „bled" et rapports aux origines: la sociologie des rapports à l'espace au service d'une sociologie de l'immigration. In: J-Y. Authier, A. Bourdin, M-P. Lefeuvre (Hg.) Actualité de la sociologie urbaine francophone, AISLF-PUL (i. E.).

Bordreuil J-S., (2002) Plan de Campagne, la ville résurgente: In: G. Dubois-Taine (Hg.) La Ville émergente. Résultats de recherches. Paris: PUCA, ministère de l'Equipement, 63-80

Bourdin A. (2005) La métropole des individus. La Tour d'Aigues: Éditions de l'Aube.

Bourdin A. (2010a) Du bon usage de la ville. Paris: Descartes

Bourdin A. (2010b) L'urbanisme d'après crise. La Tour d'Aigues: Éditions de l'Aube

Brown-Saracino, J. (2009) A neighborhood that never changes: gentrification, social preservation, and the search for authenticity. Chicago: University of Chicago Press

Bruner, J. (1987) Life as narrative. In: Social Research, 54, 11-32

Bryant, M. (2010). iHobo app puts a homeless man in your pocket. The Next Web. http://thenextweb.com/apps/2010/05/10/ihobo-app-puts-a-homeless-man-in-your-pocket/

Bude, H. und E.-D. Lantermann (2006) Soziale Exklusion und Exklusionsempfinden. In: Kölner Zeitschrift für Soziologie und Sozialpsychologie,58/2, 233-252

Bull, M. (2009) Sound moves: iPod culture and the urban experience. London: Routledge

Bureau of Shanghai World Expo Corporation. (2010). World Expo 2010 Shanghai China theme vision [booklet]

Burn, S. (2010, December 31). Beyond the critic as cultural arbiter. The New York Times Book Review, BR9

Callahan, W. A. (2012) Shanghai's alternative futures: The world expo, citizen intellectuals, and China's new civil society. China Information, 26(2), 251-273

Castells, M. (1996) The Rise of the Network Society. Oxford: Blackwell

Castells, M. (2012) Networks of Outrage and Hope: Social Movements in the Internet Age. Cambridge: Polity

de Certeau, M. (1984) The practice of everyday life. Berkeley: University of California Press

Chamayou, G. (2013) Théorie du Drone. Paris: La Fabrique

Cushman & Wakefield (2011) European Cities Monitor. http://www.europeancitiesmonitor.eu/wp-content/uploads/2010/10/ECM-2010-Summary1.pdf

Davis, M. (1999) Fortress Los Angeles: The militarization of urban space. In: M. Sorkin (Hg.) Variations on a theme park. New York: Hill and Wang, 154–180

DeLuca, M. und J. Peeples (2002) From public sphere to public screen: Democracy, activism, and the "violence" of Seattle. Critical Studies in Media Communication, 19(2), 125-151

Depaul UK. (2010) iHobo 1.1.

[Online]: https://www.youtube.com/watch?v=1bfIT9Ez1h0

Dion R. (2010/1959) Histoire de la vigne et du vin en France. Lyon: CNRS Rhône-Alpes

Dodge, M. (2001) Mapping cyberspace. London: Routledge

Dubet, F. (2013) Discriminations: épreuves et enjeux, justice sociale, reconnaissance et retours du refoulé. Socio,Maison des Sciences de l'Homme, N°2 (i.E.)

Duncan, N. (1996) BodySpace: destabilizing geographies of gender and sexuality. London: Routledge

Eade, J. (2001) Placing London: From Imperial Capital to Global City. New York: Berghahn

Eade, J. und F. Eckardt (Hg.) (2011) The ethnically diverse city. Berlin: Berliner Wissenschafts-Verlag

Eckardt, F. (2006) Neighbourhood centres in Germany. In: Built Environment, 32/1, 53-72.

Eckardt, F. (2009) Die komplexe Stadt. Orientierungen im urbanen Labyrinth. Wiesbaden: VS Verlag

Eckardt, F. (2011) Bauhaus and the „New Frankfurt“: Limited opportunities and limited concepts. In: L. Colini und F. Eckardt (Hg.) Bauhaus and the city. Würzburg: Königshausen & Neumann, 18-30

Eckardt, F. (2011) Mediale Urbanität: Paradigmenwechsel von der europäischen zur medialen Urbanität. In: O. Frey und F. Koch (Hg.) Die Zukunft der Europäischen Stadt. Wiesbaden: VS Verlag, 173-188

Eltges, M. und E. Nickel (2007) Europäische Stadtpolitik: Von Brüssel über Lille nach Leipzig und zurück. In: Informationen zur Raumentwicklung, 7-8, 479-486

Fernadnez-Maldonado, A. M. (2012) ICT and Spatial Planning in European Cities. Reviewing the New Charter of Athens. In: Built Environment, 38/4, 469-483

Fernsebner, S. (2010) Expo 2010: A historical perspective. In: Journal of Asian Studies, 69(3), 669-676

Fields, G. S. (2011) Working hard, working poor: a global journey. Oxford: Oxford Univ. Press

Finnegan, R. (1998) Tales of the City. A Study of Narrative and Urban Life. Cambridge: Cambridge University Press

Flint, A. (2009) Wrestling with Moses: how Jane Jacobs took on New York's master builder and transformed the American city. New York: Random House

Fotsch, P.M. (2001) The building of a superhighway future at the New York World's Fair. Cultural Critique, 48, 65-97

General Motors Corporation (1939) The General Motors Exhibit Building [pamphlet].

Gibson, W. (1981) The Gernsback continuum. In: T. Carr's (Hg.) Universe 11. Garden City: Doubleday & Company, 81-90

Giroux, H.A. (2011) The crisis of public values in the age of the new media. In: Critical Studies in Media Communication, 28(1), 8-29

Goffman, E. (2009) Das Individuum im öffentlichen Austausch: Mikrostudien zur öffentlichen Ordnung. Frankfurt: Suhrkamp

Graham, S. (1998) The end of geography or the explosion of place? Conceptualizing space, place and information technology. In: Progress in human geography, 22/2, 165-185

Graham, S. und S. Marvin (2001) Splintering Urbanism: Networked Infrastructures, technological, Mobilities and the Urban Condition. London: Routledge

Grubesic, T. H und A. T. Murray (2004) Waiting for broadband: local competition and the spatial distribution of advanced telecommunication services in the United States. In: Growth and change, 35/2, 139-165

Habermas, J. (1985) Der philosophische Diskurs der Moderne. Frankfurt: Suhrkamp

Hashimoto, S. und S. Campbell (2008) The occupation of ethereal locations: Indications of mobile media. In: Critical Studies in Media Communication, 25(5), 537-558

Hecker, T. (2010) The Slum Pastoral: Helicopter Visuality and Koolhaas's Lagos. In: Space and culture, 13/3, 256-270

Hennig, E. (2008) Wege in der Moderne: Die Stadt oder die Wüste? In: D. Sack und U. Thöle (Hg.) Soziale Demokratie, die Stadt und das randständige Ich. Kassel: Kassel University Press, 219-238

Hessler, P. (2010) Country driving: A Chinese road trip. New York: Harper Perennial

Houdart, S. (2012) A city without citizens: The 2010 Shanghai World Expo as a temporary city. In: City, Culture, and Society, 3(2), 127-134

Jayne, M., G. Valentine und Sarah L. Holloway (2011) Alcohol, drinking, drunkenness: (dis)orderly spaces. Farnham: Ashgate

Karpik L. (2007) L'économie des singularités. Paris: Gallimard

Knippenberger, U. (2012) Regionale Governance des Funktionswandels von Flughäfen: eine Analyse am Beispiel der "Airport City" Frankfurt am Main. Wiesbaden: Springer VS

Kuhn T. (1962) The structure of scientific revolutions, University of Chicago Press

Lagerkvist, A. (2010) The Future is here: Media, memory, and futurity in Shanghai. In: Space and Culture, 13(3), 220-238

Lagroye, J. (1973) Société et politique: J. Chaban-Delmas à Bordeaux. Paris: Pedone

Lash, S. und J. Urry (1994) Economies of signs and space. London: Routledge

Lauen, G. (2011) Stadt und Kontrolle. Bielefeld: transcript

Layne, C. (2012) This time it's real: The end of unipolarity and the Pax Americana. In: International Studies Quarterly, 56(1), 203-213.

Lefebvre, H. (1975) Die Stadt im marxistischen Denken, Ravensburg

Lerner, D. (1958) The Passing ot the Traditional Society. Modernizing the Middel East. New York: Free Press

Luckhurst, R. (2012) Laboratories for global space-time: Science-fictionality and the world's fairs, 1851-1939. Science Fiction Studies, 39(3), 385-400.

Lynch, K. (1960) The image of the city. Cambridge: MIT Press.

Maalouf, Amin (2012) Der Geograph des Papstes: Leo Africanus ; historischer Roman. Berlin: Insel

Maughan, T. (2011) Paintwork. CreateSpace Independent Publishing Platform.

Mauss, M. (2010) Soziologie und Anthropologie. Wiesbaden: Springer VS

Mason, P. (2012) Why It's Kicking Off Everywhere: The New Global Revolutions. London: Verso

Meier, L. (2009) Das Einpassen in den Ort. Der Alltag deutscher Finanzmanager in London und Singapur. Bielefeld: transcript

Mitchel, W. J. T. (Hg.) (1981) On Narrative. Chicago. University of Chicago Press

Mitchell, W. J. (1996) City of Bits: Space, Place and the Infobahn. Cambridge: MIT Press

Mitchell, W. J. (2000) E-topia: „Urban Life, Juim – But nit as We know it." Cambridge: MIT Press

Mollenkopf, J. H. (Hg) (1992) Dual city: restructuring New York. New York: Sage Foundation

Murray Schafer, R. (2010) Die Ordnung der Klänge: eine Kulturgeschichte des Hörens. Mainz: Schott

Nordin, A. (2012) Space for the future: Exhibiting China in the world at the Shanghai Expo. In: China Information, 26(2), 235-249.

Novalis (1988) Heinrich von Ofterdingen. Erläuterungen und Dokumente. Stuttgart

Osman, S. (2011) The Invention of Brownstone Brooklyn. Gentrification and the Search for Authenticity in Postwar New York. Oxford/New York: Oxford University Press

Ozouf-Marignier M.V (1992) La formation des départements. Paris, Editions de l'EHESS

Park, R. und E. W. Burgess (1968) The city. Chicago: Univ. of Chicago Press

Pathways to Housing (2010) Virtual homeless. [Online]: https://www.youtube.com/watch?v=d4vol7VAo2c

Pellegrino et al (1983) Espaces et culture. St Saphorin: Georgi

Ratti, C. (2004) Space syntax: Some inconsistencies. In: Environment and planning, 31/4, 487-500

Reichl, A. J. (2007) Rethinking the Dual City. In: Urban affairs review, 42/5, 659-687

Rifkin, J. (2012) Die empathische Zivilisation: Wege zu einem globalen Bewusstsein. Frankfurt: Fischer

Roche, M. (1998) Mega-events, culture and modernity: Expos and the origins of public culture. In: International Journal of Cultural Policy, 5(1), 1-31.

Rosa, H. (2005) Beschleunigung: die Veränderung der Zeitstrukturen in der Moderne. Frankfurt: Suhrkamp

Rorty, R. (2009) Kontingenz, Ironie und Solidarität. Frankfurt: Suhrkamp

Rydell, R.W. (2000) Fair America: World's fairs in the United States. Washington: Smithsonian Institution Press.

Sarotte, M.E. (2012) China's fear of contagion: Tiananmen Square and the power of European example. In: International Security, 37(2), 156-182

Sassen, S. (1991) The global city: New York, London, Tokyo. Princeton: Princeton Univ. Press

Sassen, S. (2011) Die Macht des Digitalen: Ambivalenzen des Internet. In: Blätter für deutsche und internationale Politik, 56/2, 93-105

Schäfers, B. (2012) Architektur. In: F. Eckardt (Hg.) Handbuch Stadtsoziologie. Springer VS: Wiesbaden, 365-380

Scherrer F. und M. Vanier M. (Hg) (2013) Villes, territoires, réversibilité. Paris: Hermann

Scheuerman, W. E. (2003) Speed, States, and Social Theory: A Response to Hartmut Rosa. In: Constellations: an international journal of critical and democratic theory. 10/1, 42-48

Sieverts, T. (1997) Zwischenstadt: zwischen Ort und Welt, Raum und Zeit, Stadt und Land. Braunschweig: Vieweg

Simmel, G. (1995 [1903]) Die Großstädte und das Geistesleben. In: R. Kramme, A. Rammstedt und O. Rammstedt (Hg.) Georg Simmel. Aufsätze und Abhandlungen 1901-1908. Band I. (Georg Simmel Gesamtausgabe Bd.7) Frankfurt: Suhrkamp, 116-131.

Taylor, C. (2002) Das Unbehagen an der Moderne. Frankfurt: Suhrkamp

Taylor, P. J., N. Pengfei, B. Derudder, M. Hoyler, J. Huang und F. Witlox (2011) Global urban analysis: a survey of cities in globalization. London: Earthscan,

Tegeder, G. (2004) Konsumenten im Netz der Möglichkeiten: zum Einfluss des Internet auf den städtischen Einzelhandel. In: Zeitschrift für Wirtschaftsgeographie, 48/2, 111-123

Tranos, E. und A. Gillespie (2009) The Spatial Distribution of Internet Backbone Networks in Europe. In: European Urban and Regional Studies, 16/4, 423-438.

Urry, J. (1990) The tourist gaze: leisure and travel in contemporary societies. London

Veltz, P. (2012) Paris, France, monde: repenser l'économie par le territoire. Paris: Aube

Vogel, W.-D. (2013) Digitale Waffen. In: amnesty-Journal, 4/5, 52-53

Wood, A. F. (2009) City Ubiquitous: Place, Communication and the Rise of Omnitopia. Cresskill: Hampton Press

Whitehead, C. (2013) Der Koloß von New York. Frankfurt: Fischer.

Whitfield, R. (1988) Frederick Engels in Manchester: the search for a shadow. Salford: Working Class Movement Library.

White, E. B. (1939, May 13). They come with joyous song. The New Yorker, 25-28.

Winter, T. (2012a) Shanghai 2010, in a tradition of mega-events, nation-building and modernity. In T. Winter (Hg.) Shanghai expo: An international forum on the future of cities. Abingdon, Oxon: Routledge, 25-43

Winter, T. (2012b) Auto-exoticism: Cultural display at the Shanghai Expo. Journal of Material Culture, 18(1), 69-90

Xinliang, Y., N. Scott, D. Peiyi und H. Yanling (2012) Residents' attitudes toward the 2010 World Expo in Shanghai prior to and during the event. Journal of Sustainable Tourism, 20(8), 1087-1105

Zukin, S. (1995) The Cultures of Cities, Cambridge: Blackwell: Sage

Zukin, S. (2010) Naked City: The Death and Life of Authentic Urban Places. Oxford/New York: Oxford University Press

Urban Studies

Anne Huffschmid, Kathrin Wildner (Hg.)
Stadtforschung aus Lateinamerika
Neue urbane Szenarien: Öffentlichkeit – Territorialität – Imaginarios

2013, 464 Seiten, kart., 25,90 €,
ISBN 978-3-8376-2313-0

Julia Reinecke
Street-Art
Eine Subkultur zwischen Kunst und Kommerz (2. Auflage)

2012, 200 Seiten, kart., zahlr. farb. Abb., 26,80 €,
ISBN 978-3-89942-759-2

Susana Zapke, Stefan Schmidl (Hg.)
Partituren der Städte
Urbanes Bewusstsein und musikalischer Ausdruck

Juni 2014, ca. 210 Seiten, kart., ca. 27,99 €,
ISBN 978-3-8376-2577-6

Leseproben, weitere Informationen und Bestellmöglichkeiten finden Sie unter www.transcript-verlag.de